普通高等教育"十三五"规划教材

大学生
心理健康教育理论与实践

主　编◎杨凤娟

副主编◎周惠玉　梁圆圆

主　审◎邬承斌

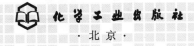
化学工业出版社

·北京·

内 容 提 要

本书内容涉及心理健康、心理障碍、自我意识、人格发展、情绪管理、学习心理、人际交往、恋爱与性、压力管理、生命教育等十个贴近学生学习生活实际的章节内容，探讨回答了大学生最关心和最想解决的困惑和问题。在编写中遵循学科内在逻辑体系与高等学校学生认知发展规律，突出时代性，语言通俗易懂，寓教于乐，符合高等学校的教育教学规律和学生的心理健康需求。

本书可以作为各院校心理健康教育课程的教学用书，也可作为大学生提升自身心理素质的参考用书。

图书在版编目（CIP）数据

大学生心理健康教育理论与实践/杨凤娟主编. —北京：化学工业出版社，2020.8 （2021.9重印）
ISBN 978-7-122-37311-3

Ⅰ.①大⋯ Ⅱ.①杨⋯ Ⅲ.①大学生-心理健康-健康教育-高等学校-教材 Ⅳ.①G444

中国版本图书馆 CIP 数据核字（2020）第 113864 号

责任编辑：张双进 马 波　　　　　　装帧设计：王晓宇
责任校对：宋 夏

出版发行：化学工业出版社（北京市东城区青年湖南街 13 号 邮政编码 100011）
印　　装：三河市延风印装有限公司
787mm×1092mm 1/16 印张 16¾ 字数 392 千字 2021 年 9 月北京第 1 版第 2 次印刷

购书咨询：010-64518888　　　　　　　售后服务：010-64518899
网　　址：http://www.cip.com.cn
凡购买本书，如有缺损质量问题，本社销售中心负责调换。

定　　价：49.00 元

《大学生心理健康教育理论与实践》
编写人员名单

主　　编　杨凤娟

副 主 编　周惠玉　　梁圆圆

编写人员　杨凤娟　　周惠玉　　梁圆圆　马　宁　罗　帅　李兴慧
　　　　　　刘科然　　刘　赢　　仝安琪　赵　岩　朱海璐　宋　喆
　　　　　　宋　烨　　杨永超　　王　越　王美鸥

主　　审　邬承斌

前　言

　　根据教育部《关于加强普通高等学校大学生心理健康教育工作的意见》和《高等学校学生心理健康教育指导纲要》等文件的要求，推进教育部《高校思想政治工作质量提升工程实施纲要》和二十二部委印发的《关于加强心理健康服务的指导意见》的实施，贯彻"心理健康教育要以课堂教学、课外指导为主要渠道和基本环节，形成课内与课外，教育与指导，咨询与自助紧密结合的心理健康教育工作的网络和体系"的精神，切实发挥课堂教学主渠道作用，促进心理育人工作，我们在多年的教学实践与探索的基础上，结合新时代大学生心理健康发展规律等相关研究成果，认真总结经验，编写了这本具有时代精神和创新特色的、适合高校课堂教学和课外补充学习的大学生心理健康教育教材。

　　本书内容涉及心理健康、心理障碍、自我意识、人格发展、情绪管理、学习心理、人际交往、恋爱与性、压力管理、生命教育共十个贴近学生学习生活实际的章节内容，探讨回答了大学生最关心和最想解决的困惑和问题，使学生既能做到"三了解"，即了解心理学的有关理论和基本概念，明确心理健康的标准及意义；了解大学阶段人的心理发展特征及异常表现，掌握自我调适的基本知识；了解自身的心理特点和人格特征，提高和准确评价自我意识。同时又能帮助学生在正确认识自己、接纳自己的基础上，明确遇到心理问题时进行自我调适或寻求帮助的方式方法，从而积极探索适合自己并适应社会的生活状态。

　　为了更好地指导和开展大学生心理健康教育工作，全面提升大学生素质教育质量和教材的实用性，本书突破了传统教材实用性和操作性不强的局限，在每一个专题下增设了"本章重点"和"课程实践"部分，包括心理测验、体验拓展、新媒体导学（视频、图书、电影推荐）等环节，为学生提供导学和实践指导。学生可以在教师的引导下完成知识学习、课堂训练与实操，也可以在课外完成可视化视频和实践与思考，既能在获得基本知识的过程中提高学习兴趣，又能在体验式教学的过程中激发学生的学习积极性和主动性，同时，也提升了教师的授课内容，丰富了教师授课的教学手段。

　　本书大纲由杨凤娟、周惠玉、梁圆圆编写，参加编写的人员及其分工是：第一、五、七章，梁圆圆；第二、六、九、十章，杨凤娟；第三、四、八章，周惠玉。由杨凤娟对全书进行了修改、整合、统稿，最终由邬承斌副教授审核。

　　本书在编写的过程中参考和吸收了国内外的相关文献，在此向有关作者和提供信息资料的老师表示衷心的感谢。由于编者水平和能力所限，书中疏漏及不足之处，敬请专家和广大读者朋友指正，以便使之日臻完善。

编　者
2020 年 5 月

目 录

第九章 逆境突围 历练生活——压力管理与挫折应对 205

第十章 热爱生活 珍爱生命——生命教育与心理危机应对 231

参考文献 258

第一章
幸福人生　健"心"开始
——心理健康概论

名人寄语

　　人之幸福，全在于心之幸福。

——歌德

　　无所事事并非宁静，心灵的空洞就是心灵的痛苦。

——库柏

　　尊重生命、尊重他人也尊重自己的生命，是生命进程中的伴随物，也是心理健康的一个条件。

——弗洛姆

亲爱的大学生，从你接到大学录取通知书那一刻起，就开始加入时代骄子的行列。你带着对未来的憧憬，对新知识的渴望，走进了人生象牙塔，开始追求人生梦想。然而，大学生活并非像你想象的那样浪漫和轻松，在大学的不同阶段，你可能会面临各种机会与挑战，也会遇到学习、生活中的各种问题。每一位进入大学深造的青年学子都渴望成才，但是怎样才能成才？心理学研究证明，有准备的应对比无准备的应对更具有效力，对身心健康与发展更有利。有准备的应对就是掌握和运用心理健康知识，不断地认识自己、完善自己、提升能力和健全人格，从而不断地认识社会、适应社会，给自己带来健康、快乐与幸福。从大学生成才的意义上来说，提高心理素质，维护心理健康，既是社会发展的需要，也是我国高等教育的根本出发点和归宿，更是青年学子人生发展的需要。心理健康对大学生成才具有十分重要的意义。

案例导入

学会为自己喝彩

小鹏，拥有一个令人羡慕的家庭，从小就是大人眼里的好孩子，父母对他期望很高。后来，他考进了北京的一所普通高校，从西北的边远小城镇来到北京读书，他常常感到莫名的压力，总认为自己不如别人，和同学们交往也越来越少。每次听老师讲到今后就业竞争时，总是产生莫名的恐惧，为自己的未来担忧。面对考试，他感到十分紧张，一方面为担心考试不及格而焦虑；另一方面为对不起父母而自责。从那以后，他感到学习吃力，无法集中精力学习，也不愿意与大家来往，无法适应大学生活。

【智慧点拨】 学习、生活环境上的变化引起了小鹏心理上的一系列变化。由于小鹏的易感个性和适应能力不强以及认知偏差，在新的环境中找不到自己的位置，导致小鹏丧失了信心。本案例说明，适应不仅与能力有关，而且与更广泛意义上的个性有关。一个人能否迅速进入新的角色，适应新的环境，很大程度上取决于其心理健康素质。

第一节　心理与心理健康

考上理想的大学，是每一名学生从小就树立的远大理想。进入大学以后，面对着丰富多彩、充满挑战的大学生活，大学生应该充满激情地去适应、去融入、去挑战、去驾驭这样的生活，需要健康地去面对，那么做一名身心健康的大学生，是大学生自身的愿望，是社会、学校和家长的期望。然而，社会的变革、环境的改变、学习的压力、生活的烦恼、竞争的加剧等必然要给他们带来巨大的心理矛盾和困惑。怎样才能避免和消除各种矛盾引发而来的心理压力、心理困惑甚至是心理障碍，增进大学生心理健康、优化心理素质、预防心理疾患已成为高校面临的一个重要问题。

一、心理的内涵

在社交场合，想必你可能有这样一种体验，当得知对方是心理学家时，你不由自主地变得小心谨慎：心理学家善于掌握他人心理，又有察言观色的本领。会不会看穿自己的心事呢？长期以来，人们常常不自觉地把"心理""心理学"与"神秘"甚至"魔力"等字眼联系在一起，于是"心理"总是被笼罩在一层面纱下，似乎看不清、道不明。

那么，究竟什么是心理呢？心理的实质又是什么呢？这的确是一个很复杂的问题。其实，人类对自身心理现象的探究，从有人类文明史以来就开始了，其中科学心理学的发展经历一百多年的时间。在发展过程中，人们对心理学研究对象与理论体系进行了数十年的争论，形成了各种不同的理论流派。近几十年来，心理学在辩证唯物主义和历史唯物主义思想指导下，吸取各种科学研究的成果，对人心理的实质有了比较正确的认识。概括起来说，心理是脑的机能，人的心理是客观现实在人脑中的主观映像，这已得到了广泛的承认。人的感觉、记忆、思维、情感和意志等，都是人脑这个高度发达的特殊物质对客观世界的能动的反映。

（一）客观现实是人心理活动的内容和源泉

大脑是人体的特殊物质，高度发达的人脑是心理产生的基础，它在人的记忆、思维、创造、想象等活动中起到了至关重要的作用，但大脑本身是不会产生心理的。人脑好比一个"加工厂"，客观现实就是"原材料"，没有"原材料"，大脑这个"加工厂"就不能生产任何产品，因此，人的心理是客观现实在人脑中的主观反映。对人来说，客观现实包括自然环境和社会环境。自然环境所包括的日月山川、飞禽走兽等是人的心理的源泉；社会生活条件所包括的城市、乡村、工厂、学校、家庭、风俗习惯、文化传统、人际关系等是人的心理的最重要的、起决定性作用的源泉和内容。

（二）心理是客观现实的主观、能动的反映

人的一切心理现象，从简单的感觉、知觉到复杂的观念与意识，都是客观现实的各种

特性、关系在人脑中的反映。但有意思的是，作为个体的人，为什么其心理活动却大相径庭呢？例如，同一班学生，看同一部电影，各人对电影内容的感受、理解及评价却不会完全相同。原来，人的心理按其内容和源泉及其发生方式来说是客观的，但就产生心理的人这一主体来说，任何心理都是属于一定主体并产生于具体人的脑中，是不可替代的。每个人的知识经验、生活经历、世界观、需要、态度及个性特征以及当时的心理状态不同，就必然使人的心理活动带上鲜明的个人色彩，表现出对客观事物反映的主观性。因此，人的心理活动不仅具有客观性，而且具有主观性和能动性，人的心理是对客观现实的主观的、能动的反映。从这个意义上说，人不仅可以反映客观现实的表面现象和外部联系，而且可以反映客观现实的本质和规律，从而有目的、有计划地改造客观现实。

（三）人的心理是在实践活动中发生、发展的

有这样一个故事：一群年轻人到处寻找快乐，却遇到了许多的烦恼、忧虑和痛苦。有一天，他们去请教大哲学家苏格拉底："在哪里可以寻找到快乐？"苏格拉底请他们帮自己造一条船。这群年轻人用了近两个月的时间造好了船。他们请苏格拉底上船，一起合力划桨，齐声歌唱，快乐极了。苏格拉底说，快乐就是这样，它往往在你为着一个明确的目的忙得无暇顾及其他的时候突然来访。

实践活动是人的心理发生、发展的基础。人的一切心理活动都是在劳动、学习、交往、生活中产生的，离开实践活动，人的心理不可能得到发展，因为人的心理的日益丰富是随着实践活动的日益深化而实现的，人在改变外界的实践活动中，也同时改变了自己对外界的反映，使自己的心理得到发展。按照"实践—认识—再实践—再认识"的认识规律来看，在实践活动中发生、发展起来的心理，必将作为再实践的理论指导，才能使实践活动不断深入。实践活动是检验人的心理的唯一标准，人对客观现实的反映是否正确，要由实践活动是否达到预期目标来进行检验。它推动着人们去改正错误，使反映不断精确和完善。

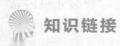 **知识链接**

"狼孩"的故事

大量实例证明，离开了社会生活条件，就不可能产生正常人的心理。"狼孩"便是一个典型的实例。1920 年 10 月，在印度米德纳波尔地区的一个狼洞里，有两个"狼孩"被发现了。这两个狼孩虽然长得与人一样，但行为举止却完全和狼一样，她们白天睡觉，夜晚活动，常常像狼一样嚎叫，用四肢爬着走路，用手直接抓食物送到嘴边吃。人们把这两个狼孩救出来之后，在人类的正常社会环境里对其进行训练，教她们识字，学习人类的基本行为方式和生活技能。然而，其中一个狼孩不幸死亡，另一个在四年之后（大约七八岁）才开始能够讲一点点话，智力水平也才相当于一个普通婴儿的智力水平，17 岁死去时其智力只相当于 4 岁儿童。

"狼孩"的故事说明：一个人如果失去了社会生活条件，尽管他有着正常的人脑，也不可能产生正常人的心理。人的心理现象，无论是简单的，还是复杂的；无论是离奇的幻想，还是虚无缥缈的神话故事，其内容材料都来自于客观现实。正是

由于客观现实中复杂的事物作用于人脑，人才能产生感觉、知觉、记忆、思维、想象、情感、意志等心理过程和个性心理特征及个性倾向性。所以说，客观现实是人心理活动的内容和源泉。

二、心理健康概述

（一）健康观的新内涵

现代人常说，健康是"1"，其他所有的财富、地位、家庭、事业、美丽等不过是其后面的"0"，只要有"1"在，后面的 0 越多，人的成就越大；但是如果没有了"1"，赢得再多又如何呢！健康是每个人的渴求，但遗憾的是，并非人人对健康都有一个正确的认识。长期以来，人们认为身体健壮、没有疾病就是健康。不难发现，这种诠释更多的是从生物学的角度出发，仅仅停留在躯体健康的层面。然而，现代医学的研究证明，心理的、社会的和文化的因素与人的健康和疾病有着非常密切的关系。

❋ 1. 认识健康

在今天的校园里，一些大学生都认为外形漂亮就行，健康与否不重要，每日的活动与饮食全凭个人喜好而定。有的为了身材好看，就节食减肥，甚至经常头晕无力；一些大学生为了方便，不去食堂吃饭，经常用方便食品取代正餐，反正年轻，身体再怎样都可以恢复；还有一些大学生经常通宵打游戏，白天萎靡不振，只好在宿舍睡觉，与人体正常的作息时间完全不符，以致逐渐对学习丧失了兴趣，严重的发展成网络成瘾，甚至还认为自己是健康的。近年来，有研究报道，国内大学生的体质总体呈现下降趋势，究其原因，主要是因为在校大学生的不良生活习惯以及缺乏对健康生活概念的理解造成的，这也反映出我国早期健康教育的缺失。

那么，究竟什么是健康？当今大学生应该具备什么样的健康新理念和健康新水平呢？

早在 1946 年，世界卫生组织（World Health Organization，WHO）就提出了健康的新概念，认为："健康是一种生理、心理和社会适应都日臻完满的状态，而不仅仅是没有疾病和虚弱的状态。"1999 年，世界卫生组织又修改了健康的概念，增加了道德健康。由此可见，衡量是否健康至少包括四个层面的内容。

（1）身体发育情况 如是否有生理疾病或缺陷，身体各部分的机能状况等，这是健康的基础。

（2）心理发展状况 如是否有心理疾病，是否有持续的、积极的心理发展状态等。

（3）社会适应程度 如掌握了多少生活知识和技能，是否有正确的人生目标，是否能遵守社会生活规则，融入现实社会生活，能否在不同时间、不同岗位上扮演好各种角色等。

（4）道德文明水准 如道德认知水平和道德行为状况等。道德健康的最高标准是无私奉献，最低标准是不损害他人。

由此可见，健康不仅包括躯体的健康，还包括心理和社会适应等方面。一个人只有身体、心理、社会适应都处于一个良好状态时，才是真正的健康。如果一个人性格孤僻，心理长期处于一种抑郁状态，就会影响体内激素分泌，使人的抵抗力降低，疾病也会乘虚而入。而一个原本身体健康的人，如果老是怀疑自己得了什么疾病，就会整天郁郁寡欢，最后真的一病不起。

2. 健康的标准

世界卫生组织在界定了健康的概念后，根据现代生物—心理—社会医学模式还提出了个体健康的 10 条标准。

① 有充沛的精力，能从容不迫地担负起日常工作和生活压力，而不感到疲劳和紧张。

② 处事乐观，态度积极，勇于承担责任，心胸开阔。

③ 精神饱满，情绪稳定，善于休息，睡眠良好。

④ 自我控制能力强，善于排除干扰。

⑤ 应变能力强，能适应外界环境的各种变化。

⑥ 体重得当，身材匀称。

⑦ 牙齿清洁，无空洞、无痛感、无出血现象。

⑧ 头发有光泽，无头屑。

⑨ 反应敏锐，眼睛明亮，眼睑不发炎。

⑩ 肌肉和皮肤富有弹性，步伐轻松自如。

WHO 的十条健康标准既突出了人的躯体健康的生物学指标，同时也考虑了人的心理健康和社会适应性。这意味着衡量一个人是否健康，必须从生理、心理、社会行为等因素分析，不仅看其有没有器质性或功能性异常，还要看其有没有主观不适感，有没有社会公认的不健康行为。这种丰富的健康内涵再次让我们体验了什么是现代人应有的健康状态。

（二）心理健康及其特征

十多年前，人们对"心理健康"一词还很陌生，而今越来越多的人走近"心理健康"。什么是心理健康呢？随着社会的发展和进步，人们对心理健康的认识也在不断深化和提高，中外学者也从不同的角度给予了不同的阐述，较为普遍的观点认为，心理健康的人能够充分发挥个人的最大潜能，能够妥善处理和适应人与人之间、人与社会环境之间的相互关系。具体来说，它包括两层含义：一是个体与绝大多数人相比，其心理功能是正常的，无心理疾病；二是个体能积极调节自己的心理状态，顺应环境，能有效地、富有建设性地发展和完善个人生活。

可见，心理健康是指个体在适应环境的过程中，生理、心理和社会性方面达到协调一致，保持一种良好的心理功能状态，能够适应发展着的环境，具有完善的个性特征；且其认知、情绪反应、意志行为处于积极状态，并能保持正常的调控能力。

需要强调的是，心理健康是一个发展变化的过程，而不是一个静止不变的过程。就像人们的身体有时很健康，有时会生病一样，心理也会产生问题，甚至是较为明显的问题。这是很常见的，它在提醒人们要关注内心状态并做出调整。其实，大多数人都具备基本的心理健康状态和心理保健能力，经过自身努力或专业人员的有效帮助，就可能走出心理困惑，恢复到健康状态，最重要的是能及时意识到自己的不健康状态，并能主动调整和转变。心理健康标志着人的心理调适能力和发展水平，即人在内部和外部环境发生变化时，能持久保持的心理状态。一个人的心理健康也不一定在每一个方面都有表现，只要在生活实践中能够正确认识自我，自觉控制自己，正确对待外界，使心理保持平衡协调，就已具备了心理健康的基本特征。

 知识链接

心理健康的两个基本原则

1. 心理活动的主观感觉——快乐原则

弗洛伊德提出心理活动的第一原则为"快乐原则"。该原则表明，本能需要的即时满足给人带来快乐，不满足则会带来紧张、不安甚至痛苦，而每个人都具有追求快乐、避免痛苦的本性。快乐原则是指导人最初心理活动的唯一原则，也是衡量心理健康的首要法则。

2. 社会适应性——现实原则

自我感觉很好的人不一定健康，如精神病患者。精神病患者很快乐，但其心理并不健康，所以衡量一个人的心理是否健康，除了自我感受外，还必须考虑其社会适应性，即一个人的心理活动与外部环境是否具有同一性，一个人的所思所想、所作所为是否能正确地反映外部世界，有无明显差异。这与弗洛伊德提出的心理活动的"现实原则"是一致的。

每个人都生活在社会中，一个心理健康的人必须适应社会，与社会处于和谐状态而非对立状态。个人与社会的适应情况表现在对自己、对他人、对集体、对社会的态度上，表现在与他人和社会建立的联系上，也表现在对各种事情的处理上。如果个人只顾追求快乐而忽视社会规范，迟早会受到道德的谴责和法律的惩罚。因此，个人在追求快乐时，必须学会延迟满足，将眼前需要的满足与长远持久的利益相结合。

需要指出的是，快乐原则与现实原则是衡量心理健康的两个基本原则，无论牺牲哪个原则，都是不健康的，甚至是病态的。

第二节 大学生心理健康

一、大学生心理发展的特点

大学生心理成熟并非完全取决于他们生理成熟的水平，更多的是受到社会环境尤其是学校教育的影响和制约，同时还取决于大学生的社会生活实践的广度和深度。就大学生心理发展的整体来看，他们正处在迅速走向成熟而又未真正完全成熟的阶段，这显著地表现在他们矛盾的心理特点方面。大学生心理发展的一般特点如下。

1. 抽象思维迅速发展，但思维易带主观片面性

大学生随着自己的身心发展趋于成熟，学习的知识越来越多，思维训练越来越复杂，其抽象思维能力也获得迅速发展，并逐渐占据思维活动中的主导地位。他们喜欢进行比较系统的理论论证，对事物因果规律有浓厚的探讨兴趣，思维的独立性、批判性日益增强，思维的深度、广度、灵活性与创造性有长足发展。不过，他们的抽象思维水平还没有达到完全成熟的程度，思维品质的发展也不平衡，对于复杂社会问题的认识，还易出现简单、主观、片面、想当然、脱离实际或固执偏激的不良倾向。

2. 情感丰富但情绪波动较大

大学生富有青春气息，对生活充满激情和活力。随着他们对大学生活的逐步熟悉和适应，以及参与社会交往和联系的增多，他们的社会性需要逐渐增强，他们的情感也日益丰富、强烈和完善。它体现在具体的学习、生活、活动、劳动和人际交往的过程中，带有明显的时代性、社会性和政治性。这种情感在大学生的世界观、人生观、价值观的逐步确立及支配下，会迅速向广度和深度发展，逐渐成为其情感世界的本质和主流。大学生在其情感日渐丰富的同时，他们对情绪控制的能力也在不断由弱变强。不过，无论从生理、心理和社会的角度，还是从青春期情绪丰富而不稳定特点的角度，大学生在受到内在需要和外界环境的强烈刺激之下，还是容易出现情绪的波动。他们可能在短时间内从高度的振奋变得十分消沉，也可能从冷漠突然转变为狂热，两极性比较突出和明显。

3. 自我意识增强但发展不成熟

自我意识是人对自己及自己与周围环境关系的认识，包括对自己存在的认识，以及对个体的身体、心理、社会特征等方面的认识。这种认识主要是通过自我观察、自我检验、自我评价、自我调节、自我完善来实现的。大学生十分关注对自我的认识，他们大多数对自己的评价和别人对他们的评价比较一致。大学生借助于他人和社会的评价来认识自己，但又不完全依赖于别人的评价，具有明显的独立性、自主性和自信心。大学生根据自身、周围环境及社会现实，会正确认识自己，恰当地为自己定位，给自己的学习和未来发展做精心设计和准备，并进行心理和行为上的努力。大学生的自我意识、自我评价能力、自我调节能力明显增强。但他们自身在社会知识经验和能力上的不足，还会使其在自我意识形成与发展中面临各种矛盾和问题，如主观自我和社会自我之间、现实自我和理想自我之间、成就期望与现实失落之间、强烈的独立意识与难以摆脱的依附心理之间、自尊与他尊之间、自尊心与自卑感之间等的矛盾。他们在自我认识方面过度自我接受或过度自我拒绝，在自我体验方面的过强自尊心或过强自卑感，在自我意向方面的"自我中心主义"、过分独立、过分依赖、不当从众等，也都反映出大学生正迅速走向成熟但尚未真正完全成熟的心理特点。

4. 意志水平明显提高但不平衡、不稳定

大学生随着社会知识经验的增多，他们对社会、人生的意义有了更深刻的认识。他们的世界观、人生观、价值观逐步确立，开始自觉设计人生道路，确立奋斗目标并根据目标制订具体的实施计划。在实现目标的过程中，他们出于对目标价值的认同和受到目

标强烈的吸引激励作用，会为实现奋斗目标而克服前进道路中的各种困难和障碍，表现出坚强的意志力，表明大学生的意志发展已达较高水平。但大学生意志发展水平不平衡、不稳定。一般说来，他们意志的自觉性和坚持性品质发展水平较高，但果断性和自制性品质发展相对缓慢一些，这主要表现在他们处理关键问题或采取重大行动时，有时优柔寡断、动摇不定，有时又草率武断、盲目从众。大学生的意志水平在不同活动中的表现不一样，即便是同一种活动，心境的好与坏也会使意志水平表现出较大差异。

5. 人格发展基本成熟但不完善

人格由气质、性格等诸因素构成，是相对稳定且具有独特倾向性的心理特征的总和。人格影响人的身心健康、活动效率、潜能开发及社会适应状况。它是在长期实践中形成发展起来的，反映了一个人总的心理面貌。大学生处于身心急剧发展和自我意识由分化、矛盾逐渐走向统一的特殊时期，这是他们人格发展的重要时期。当代大学生的人格发展中有成熟积极的一面，如：能正确认识自我；智能结构健全合理；对社会环境的适应能力较强；富有事业心，具有一定创造性和竞争意识；情感饱满适度等。但也有相当一部分人不同程度地存在着人格发展上的缺陷或不完善，如常见的自卑、懒惰、拖拉、粗心、鲁莽、急躁、悲观、孤僻、多疑、抑郁、狭隘、冷漠、被动、骄傲、虚荣、焦虑、自我中心、敌对、冲动、脆弱、适应性差等。大学生良好的人格是在正确认识自我的基础上，通过不断学习、实践、优化、完善来实现的。

6. 不同阶段的心理发展特点

大学生处在不同的年级或阶段，他们所面临的发展课题不同，其心理发展也呈现出阶段性的特点。

（1）入学适应阶段　大学生带着高考成功的喜悦满怀信心地走进高校，首先面对的就是从中学到大学的一系列急剧的转折。生活环境、生活条件、人际关系、学习方式方法发生变化，原有的心理结构被打乱，心理定势被破坏，这使得他们在心理上一时感到陌生而且难以适应，这是大学生入学后最先遇到的心理困难期。不过，大多数学生经过一个学期后便能逐步适应，但也有少数学生出现适应困难，影响正常的学习生活和身心健康。

（2）稳定发展阶段　这是大学生全面成长和深化发展的关键阶段。此时的大学生已逐渐适应大学生活，对一些问题的认识和处理有了自己的主见和理智，不再单纯和盲目。他们开始认真思考人生之路，并为之确立自己的奋斗目标。绝大部分学生求知欲望强烈，专心于自己的专业和学业，注重对各方面有用技能的学习，重视对社会实践的参与，渴望自己全面发展和取得优异成绩。他们会根据自身特点，选择适合的学习方式及进行高效率的学习，但学习中既有成功的喜悦也有失败的烦恼，繁重的学业、过度的压力、激烈的竞争，常给他们心理上带来矛盾、苦恼、彷徨、困惑、犹豫和烦躁不安。这一阶段，又是大学生思想、学习、生活发展开始走向分化的阶段。

（3）准备就业阶段　这是大学生从学生生活向职业生活过渡的阶段。他们面临着又一次的环境变迁和角色变化，心理再起波澜。一方面，将要完成学业走向社会，他们对大学生活产生很深的情感依恋；另一方面，他们向往美好生活，对未来充满自信。但竞争激烈的就业现实，又使他们背负沉重的精神压力并产生心理焦虑。他们不知道自己能否找到如意的工作，以及能否适应今后的工作。他们有的要考虑和准备考研问题，有的还要处理与恋人的关系问题。这一时期，是大学生心理最为复杂、负担最重、冲突最为激烈的时期。

二、大学生心理健康的标准

一般来说，大学生被认为是有知识、有文化、有学历、有素养的，但也面临着新时期"本科生遍地开花，研究生也一样自主择业，毕业即失业"的状况。他们不仅被要求生活上有独立和自理的能力，还要有学业上的自主和创新意识；不仅要在自我认识、人际关系、异性交往等方面不断发展，还要从思想和行为上成熟起来，适应社会。可以说，当代大学生承受着越来越大的心理压力。了解大学生的心理健康标准和影响因素，有助于大学生维护自己的心理健康，更好地进行学习和生活。

大学生的普遍年龄一般在 18～25 岁，从心理学的观点来看，正处于青年中期。大学生的心理具有青年中期的许多特点，但作为一个特殊群体，大学生又不能完全等同于社会上的青年。心理是否健康一般采用量表测量，其标准不是固定不变的。心理健康标准随着时代变迁、文化背景变化而变化。根据我国大学生的实际情况，评判大学生的心理健康水平应从以下几个标准给予着重考虑。

1. 智力正常

智力正常（IQ＞80）是大学生学习、生活的基本心理条件，也是适应周围环境变化所必需的心理保证。因此，衡量时关键在于是否正常地、充分地发挥了效能，即有强烈的求知欲，乐于学习，能够积极参与学习活动。

2. 能保持较浓厚的学习兴趣和求知欲望

著名科学家爱因斯坦说过："兴趣是最好的老师"。学生对学习有了浓厚的兴趣，自然会产生探求知识的强烈欲望。有了忘我的学习精神，才能增强学习的效果。

3. 能协调和控制情绪，具有良好的情绪状态

能协调、控制情绪和具有良好的情绪状态的标志是情绪稳定和心情愉快。包括的内容有：愉快情绪多于负面情绪，乐观开朗，富有朝气，对生活充满希望，情绪较稳定，善于控制与调节自己的情绪，既能克制又能合理宣泄，情绪反应与环境相适应。

4. 具有顽强的意志

意志是人在完成一种有目的的活动时，所进行的选择、决定与执行的心理过程。意志健全者在行动的自觉性、果断性、顽强性和自制力等方面都表现出较高的水平。意志健全的大学生在各种活动中都有自觉的目的性，能适时地做出决定并运用切实有准备的方式解决所遇到的问题。在困难和挫折面前，能采取合理的反应方式，能在行动中控制情绪，而不是行动盲目、畏惧困难、顽固执拗。

5. 具有完整、和谐的健康人格

人格指的是个体比较稳定的心理特征的总和。人格完整、和谐就是指有健全统一的

人格，即个人的所想、所说、所做都是协调一致的；既具有人格结构的完整统一，同时还具有正确的自我意识，不产生自我同一性混乱；以积极进取的人生观作为人格的核心，并以此为中心把自己的需要、目标和行动统一起来。

6. 能正确认识自我和接纳自我

正确的自我评价乃是大学生心理健康的重要条件。大学生要能做到自我观察、自我认定、自我判断和自我评价。做到自知、恰如其分地认识自己，摆正自己的位置，既不以自己在某些方面高于别人而自傲，也不以自己在某些方面低于别人而自卑。能够自我接纳，喜欢自己，接受自己，自尊、自强、自制、自爱适度，正视现实，积极进取。

7. 能保持和谐的人际关系

良好而和谐的人际关系，是事业成功与生活幸福的前提。其表现为乐于与人交往，既有广泛而深厚的人际关系，又有知心朋友；在交往中保持独立而完整的人格。有自知之明，不卑不亢；能客观地评价自己和别人，善取人之长、补己之短，宽以待人，乐于助人。

8. 有良好的适应能力

个体与客观的现实环境保持良好秩序。通过观察对现实的环境取得正确的认识，以有效的办法对应环境中的各种困难，不退缩；还要根据环境的特点和自我意识的情况努力进行协调，改变环境适应个体需要，或调整自我以适应环境。

9. 心理行为符合大学生的年龄特征

大学生是处于特定年龄阶段的特殊群体。大学生应具有与年龄和角色相应的心理行为特征。

 知识链接

关于心理健康的五种认知误区

误区一：身体健康就是心理健康

这是对健康的一种典型误解。身体健康是指一个人无躯体疾病，但这并不等于是健康。世界卫生组织（1989 年）对健康做了新的定义，即"健康不仅是没有疾病，还包括躯体健康、心理健康、良好的社会适应能力和道德健康"。

误区二：只要不心理变态就是心理健康

心理变态是心理不健康的极端形式。人的心理可以分为三个区：白色区、灰色区、黑色区。白色区是健康的心理，黑色区是不健康的心理，而介于两者之间的就是灰色心理。如果灰色心理调节得好就会变回白色心理，但是如果不能排除烦恼，灰色则会越来越灰，甚至变成不健康的黑色心理。心理健康是有一定的标准的。衡量青少年学生心理是否健康的标准主要有：智力正常、情感饱满稳定、意志坚强、正确地对待自己、有和谐的人际关系、能适应所处的社会环境等。

误区三：有心理问题的人是可笑的

有的同学对心理问题这一个词十分过敏的同时又不屑一顾，喜欢用这个词来取笑别人，其实这是不对的，他们并不明白什么是心理问题。人经常会有心理困惑，困惑不排除则会演变成为心理问题，心理问题再得不到较好的解决则很容易产生心理疾病。青少年学生心理处于一个渴望独立却不能独立的心理断乳期，各方面都不太成熟，学习的压力，人际交往的烦恼，生活上的琐事总是会污染自己的心灵，所以有这样那样的烦心事是正常的，有一些心理困惑也是在所难免的。

误区四：去心理咨询是见不得人的事

许多同学觉得去心理咨询是一件很难为情的事，总是要躲躲闪闪的，生怕别人看见，更有甚者反复犹豫是否去心理咨询，结果使旧病未了又添新病。其实心理咨询绝不是什么见不得人的事，只是因为这个新兴事物在中国兴起的时间并不长，了解它的人不太多，能接受它的人就更少了。其次，许多人对心理咨询也有这样那样的顾虑，这也导致了他们不敢走进心理咨询的大门。真正的心理咨询正如哈佛大学博士岳晓东所讲："心理咨询是一种享受而不是痛苦，是明智的选择而不是蠢笨的做法。"

误区五：一次心理咨询就可以解决我的问题

许多人对心理咨询的期望值非常高，总是希望通过一次心理咨询能解决存在的所有问题。"冰冻三尺，非一日之寒"，心理问题不是一天形成的，当然也不是一次心理咨询可以解决的。同时心理咨询需要咨询双方的互动以及来访同学对心理咨询所得的对策的实践。所以说心理咨询往往需要多次咨询来解决问题，当然也并不是所有的心理问题都是需要多次咨询，有些简单的问题一次也就足够了。

三、大学生心理健康的影响因素

5月25日是全国"大学生心理健康日"。有媒体报道，精神疾病在不少高校中已成为大学生辍学的主要原因。因精神疾病休学、退学的人数分别占因病休学、退学总人数的37.9%和64.4%。尽管如此，只有极少数学生接受了心理咨询方面的专业性帮助，而绝大部分并没有真正认识到这一问题的重要性。一定程度上，这不能不说明心理健康教育的紧迫性、必要性和艰巨性。人的心理健康是一个极为复杂的动态过程。影响心理健康的因素是各种各样的，既有个体自身的因素，也有外界环境的因素影响。就当前大学生的现状而言，影响其心理健康的因素是复杂的和多方面的，既有个体因素，又有家庭环境、学校教育和社会因素。

（一）个体因素

1. 自身缺陷

有少数大学生因为遗传等因素的影响，在长相、身材等方面存在一些先天的生理缺陷；或是因为身体素质不好，患有疾病，在学习和训练的过程中往往感到力不从心；或是因为自身的个性缺陷，如性格内向、孤僻封闭、急躁冲动、固执多疑等。这些因素很容易使大学生产生"我不如人"的心理，久而久之，造成严重心理负担。这样恶性循环，其心理承受力将越来越差。

2. 心理冲突

心理冲突是指个体在有目的的行为活动中，存在着两个或两个以上相反或相互排斥的动机时所产生的一种矛盾心理状态。心理冲突常常会造成动机全部地或部分地不能满足，同时也使动机所指向的目标的实现受到阻碍。动机与挫折相关，也是造成挫折和心理应激的一个重要原因。大学生的心理冲突既有群体的，如：独生子女与贫困学生特有的心理冲突；也有个体发展中面临的升学与就业、学业与情感等方面的心理冲突。大学时代是心理断乳的关键期。心理断乳意味着个人离开父母家庭的监护，彻底切断个人与父母家庭在心理上联系的"脐带"，摆脱家庭的依赖，成为独立的个体，完成自我心理世界的建构。当多重发展任务同时落到大学生身上时，必然会产生各种各样的心理冲突。

3. 应对方式

应对方式是指大学生在面对挫折和压力时所采用的认知和行为方式。它是心理应激过程中一种重要的中介调节因素。大学生的应对方式影响着应激反应的性质与强度，并进而调节着应激与应激结果之间的关系。从应对效果的角度来看，可以分成积极的应对方式、消极的应对方式和中间型的应对方式。实证研究表明，大学生的心理问题往往与其消极的、不成熟的应对方式有显著的相关。

4. 自我认知

随着年龄的增长，大学生的自我意识、自我控制能力和自我评价能力发生了飞跃的变化。但是，由于思维过程存在着表面化和片面化，自我认知还不全面，自我控制能力还较弱，自我评价易受情感波动的影响，对事物的观察和思考容易理想化，所以客观上他们的心理并不成熟。自我认知也会出现两极震荡，当取得一点成绩时容易自负，而遇到挫折时容易自卑，不断地调整自我认知对每位大学生都非常重要，在客观现实面前，有的大学生能及时调整对自身的认识，重新确立目标，符合客观现实的要求；而有些大学生则企图逃避与现实的矛盾冲突，出现消沉、颓废、苦闷、抑郁等心态，或耽于玩乐、放纵，发泄对现实的不满，以此来麻痹自己的心灵，甚至滋生自杀倾向等严重心理问题。研究表明，大学生焦虑、自卑、抑郁、人际关系敏感等心理问题的根源往往与他们不当的、消极的自我认知显著相关。

5. 人际关系

大学生的人际关系较中学相比更为广泛与深刻，角色呈多元化。来自不同地域、民族、教育背景、经济状况的新生，带着各自的生活习惯与学业期待来到大学，新型人际关系的适应成了他们面临的重要问题。新的人际关系既有师生关系的理解，也有同班及宿舍室友之间的相处，还有异性交往的适应等。大学生的人际关系与自我认知和认知他人相关。一方面，他们对良好的人际关系抱有极大的期望，希望能建立和谐、友好、真诚的人际关系。另一方面，这种期望又往往过于理想化，即对别人要求或期望太高，而造成对人际关系状况的不满。这种不满又会反过来给他们的人际关系带来消极的影响，从而导致渴望交往的心理需求与心理闭锁的矛盾集于一身。

6. 个人情感

我国著名的心理学家丁瓒曾指出，人类的心理适应，最主要的就是对人际关系的适应，所以人类心理的病态，主要是由人与人之间关系的失调而来。

目前，我国大学生正值青年期，性生理已基本成熟，对性的问题比较敏感。他们渴望与异性交朋友，渴望得到异性的友谊甚至爱情。但由于经验不足，阅历太浅，理智性差，因而增加了对性爱意识的盲目性和随意性，而生理早熟和心理滞后之间的矛盾往往导致需要爱与理解爱之间的偏差。一方面，大学生的生理成熟使其萌发性意识，产生需要爱情的欲望，但道德、纪律又限制着这种欲望。当热恋双方情感难以自控，发生冲动越轨行为，导致事后悔恨、焦虑、恐怖性情感；当爱情与毕业分配形成两难选择时，男女双方可能会出现感情与荣誉之间强烈的心理失调，严重时会因失恋出现极度情绪低落。另一方面，由于大学生的世界观、人生观相对不稳定，没有树立正确的恋爱观，因而出现了诸如三角恋、单相思、失恋、胁迫恋爱以及性心理异常等现象。这些来自情感的压力，如果不能得到及时而有效的缓解和调适，就可能引起心理失衡，严重的会导致精神疾病。

（二）家庭环境因素

1. 家庭气氛

一个人对客观现实的认识往往是从家庭生活、家长的言行举止开始的。现代心理学的研究表明，家庭环境对人的一生发展会产生重大的影响，特别是早年形成的人格结构会在以后的心理发展中打下深深的烙印。家庭环境包括家庭人际关系、父母教育方式、父母人格特征等。大学生在步入社会之前，很大程度上受家庭环境和父母言谈举止的影响，不同的家庭教育与影响必然产生不同的结果，这种长期的影响会对大学生的心理健康产生积累效应。父母关系不良、经常吵架甚至互相敌视，家庭气氛紧张，尤其是父母离异，往往会使子女形成冷漠、孤僻、自卑、多疑等不良性格特征，这些不良性格特征会使大学生在人际交往中表现出自私、敌视心理和道德方面的缺点。与父母关系差或很少与父母联系的大学生更容易产生忧虑的情况。

2. 家庭期望

当今社会，家长普遍存在望子成龙的心态。为了子女的升学，诸如中考、高考、研究生考试或出国留学等，许多家长都是煞费苦心，甚至不惜一切代价。这种来自父母的强烈期望，一方面可以成为大学生勤奋好学的动力，但另一方面也可能适得其反，成为大学生难以承受的心理负担。

3. 家庭经济压力

由于城乡差别及社会分配不公而产生的收入悬殊问题在高校学生中也表现出来。就高校的贫困生而言，尽管谁也不愿被贴上"贫困生"的标签，但他们无法逃避的现实却是在生活条件方面，从吃穿乃至言行举止都与大城市来的学生有很大的反差。他们除了参与学业竞争外，还得承受因高额的学费和生活开支而带来的经济方面的压力，不少贫困学生在学习之余不得不靠勤工俭学来维持学习和生活。因此，他们所承受的心理负担明显地超过了其他同学，极易导致心理上的不平衡。

（三）学校教育因素

1. 心理教育实践环节薄弱

长期以来，中学的应试教育使学生在诸多身心发展方面的教育和培养受到严重制约和影响，致使学生的许多发展课题延缓到了大学。而心理素质未达到应有的水平，无形中又增加了学生在大学的成长负担，无法形成良好的自我组织调控机制。

2. 生活环境引起心理不适应

生活环境的变化是促使整个人心理发生变化的基础。进入大学后，在生活上由父母包办的状况由住集体宿舍、吃饭上食堂排队、衣服自己洗、日用品自己买的生活方式所代替，它要求大学生既要做到生活自理，又要有奉献精神。但由于当代大学生绝大多数都是独生子女，不少人往往会因第一次离开父母、家庭而缺乏生活自理能力，过不惯集体生活、孤独寂寞而感到压抑和焦虑。

3. 学习环境变化造成的压力

首先，在大学里，竞争的内容不仅仅局限于学习成绩，眼界学识、文体特长、社交能力、组织才干等都成了比较的内容。如果大学生缺乏足够的思想准备且不能恰当接受和对待学业成绩，就会出现自信心下降、自卑感上升，甚至还会出现强烈的嫉妒心理和攻击行为。其次，大学的学习目的、学习方式、学习内容都是有别于中学的。大部分学生习惯于中学老师详细讲解和具体辅导的学习方式，自学能力较差，依赖性强。而在大学，同学们获取知识的途径，除了听课，从老师的讲授中获取知识外，自学占了很重要的位置。自学需要学生不仅有较强的自学能力和学习自觉性、自主性、自制力，而且还要学会研究性学习，善于发现和提出问题。加之大学的考试方法比较灵活等，这些变化往往使那些靠死记硬背、墨守成规、缺乏灵活运用知识能力的大学生遇到较多的挫折而感到自卑。最后，随着社会对大学生要求的提高，用人标准的转变，促使很多在校大学生既要学习专业知识，同时还要选修一些相关知识，如外语、计算机等，考取各类证书，以适应激烈的市场竞争。如果大学生的学习方法不当，学习动机不强，学习目的不明确，自我约束能力弱，就容易出现焦虑、紧张等情绪反应，同时还会严重影响自信心，产生苦恼以及自我否定等心理问题。

4. 不健康的校园文化的影响

社会转型期的不良文化辐射到校园，滋生了种种不健康现象。校园里一度出现了追星狂热，追逐时髦热，少数大学生或醉心于网络游戏或流连于花前月下，"课桌文化"和"厕所文化"更是不堪入目。这些不健康的校园文化严重影响了大学生的健康成长，使得一些大学生变得无朝气而颓废。

（四）社会因素

1. 社会文化因素

当代大学生处在东、西方文化交汇和多种价值观冲突的时代。随着改革开放的深化，西方文化大量涌入，东、西方文化发生着从未有过的碰撞与冲突。面对不同于以往的文化背景和多种价值的选择，大学生常常感到茫然、疑虑、混乱，诸如个人利益与个人主义、个性发展与个性放纵、自我意识与自我中心、享受与享乐等认识上的模糊。求新、求异的心理使青年盲目追求西方的文化，而这些东西与中国现实社会在许多方面格格不入，使大学生陷入紧张、压抑、混乱、空虚的状态。长时间的心理失调必然给心理健康带来不良影响。

2. 市场经济因素

由于市场经济引入了竞争机制，从而为人们充分发挥能力，展开平等竞争提供了条件。这种竞争随着改革开放的深入呈更加激烈的趋势，社会的现实冲击了大学生平静的心理；引起极大波动，并由此引发了他们自我的觉醒，开始注重现实，讲求实效，互相展开平等竞争。而这种竞争对于一些意志薄弱的学生无疑是一种挑战，当遇到种种挫折的时候，他们就可能产生消极的心理状态。同时，市场观念也给大学生的心理发展带来了负面影响，不少学生舍弃自身价值和理想去单纯追逐经济目标，很容易使其形成"个人至上、金钱至上、享乐至上"的价值取向。这种功利化和实用化的价值取向使部分意志薄弱、道德水平不高的学生出现了政治信仰危机和道德滑坡，部分大学生对政治活动不感兴趣，尤其对马克思列宁主义、共产主义理想和信念持有怀疑态度，艰苦奋斗、勤俭节约不再受到推崇。由市场经济使学生的现实生活和思想状况所发生的变化都有可能引发各种心理问题。

3. 信息矛盾引起的认知问题

大学生正值长身体、长知识、学做人时期，也正处于世界观、人生观、价值观的形成过程中，可塑性强。随着网络信息时代的到来，广播、电视、报纸杂志和网络日新月异的发展，各方面信息纷繁复杂、良莠共存。而大学生由于求知欲强但辨别能力弱、崇尚科学但欠缺辩证思维的特点，对信息的加工处理能力不强，从而使理论与现实产生激烈的矛盾冲突。这些矛盾冲突得不到及时解决，就会产生心理障碍或问题。

4. 高额学费的压力

随着高等教育招生收费并轨体制的实行及高校后勤社会化的改革，青年学生有了更多接受高等教育的机会。但问题的另一方面是学费大幅度提高，家庭经济困难学生的比例剧增。据中国扶贫基金会对 4 省区 20 所高校的调查，目前我国高校在校生中的家庭经济困难学生比例约为 20％，特困生比例为 8％，农、林、师范类学校的经济困难学生比例超过 30％，特困生比例超过 15％。走进大学校园的经济困难学生不仅要面对所有大学生必须面对的学习和生活问题，还要克服更多的物质和精神上的困难。以往凭借学习成绩的优异而支撑起来的自尊在评价更加多元化的大学校园里遭到了挑战。经济上的拮据导致了经济困难学生生活上的窘迫感、交往中的自卑感、对家人的愧疚感以及对现实的无奈感。很多研究表明经济困难大学生的心理健康水平显著低于其他学生。经济压力是影响大学生心理健康的一个重要因素。

✿5. 社会竞争，就业困难

随着我国社会的变迁，各项改革的深入发展，竞争在人才培养和就业制度上的引进等，使高校大学生面临着各种竞争的压力。例如，大学毕业生由国家统一分配转向人才市场双向选择，这种毕业分配制度的重大变化，会使大学生"天之骄子"的优越感受到强烈冲击，使大学生感到前途渺茫，这种失落感极易导致大学生心理问题的产生。

1. 了解心理、健康、心理健康的内涵。
2. 把握大学生心理发展的特点。
3. 掌握大学生心理健康的影响因素，从而进行有效教育。

【心理训练】

一、心理测验

心理适应性测试

自从走进校园，大学生就在不断经历着新老师、新同学、新知识等新变化。面对这些变化，你的心理适应性如何？不妨测一测。

A——很符合自己的情况

B——比较符合自己的情况

C——很难回答

D——较不符合自己的情况

E——很不符合自己的情况

1. 题目

（1）如果周围再安静一点且没人监考，那么我的考试成绩一定会更好。

（2）每到一个新的环境，我与周围的人很容易接近，并能与之融洽相处。

（3）到外地去时，我容易出现失眠，并且常常感到身体不舒服。

（4）我最喜欢学习新知识或新学科，因为能给我一种新鲜感，激发我的兴趣，而且我总能很快找到适合自己的学习方法。

（5）已经记得很熟的课文，面对全班同学背诵或默写时我总会出错。

（6）我很喜欢参加社交活动，每次活动我都能结识很多新朋友。

（7）我比其他人更希望夏天能凉快一些，而冬天暖和一些。

（8）课堂上即使很吵闹，我也能集中精力学习，学习效果不会下降。

（9）参加重要的大型考试，我的脉搏总会比平时跳得更快。

（10）学习任务很繁重时，我可以精力充沛地学习一个通宵。

（11）除了我熟悉的朋友外，其他客人来我家做客时，我一般都会回避。

（12）到一个新的地方，饮食、气候变化很大，我一般能很快习惯。

（13）到一个新班级，我很难较快地与班上的同学建立良好的关系。

（14）无论在课堂上还是在会场上发言，我都能镇定自如。

（15）如果有老师站在我旁边，我学习或做事总感觉有些不自在。

（16）在大多数情况下，我会接受大家的看法而放弃个人的意见。

（17）在众人特别是在陌生人面前，我都会感觉有点不知所措。

（18）在任何情况下，我做事都会很细心，从不会很慌张。

（19）和别人争论，我常语无伦次争不过人家，但事后总能想到反驳的办法。

（20）我每次遇到大考时，考试的成绩就会比平时要好一些。

2. 计分方法

凡单号题从 A 到 E 五种回答依次计 1、2、3、4、5 分。

凡双号题从 A 到 E 五种回答依次计 5、4、3、2、1 分。

3. 分数解释

81～100 分：适应性很强，你能很快适应新的学习环境，因此无论到一个什么样的环境里，你处事总能应付自如。

61～80 分：适应性较强，你能够比较轻松地适应学习和生活环境的变化，遇到新问题还能够比较从容地应付，不至于惊慌失措。

41～60 分：适应性一般，进入一个新的环境，经过一段时间的努力，你基本上能够适应。

31～40 分：适应性较差，依赖于较好的学习和生活条件，习惯于现在的生活环境，稍有改变就会觉得不适应，一旦遇到困难，容易怨天尤人。

20～30 分：适应性很差，在各种新的环境中，即使经过相当长时间的努力，也不一定能够适应，常常感到与周围事物格格不入，与人交往总觉得手足无措。

二、体验拓展

（一）体验一：学会每天问自己十个问题

如果你想走出烦恼，放松心情，以积极健康的心态面对每一天，那就尝试以自问的方式开始每一天，这些问题会给你带来力量和好心情。

1. 我拥有什么

通常，我们会为自己没有的东西而苦恼，却看不到自己拥有的，如健康、爱与被爱、食物等。正如那句口口相传的话："失去了才知道珍贵。"走出哀怨，这样就可以看到什么是我们拥有的。

2. 我应该为什么感到自豪

为你已经取得的成绩而自豪，成绩不分大小，每一次成功都意味着向前迈出了一步。你可以为自己刚刚战胜的一个挑战而感到骄傲；可以为帮助了一个陌生人而感到幸福；可以为帮助了一个朋友而露出微笑；也可以为结识了新朋友或读了一本新书而感到高兴。总之一切都值得你自豪。

3. 我应该对什么心存感激

每天都有很多事情让我们为之心存感激，同时也有很多人值得我们感激，因为他们在无形中教会了我们一些事情。生活的每一天对于我们来说都是一份珍贵的礼物。

4. 我怎样才能充满活力

每天都要计划好做一些积极的事情，让自己充满活力。例如，可以给那些一直以来你都很欣赏，却很久未联系的人打电话；对同学说一些鼓励的话，保持微笑；或留出时间进行体育锻炼等。

5. 我今天能解决什么问题

设法把那些原本想留到明天才解决的问题今天就解决掉，尽量在当天完成手边的工作；要敢于面对那些棘手的问题，并换种角度看待它们。

6. 我能抛下过去的包袱吗

过去的包袱就是指那些长年累月积起来的伤心经历和怨气。背着这些沉重的生活包袱有什么用呢？建议你对过去做一个总结，把值得借鉴的经验保存起来，然后永远地卸下重负。

7. 我怎么换个角度看待问题

人往往都是别人的建议者，却不是自己的。很多时候，根本问题就是我们看待事物的方式。很多人都有过为一件事苦恼不堪，过后又觉得可笑的时候。其实，悲和喜只是看待问题的角度不同而已。

8. 我怎样过好今天

做些与往常不一样的事情。如果我们走出常规，学会享受生活，那么生活就是丰富多彩的。我们要敢于创造和创新。

9. 今天我要拥抱谁

拥抱是我们的精神食粮。曾经有一位心理学家说过，要想健康，每天要至少拥抱 8 次。身体接触是人最为基本的需求，它甚至可以帮助我们开发大脑。

10. 我现在就开始行动

不要认为这些都是听起来不错的建议，也不要认为生活不可能这样。其实，每天的生活都不是你想象中的那样。是让生活过得索然无味，还是积极向上，决定权就在自己的手中，努力幸福地生活，你又会失去什么呢？

（二）体验二：坦言：我错了

体验挫折的感受，端正挫折后的态度。

方法：全体同学起立，老师发出口令"一"，同学们就集体向左转；老师发出口令"二"，同学们就集体向右转；老师发出口令"三"，同学们就集体向后转。在老师发出口令以后，谁做错了，就得蹲下，大声说"我错了"！开始时，节奏比较慢，然后越做越快。有人错得不明显，想蒙混过关，大家可以一起重复说："有人做错了，请承认。"直到那人承认错误蹲下为止。而此时要承认的，除了转错方向的错误，还有掩饰过错的行为，所以要比别人蹲的时间长一些。然后请一直没有转错的同学谈感受：一直不错也很累的。

心理分析：在人的一生中，谁都会遇到不如意的地方，都会犯这样或那样的错误，大家无需掩饰，坦言"我错了"也没有什么，反而会使自己轻松坦荡，关键是我们犯了错、遇到了挫折后态度怎么样，并且如何去改正和克服。

【新媒体导学】

一、推荐视频

1. 对幸福的探讨：《哈佛幸福课：百分之十最幸福的人的生活》

2. 大学生心理健康：《"复旦投毒案"反思大学生心理健康现状》

二、推荐图书

1. 《人生 11 条心理健康要诀》（杨学义，文君）

推荐理由：本书旨在帮助读者了解心理健康调适和修炼方面的知识，用很多故事和实例来启发读者了解心理健康问题的秘密。此书针对会给人心理健康造成伤害的因素，优选出 11 条有益于健康的标准，进行了全面的介绍。这 11 条要诀正是一个现代人要想达成健康快乐的生活所要努力遵循的标准。

2. 《一颗找回自我的心》（克利福德·比尔斯）

推荐理由：《一颗找回自我的心》是一部令人着迷而又扣人心弦的著作。作者曾患精神疾病，复原后便投身于精神病治疗的改革中，为改善美国乃至全世界对精神病患者的治疗和看护工作而奋斗。克利福德·比尔斯应被列为 20 世纪最伟大的改革家之一。他的这本书以及他对精神病预防工作的热衷，无一不改变了美国的历史进程。

三、推荐电影

1. 《肖申克的救赎》

推荐理由：这部影片传达了自我救赎、永不认输的理念，同时也刻画了众多特点鲜明的人物，展现了人性中的复杂心理。

2. 《闻香识女人》

推荐理由：该片获得多项奥斯卡等大奖。影片描述了素不相识的二人在互相鼓舞中得到重生和友谊的故事，启迪人们对生活的深刻理解和感悟。

【思考与练习】

1. 大学生心理发展的特点是什么？

2. 大学生心理健康的标准是什么？

3. 你的心理健康吗？学习了这节课，你希望在哪些方面有所改进？

4. 影响大学生心理健康的因素有哪些？就你自身的成长而言有什么感触？

第二章
识别疾病　跨越障碍
——心理障碍识别与预防

名人寄语

保持健康是做人的责任。

——斯宾诺沙

良好的健康状况和由之而来的愉快情绪是幸福的最好资本。

——赫里克

先相信自己，然后别人才会相信你。

——罗曼·罗兰

近年来，学生心理健康问题受到越来越多的关注。与健康的心理相对，一些异常的心理被称为心理障碍。如何识别心理障碍已经成为教师及教育工作者的重要技能之一。值得一提的是，并非所有的学生心理障碍都可以通过与学生谈话聊天解决，如果教师在工作过程中发现学生可能出现心理健康问题，应能够及时识别，推荐学生尽快向心理咨询师或精神科医生处寻求专业帮助。

案例导入

抑郁症的危害

芳芳是一个出生于南方某普通农家的女孩，她还有一个大她两岁的姐姐。在父母眼中，芳芳各方面都不如姐姐，经常得到表扬的是姐姐，父母还经常拿芳芳和一些比她成绩好的同学相比，因此而责备她，从小到大，芳芳一直都活在自卑之中。后来，芳芳考上了某工程学院，并在学校认识了男友小吴。芳芳大学顺利毕业并被某水电施工局录用，而她的男友小吴却到了外省某单位上班。与男友的远隔让芳芳感到十分郁闷，身边几乎没有一个可讲知心话的人，芳芳只能用日记记下自己的痛苦。在日记中，芳芳描述了自己几个月的状态：四肢无力，整晚失眠，感觉做什么事情都好累，甚至有时感到世界一片黑暗，没有了继续生活下去的信心。后来的某一天，刚参加工作5个月的芳芳在单位宿舍里结束了自己年轻的生命，也给亲人留下了无尽的悲痛。

【智慧点拨】 这是严重抑郁症的一个典型案例。抑郁症是大学生中常见的一种精神疾病。它的突出特点就是心境悲观，自身感觉不良，自责自罪，态度冷淡，兴趣减低，有些患者伴有失眠、不思饮食、体重减轻等特点。应该高度关注的一点是，抑郁是最容易导致自杀意念或自杀行为发生的一种心理疾病。据调查研究表明，80％以上的抑郁症患者有过自杀的想法或行为，而现实中身边人却经常把抑郁症看作自己的心情不好或是性格问题，这就导致了因为患上抑郁症而自杀的悲剧时有发生。所以大学生有必要学习一些关于抑郁症的知识，从而及早地鉴别、预防和治疗。

第一节　心理障碍概述

一、心理障碍概念

　　大学生是风华正茂的一代，其生理、心理均趋向成熟，但由于受人际关系不良、经济困难、失恋、学业受挫等影响，常造成心理障碍。根据一项以全国12.6万大学生为对象的调查显示，约20.23％的大学生有不同程度的心理障碍。某大学学工部两次对入学新生进行全面的心理测查，结果表明，25％的学生存在程度不同的心理障碍。据统计，因各种心理疾病而休学、退学的大学生人数已占休学、退学总人数的50％左右。在南京召开的大陆、香港、台湾三地21世纪高校心理健康教育学术研讨会上，有报告指出，在我国，20世纪80年代中期23.5％的大学生有心理障碍，20世纪90年代上升到25％，21世纪初已达到30％。如何防治心理疾病，克服心理障碍，已成为高校学生管理的重点工作。

　　随着社会的飞速发展，人们的生活节奏正在日益加快，竞争越来越激烈，人际关系也变得越来越复杂。作为现代社会的组成部分，大学生对社会心理这个时代的"晴雨表"十分敏感。况且，大学生作为一个特殊的社会群体，还有他们自己许多特殊的问题，如对新的学习环境的适应问题、对专业的选择与学习的适应问题、理想与现实的冲突问题、人际关系的处理问题、学习与恋爱的矛盾问题以及对未来职业的选择问题等。有关研究和统计结果表明，大学生在心理上确实存在着一系列的适应障碍，有的甚至到了极为严重的程度，因心理障碍而休学、退学的人数比例逐年呈上升趋势。在大学校园里，休学、退学、自杀、犯罪等现象屡见不鲜，有心理障碍的人数也在逐年增多。

　　其实每个人都会在一生中的某个时段出现某种心理问题。心理问题是指所有心理及行为异常的情形。心理的"异常"和"正常"之间并没有明确和绝对的界限，一般认为，人的心理和行为是一个由"正常"逐渐向"异常"、由量变到质变，并且相互依存和转化的连续过程。因此，人的心理问题是普遍存在的，只是每个人程度不同而已，通常把心理问题按照其严重程度，分为心理困扰、心理障碍和精神疾病。

　　心理困扰，是指人们经常出现的因各种适应问题、应激问题、人际关系问题等引起的轻度心理失调，其强度较弱，持续时间较短，对人的生活效能和情绪状态有一定的负面影响，但不属于疾病范畴，通过自我调整和适当的心理疏导容易得到恢复和矫正。

　　心理障碍，是指心理功能紊乱，并达到影响个体的社会功能或使自我感到痛苦的心理问题，主要指神经症、适应障碍和性心理障碍等轻度的心理创伤或心理异常现象。

　　精神疾病，是指人脑机能活动失调，丧失自知力，不能应付正常生活，不能与现实保持恰当接触的严重心理疾病。精神疾病的发病原因较为复杂，包括生理因素、心理因素和社会因素。大学生中常见的精神疾病主要有：躁狂症、抑郁症、双相情感性障碍和精神分裂症等。据资料表明，大学生中精神疾病的发生率呈上升趋势，因病退学或休学的学生中，精神疾病占第一位。精神疾病是指以感觉、知觉、记忆、思维、情感、意志等精神活动异常为主要特征的一类疾病。因此，早期发现和预防精神疾病是高校心理健康教育的工作之一。

临床上判断是否有心理问题，特别是判断是否有某种心理障碍和精神疾病，实质上是一个心理评估与诊断的问题，需要专业人员如临床心理学家、心理咨询师等，运用心理学和精神病学的理论、技术、方法和手段，根据严格的诊断标准，按照严格的程序去实施的一项专业化很强的工作。通常所使用的评估和诊断方法主要包括观察法、会谈法和测验法。而且其划分标准是相对的而不是绝对的，其间还受一定的文化环境的影响。在某种范围内看似异常的行为，在另一种环境下就不足为奇了。因此，是否有心理障碍或精神疾病，不能仅根据一些情绪或躯体现象就明确做出判断，更不能简单"对号入座"。人们在遇见挫折时，出现一些情绪反应和躯体症状，本来属于正常现象，可有些学生却盲目给自己"诊断"为某种心理障碍，如焦虑症、抑郁症、强迫症等，这对降低紧张情绪和缓解心理痛苦是很不利的，这种消极的暗示作用有时还会使情绪和躯体反应进一步加重，反而给身心调整带来障碍。

 知识链接

精神疾病与"神经病"

现实生活中，人们常常把精神疾病和"神经病"混为一谈，其实是错误的，精神病与神经病是有着本质区别的。神经是指人体内看得见摸得着的大脑及与大脑相连分布到全身的无根神经，它们组成了错综复杂的网络通路，它的功能是用来传导各种刺激与大脑接收到的信息，形成感觉，并通过传出神经支配全身的生理活动。精神则是指大脑的神经活动，包括注意、感觉、知觉、思维、意识、记忆、想象等高级中枢神经活动，因此，临床上精神科与神经科是有区别的，不能把有精神障碍的人说成是"神经病"。

精神疾病主要包括精神分裂症、神经症、人格障碍及其他与心理社会因素相关的适应障碍等。精神疾病通常表现为精神症状。常见精神症状包括感知觉障碍、思维障碍、注意障碍、记忆障碍、情结障碍、意志行为障碍和意识障碍等，其中以感知觉障碍和思维障碍为主。

二、大学生常见的心理障碍

个体内在因素或外在因素所造成的心理障碍将给个体构成一种情绪上的打击或威胁，从而影响到个体积极性与主动性的发挥，严重时还有可能导致个体行为失调，甚至会诱发种种心理或生理疾病。一般来说，大学生中常见的心理障碍有以下几类。

（一）神经症

神经症也称心理症，是一种心理障碍，主要表现为持久的心理冲突，个体觉察到或体验到这种冲突并因而深感痛苦，妨碍心理功能或社会功能，但没有可证实的器质性病理基础，主要是由心理因素造成的。对于处在青年期的大学生来说，这是一种最为常见的功能性疾病。不健全的个性特征是此类疾病的发病基础。在此基础上，如果遇到重大的心理创伤，便会导致神经症的发生。在大学生中，发病率最高的主要是焦虑症、抑郁症、强迫症、神经衰弱和一些其他病症。

1. 焦虑症

焦虑症是一种常见的神经症，是个体对当前或预感到的挫折产生的一种紧张、忧虑、不安而兼有恐惧性的消极的情绪状态。它包括自尊心与自信心的丧失、失败感与罪疚感的增加等。大学生进入新的环境，各方面都要重新开始适应和调整。如果对自己期望过高，压力过大，凡事患得患失，时间长了，就会产生持续性的焦虑、不安、担心、恐慌，并且还伴有明显的运动性不安以及各种躯体上的不舒适感。大学生产生焦虑的原因多源于学习、生活和人际交往等方面所遇到的挫折。患有焦虑症的人，在其性格上也有一定的特点，大多胆小，做事瞻前顾后，犹豫不决，对新事物、新环境适应能力差，遇到一些精神刺激，就很容易焦虑。患有焦虑症的人，常感到无明显原因、无明确对象、游移不定、范围广泛的紧张不安，经常提心吊胆，却又说不出具体原因，患者过分关心周围事物，注意力难以集中，从而使学习效率明显下降。焦虑症会严重危害大学生的身心健康，如果长期处于焦虑状态，甚至会出现很多疾病，因此必须给予治疗。焦虑症以心理治疗为主，需要及时给予适当的物理辅助治疗。

2. 抑郁症

抑郁症是大学生中常见的一种心理障碍，主要表现为悲伤、绝望、孤独、自卑、自责等，把外界的一切都视为"灰暗色"的。有的大学生对枯燥的专业学习不感兴趣，对刻板的生活方式感到厌烦，为自己学习或社交的不成功而灰心丧气，陷入抑郁悲观状态。长期的忧郁状态会导致思维迟钝、失眠、体力衰退等，对个体危害很大。大学生中患抑郁症的学生比例较高，这主要是由于：一方面，他们对社会有各种强烈的需求，极力想表现出自己的才能；另一方面，他们对社会的复杂缺乏认识，对自身行为的合理性和可能性了解得不够深刻，加上人生观、价值观尚未稳定建立，对挫折的承受能力与心理防卫机能不成熟、不完善，因而很容易表现出抑郁的情绪和心境。

一般来讲，神经性抑郁症患者在病前大多能找到一些精神因素，如生活中的不幸遭遇，学习中遇到重大挫折和困难，在公共场合中自尊心受到严重伤害等。该症的发生与性格也有一定的关系。自卑心一向很强的人，在受到挫折后，很容易产生失望、自卑而发病。性格内向、多愁善感、好思虑、敏感性强、依赖性强的人，在精神因素作用下，也容易导致抑郁症的发生。

3. 强迫症

强迫症是指患者在主观上感到某种不可抗拒和被迫无奈的观念、情绪、意向或行为的存在。患有强迫症的人，明知某种行为或观念不合理，但却无法摆脱，因而非常痛苦。这种症状大多是由强烈而持久的精神因素及情绪体验诱发而来的,与患者以往的生活经历、精神创伤或幼年时期的遭遇有一定的联系。患强迫症的大学生多与其性格缺陷有关,如缺乏自信,遇事过分谨慎,生活习惯呆板,墨守成规,常怕出现不幸,活动能力差,主动性不足等。

强迫症的治疗以心理治疗为主,配合药物治疗。例如,对于患者要冷静分析本人的人格特点和发病原因,包括童年有无产生强迫症的心理创伤。如果能找出原因,应树立必胜信心,尽力克服心理上的诱因,以消除焦虑情绪。同时,认真配合医生,找出心理因素,进行系统的心理治疗或药物治疗。另外,行为疗法的疗效也较好,如厌恶疗法、操作性行为疗法,但是不管采用何种疗法,关键是患者要坚持治疗。

平时,大学生应注意心理卫生,努力学习对付各种压力的积极方法和技巧,增强信心,不回避困难,培养敢于承受艰苦和挫折的心理品质,这才是预防的关键。

 知识链接

强迫症对孩子的影响

[案例一]50岁左右中年女性,从小有上学焦虑症。妈妈是一个特别干净利索的人,家里收拾得非常整洁。她从小也喜欢把自己的东西和房间收拾得非常整洁。长期以来对家里和自己的东西的整洁度和有序排放有强迫性思维,常常每天花5~6个小时收拾房间,打扫卫生,擦镜子、马桶,她的床单、被褥每隔2~3天就要洗一次。往往因为这些事情和丈夫争吵:"家里的东西一定要摆在我想要摆的位置,别人不能触摸、移动位置;我丈夫即使洗澡后打扫过浴室,我也要重新打扫一遍;他做饭,我洗碗,因为他洗碗洗不干净,我还得重洗。"她工作时驾驶的校车,从来都是一尘不染,以至于同事都跟她开玩笑说可以坐在她校车的地上。

[案例二]一位品学兼优的女大学生,从小是个完美主义者。在大学期间选修了一门外语,需要大量阅读。每次读到稍微不明白的句子,往往要读几十遍才能过去,严重影响了生活和学习。

那么,强迫症有哪些具体临床表现?

强迫性行为往往表现为重复行为(例如洗手,订购,检查)或心理行为(例如祈祷,计数,无声地重复单词),患者因为痴迷引起焦虑,或必须严格遵守特定规则而引起这些行为。这些行为或心理行为的目的是预防或减少焦虑,或预防一些负面或可怕事件或情况。但这些行为并没有在现实中起到他们想达到的效果,反而引起更多的焦虑。患者往往不能认识这个过程,或者不能控制行为而陷入恶性循环。需要注意的是,儿童和青少年可能无法清晰用语言表达这些行为或心理行为的目的,从而在临床上被误诊。

到底如何有效治疗强迫症?

与其他的精神心理障碍一样,治疗方法主要是以心理治疗和药物治疗为主,如果必要,需同时治疗并发症。

行为认知疗法（Cognitive Behavioral Therapy）：人的行为往往受到主观认知、判断的控制。通过认知疗法，可以使患者认识到强迫性思维和行为并不是有效地减轻他们焦虑的有效方法。通过学习发展其他的有效行为，或者纠正病态性的思维而产生治疗效果。

习惯逆转训练（Habit Reversal Training）：通过增强自我意识，从事其他与强迫行为竞争的行为来控制缓解病情。

暴露和反应预防（Exposure/Response Prevention）：属于针对恐惧、焦虑的一种行为学治疗，主要目的是避免不良行为，并同时建立一种对不良刺激的良性反应和行为。举个例子，对于有过度洁癖每天花大量时间洗手的强迫症患者，让他们去触摸一些脏东西，但不让他们洗手。随着时间的推移，他们的焦虑和恐惧会逐渐降低到可以承受的程度。

4. 神经衰弱

神经衰弱也是大学生中极为常见的心理障碍。它的特点是容易兴奋，迅速疲倦，并常常伴有各种躯体不适感和睡眠障碍。引起神经衰弱的原因，是长期存在的某些精神因素引起大脑机能活动的过度紧张，使精神活动的能力减弱。有易感素质和不良性格特征的人，更易患神经衰弱。大学生神经衰弱的发生，主要是由于缺乏面对现实的勇气和良好的适应能力造成的，如学习负担过重，专业思想不稳定，个体自我调节失灵，对社会、人生思虑过多，在学习、恋爱问题上犹豫徘徊等。所有这些，在患者头脑中产生强烈的思想冲突，使得神经活动过程强烈而持久地处于紧张状态，超过了神经系统本身的张力所能忍受的限度，从而引起崩溃和失调。

对患有神经衰弱的学生，合理安排学习和生活作息，适当参加娱乐活动和体育锻炼，并进行必要的心理治疗，一般可以起到较好的效果。

5. 恐怖症

恐怖症是以恐怖症状为主要临床表现的一种神经症。患者对某些特定的对象产生强烈和不必要的恐惧，伴有回避行为。恐惧的对象可能是单一的或多种的，如动物、广场、密室、登高或社交活动等。患者明知其反应不合理，却难以控制而反复出现。青年期与老年期发病者居多，女性更多见。国外报道一般人口中的患病率为77‰，我国各地调查患病率的平均值为2‰左右。

恐怖症都有向慢性发展的趋势，且病程越长疗效越差。动物恐怖症常起源于童年，社交恐怖症多起源于童年后期或青少年前期，广场恐怖症则多在20～40岁发病。据调查发现，大学生恐怖症患者中以社交恐怖症居多。

6. 躯体化障碍

躯体化障碍是一种以持久地担心或相信各种躯体症状的优势观念为特征的神经症。病人因这些症状反复就医，各种医学检查阴性和医生的解释均不能打消其疑虑。即使有时存在某种躯体障碍，也不能解释所诉症状的性质、程度或其痛苦与优势观念，经常伴有焦虑或抑郁情绪。尽管症状的发生和持续与不愉快的生活事件、困难或冲突密切有关，但病人常否认心理因素的存在，他们也拒绝探讨心理病因的可能。无论是从生理还是心理方面了解症状的起因，都很困难，并相信其疾病是躯体性的，需要进一步的检查，若病人不能说服医生接受这一点，便会愤愤不平，病人常有一定程度寻求注意（表演性）的行为。女性患者远多于男性，多在成年早期发病。心理动力学理论认为，病人往往执着于探究自己的内在心理，因此常坚持某种躯体性病因。

最常见的大学生躯体化障碍如：胃肠道不适（如疼痛、打嗝、返酸、呕吐、恶心等），异常的皮肤感觉（如瘙痒、烧灼感、刺痛、麻木感、酸痛等），出现皮肤斑点，性及月经方面的问题等，可有多种症状同时存在。病人为此进行过许多检查，均没有阳性发现，常为慢性波动性病程。

（二）适应障碍

适应障碍是指由于适应不良而造成的心理障碍。在长期明显的生活环境改变或应激事件后的适应期间，主观上产生痛苦和情绪变化，并常伴有社会功能受损的一种状态。大学生，尤其是低年级的大学生，进入大学之后，在学习、生活、人际关系等方面，会遇到一系列问题，心理特征表现为敏感而不稳定。它主要表现为失落感、冷漠感和逆反。

1. 失落感

主要是指大学生对某一事件前后自身感受、评价的强烈反差而形成的一种内心体验。大学生在刚入学时，往往对生活充满着希望，觉得迈进大学，一切如愿，然而，随着现实生活的展开，发现生活的本来面目并非如想象的那样充满浪漫情怀。这一现实，对于思想片面、学习一帆风顺、处于青春躁动期的大学生来说，是未曾料到的。这就很容易导致他们心理上的不平衡，一下子从希望的塔尖坠入失落的谷底，开始阶段，或许尚有信心奋起，但又时时感到自身力量的弱小，感到改变自己和改变环境的困难，因而，很可能索性放弃一切努力，在情绪上又往往陷入苦闷、彷徨之中。

2. 冷漠感

冷漠是个体遇到挫折后，对付焦虑的一种防御手段。它包括缺乏积极的认识动机、活动意向减退、情感淡漠、情绪低落、意志衰退、思维停滞等。在生活中，当一个人不断地面临他无力战胜的困难与挫折时，他就会索性不去感受这些困难与挫折，同时表现出漠不关心的态度，并以此来保护自己。因而，从某种意义上说，冷漠是一种奇特的状态，是一种人们防卫打击，以免受实质损坏的方式。这种状态持续时间越久，冷漠越会迁延下去，并最终发展成为一种不健康的性格。具有这种性格的人，缺乏进取精神，对任何事都不感兴趣，终日随波逐流、无所事事等。大学生的冷漠感也是比较普遍的一种现象，它有多种表现形式，如常觉得"干什么都没兴趣""干什么都没劲"，似乎这个世界上就没有值得自己为之努力的事。进一步分析，这种现象其实是对自己的存在缺乏一种自觉性，不知自己该干什么、为什么活着。

失落与冷漠产生的一个主要原因是目标的丧失。进入大学之前，上大学成了众多中学生们的第一大梦想。梦想成真之后，他们从狂喜中冷静下来，如果未能及时树立起新的目标，或者未来的目标不具备强大的吸引力，就会觉得生活平淡、乏味与无奈。重新奋起需要强大的动力，而人又往往是有惰性的，很容易就此消沉，以对人对事的冷漠，来维持自身的心理平衡。如果这种情况发展到极端，很可能诱发出自杀的意念甚至行动。

3. 逆反

逆反心理是个体在屡遇挫折时所表现出来的一种与大多数人对立的、和常态性质相反的逆向反应的情绪体验和行为倾向。它是一种消极的心理定势，是影响个体接受教育的一种心理障碍。

大学生在日常生活学习中屡遇挫折时，就会对周围的人产生不信任感，采用对立的态度来面对周围的事物，有时候还会把周围的人对自己的帮助视为轻视自己、与自己过不去等。在这种情绪状态支配下，常常对教师的教诲置之不理，严重时还会把不良情绪迁怒于教师的讲课上，以不听课、恶作剧、捣乱、不做作业等方式加以报复。当这种报复心理发展到顶峰时，可能会产生对立抵抗情绪，甚至是破坏行为。造成大学生逆反心理的原因是多方面的。一是教师不懂得学生心理特点，不能正确地对待他们所犯的错误，处理不当，使矛盾激化；二是青年人半幼稚半成熟的特点，容易使学生产生固执偏见，以为逆反与对立是表现自己坚强、勇敢的英雄行为；三是当某种事物不符合个体需要时，个体一般会产生消极与抵触情绪，就会用自己狭隘的个人经验以偏概全，扩大到对一切事物都持有消极的偏见，如越是学校、社会倡导的事物，一些大学生越是持怀疑甚至是否定态度，表现出与众不同的看法。

（三）感觉障碍

感觉是指客观刺激作用于感觉器官所产生的对事物个别属性的反映，如颜色、形状等，它是知觉的基础。知觉是某一事物的不同属性在脑中进行综合实验所形成的整体印象。如果感觉或知觉体验与外界客观事物或事实不相符，则分别称为感觉障碍或知觉障碍。

1. 感觉过敏

如感觉阳光特别耀眼，风吹的声音特别刺耳，普通的气味也感到异常浓郁而刺鼻，皮肤的触觉和痛觉非常敏感，甚至衣服或被单触到身体时也感觉难以忍受。

2. 感觉减退

感觉减退可形象地表现为：食而无味，听而无声，视而无色，甚至感觉消失。当然，正常人处在瞌睡状态、抑郁状态、催眠状态也会发生感觉减退。感觉消失常常见于癔症。

3. 感觉倒错

对外界刺激产生与正常人不同性质或相反的异常感觉，如对冷的感觉为热，用棉球轻擦皮肤时，病人产生麻木感或疼痛感等。感觉倒错也多见于癔症。

（四）知觉障碍

1. 错觉

错觉是歪曲的知觉，也就是把实际存在的事物歪曲地感知为与实际完全不相符合的事物。例如，把挂在衣架上的大衣看成是躲在门后的人，把一个装在天花板上的圆形灯罩看成是悬挂着的人头灯。正常人也有错觉，如"杯弓蛇影""草木皆兵"等。一般来说，正常人的错觉一旦知道原因后是可以纠正和消失的。临床上以错听和错视多见。

2. 幻觉

幻觉即虚幻的知觉，是在客观现实中并不存在某种事物的情况下，病人却感知到它的存在。幻觉是一种最常见而且重要的精神病性症状，常与妄想合并存在。按不同的感官，幻觉可分为以下几种。

① 幻听。在临床上幻听最常见。幻听的内容多种多样，声音常常比较清晰，能清楚地辨别男女、熟识或陌生声音及明确地指出声音的所在地。幻听可分为命令式幻听、评论式幻听、机能式幻听等。

② 幻视。幻视也是一种比较常见的幻觉，病人常常能看到凶恶的鬼怪、猛兽，或者明明窗外没有人，却能看到。

③ 幻嗅。幻嗅表现为患者能闻到别人闻不到的气味，如腐烂食品或烧焦食品、粪便等难闻的气味。在精神分裂症病人中，幻嗅往往与其他幻觉和妄想结合在一起。

④ 幻味。幻味表现为病人尝到食物内有某种特殊的怪味，因而拒食。常见于被害妄想，主要见于精神分裂症。

⑤ 幻触。幻触病人感觉有虫子抓在手上或身体上等。

⑥ 内脏性幻觉。病人感觉到某一内脏在扭转、断裂、穿孔等或有昆虫在胃内游走。

（五）感知综合障碍

感知综合障碍指患者对客观事物能感知，但对某些个别属性，如大小、形状、颜色、距离、空间位置等产生错误的感知，多见于癫痫。感知综合障碍主要有以下几种。

1. 视物变形症

患者感到某个外界事物的形象、大小、颜色及体积等出现了变化。例如，患者看到其父亲的脸变得很长，眼睛变得很小，脸色像死人那样难看，非常恐惧。视物变形症中较为典型的是视物显大症和视物显小症，如患者看到家里养的小猫像老虎那样大，而成人的个头比七八岁小孩还矮小。

2. 非真实感

患者感到周围事物和环境发生了变化，变得不真实。视物如隔层帷幔，周围的房屋、树木等像是纸糊的，周围的人物像是油画中的肖像，没有生机。

（六）思维障碍

思维是人脑对客观事物间接的概括的反映，是人类认识活动的最高形式，思维障碍分为思维形式障碍和思维内容障碍两种。

1. 思维形式障碍

（1）思维奔逸　它是指联想速度加快、数量增多、内容丰富生动，可出现随机转移、音联意联，患者自诉脑子转得快，反应灵敏，多见于躁狂症。

（2）**思维迟缓**　联想抑制，联想速度减慢、数量减少和联想困难。病人有强烈的"脑子变得迟钝了"的感觉，多见于抑郁症。

（3）**思维贫乏**　它是指联想数量减少，概念与词汇贫乏。病人叙述"脑子空白没有什么可想的，也没有什么可说的"，常见于精神分裂症、器质性精神障碍及精神发育迟滞。

（4）**思维松弛或思维散漫**　患者答非所问，回答内容散漫，对问题叙述缺乏逻辑关系使人感到交流困难，严重者发展为破裂性思维。比如，"现在是九千九百年""20 年上午 3 点上街"，可见于精神分裂症早期。

（5）**破裂性思维**　患者思维联想过程破裂，谈话内容缺乏内在意义上的连贯性和逻辑性，常见于精神分裂症。

（6）**思维中断**　在无任何原因的情况下，思维过程在短暂时间内突然中断，常常表现为言语突然停顿，且不受患者意愿的支配，多见于精神分裂症。

（7）**思维插入和思维剥夺**　患者思考过程中，突然出现与主题无关的意外联系，并认为这种思想是别人强加给他的，不受其意志支配，因此称为思维插入。若患者在思考过程中认为自己的一些思想被外界的力量掠夺了，则称为思维剥夺。

（8）**思维云集**　思维云集又叫强制性思维，不愿想的东西全到脑子里来了，内容杂乱多变，突然出现，又突然消失，多见于精神分裂症。

（9）**病理性象征性思维**　只有自己能解释。例如，某高校一位分裂症病人，有一次看到道路上汽车疾驶而过，她往车下钻，问她为什么，她说她投错胎了，要重新投胎。

（10）**逻辑倒错性思维**　推理十分荒谬，离奇古怪，不可理解。例如，"脑感染了病毒，所以我要死了"，可见于精神分裂症。

思维形式障碍还包括思维不连贯、病理性赘述、语词新作等。

2. 思维内容障碍

（1）**关系妄想**　患者坚信一些与他不相关的周围环境都与他相关，旁人之间的谈话认为是在议论他，别人吐痰是在针对他。

（2）**被害妄想**　毫无根据地坚信别人在迫害他及其家人，迫害的方式多种多样，被跟踪、被诽谤、被隔离、被下毒等。

（3）**影响妄想**　自觉有一种被控制感。患者坚信自己的心理活动与行为受到外界特殊东西的干扰与控制，如无线电、光波、某种射线等。患者体验有强烈的被动性和不自主性，此为精神分裂症的特征性症状。

（4）**嫉妒妄想**　如患者坚信自己的配偶或恋人对自己不忠，与其他异性有不正当的关系，因此跟踪、监视配偶，拆阅别人写给配偶或恋人的信件，检查配偶的衣物等。

（5）**夸大妄想**　患者坚信自己有非凡的才能、至高无上的权力、大量的财富或是名人的后裔等。可见于躁狂症、精神分裂症及某些器质性精神病。

（6）**钟情妄想**　患者坚信自己受到某一异性或许多异性的爱恋。当遭到对方拒绝时认为这是在考验他，仍反复纠缠不休。

（7）**罪恶妄想**　坚信自己犯有严重的错误，认为自己做错了事说错了话，对不起别人，应该受到惩罚，甚至罪大恶极，死有余辜，因而患者采用各种方式来赎罪，常会表现出自杀、自伤、拒食、吃树叶、努力干活改造自己以赎罪等自虐现象。

（8）疑病妄想　如患者坚信自己患了某种严重的躯体疾病，因而到处求医。即使患者反复找医生看病，重复做各种检查也不能消除疑心。

（9）被洞悉感　又称为内心被洞悉或思维被揭露。患者坚信自己的思想未经过言语或其他方式表达出来，就被别人知道了，甚至人尽皆知，闹得满城风雨。

除了以上常出现的精神症状外，还有注意障碍（如注意增强、注意减弱）、记忆障碍（如记忆增强、记忆减退、遗忘症、错构、虚构）、情绪障碍、意志行为障碍、意识障碍等。

（七）人格障碍

在大学阶段，大学生的人格特征在遗传和后天因素影响下已基本形成。但有些大学生人格中存在着不良特质。一方面，这些不良的人格特质严重影响着他们的学习、人际关系及社会性活动，由此产生各种心理问题；另一方面，当大学生意识到这些不良方面及其后果而又无力改变时，会表现出消极性防御反应及自我否定，结果给个体的顺利发展造成严重影响。

一般说来，有人格障碍的大学生一般能处理自己的日常生活和学习，智力是正常的，意识是清醒的，但由于缺乏对自身人格的自知，常与周围人发生冲突，很难从错误中汲取应有的教训加以纠正。

克服人格障碍最重要的方法是预防为主。加强优生优育、婴幼儿及中小学生的心理卫生工作，普及心理卫生科学知识；关注青少年成长，从小培养其健全的人格，不断提高其心理素质，这是防治人格障碍的根本举措。

1. 偏执型人格障碍

偏执型人格障碍表现为固执、很难接受周围人的意见，容易与人发生争执，强词夺理，对他人有持久的不信任和怀疑，推诿责任，敏感、多疑，过度地对他人有强烈戒心，给人感觉不通情理，难以接近。

2. 分裂型人格障碍

分裂型人格障碍表现为缺乏丰富的情感内心体验，少有或完全缺乏幽默感，生活单调、乏味，对于周围的人缺少必要的热情和关心，不善于向别人表达自己的情感，不愿或不善于向别人表达自己的思想，总是生活在自我思维的内心世界，喜欢独处，不愿甚至拒绝与人交往合作。

3. 反社会人格障碍

反社会人格障碍表现为在情感上对他人表现出"无情无义"，缺乏爱心，缺乏对他人的友谊，缺乏同情心。对别人的痛苦无动于衷，甚至在某些情况下可以有意给别人制造痛苦和麻烦。行为冲动，会出现攻击他人或自伤、损坏公共财物等行为，反复出现违纪、违法行为，甚至屡次犯罪。

4. 冲动型人格障碍

冲动型人格障碍又称爆发性人格障碍，表现为容易发火、冲动，在生活中稍不如意就火冒三丈，对冲动行为不计后果，其行为不可预测。

5. 表演型人格障碍

表演型人格障碍又称癔症型人格障碍，其主要特点是过分情绪化，以自己的情绪决定行为，情绪容易走极端，情绪表现夸张，富于表演色彩和夸大色彩，过分自我中心，总是希望将自己的意愿强加于别人，而不顾对方的感受，过分富于幻想，不自觉地用幻想代替现实。

6. 强迫型人格障碍

强迫型人格障碍主要表现为过分关注秩序，好整洁，关注细节，追求完美，习惯于按照已经熟悉的行为模式办事，生活或工作环境的改变会使患者感到明显的焦虑和不安，做事谨小慎微，唯恐出错，过分在意他人对自己的评价，兴趣爱好较少，缺乏生活情趣。

7. 焦虑型人格障碍

焦虑型人格障碍也叫回避型人格障碍，主要表现是懦弱胆怯，有持续和广泛的紧张及忧虑感，常具有紧张、焦虑的情感体验，自卑，缺乏自信，渴望被人接纳，对批判和排斥过分敏感，在生活中常夸大危险，甚至回避活动，与人交往较少，缺乏建立人际关系的勇气。

8. 依赖型人格障碍

依赖型人格障碍的特点是缺乏独立性，感到自己无能和没有精力，缺乏自信，过分依赖别人，缺少主见，过分服从别人的意志，希望别人安排自己的生活，对他人依赖性强。

（八）心境障碍

在生活中，情感体验应和个人的客观环境和生活处境相符合，无缘无故的情感和强度过大的情感均属于异常现象，在精神疾病中，有一类情感异常表现的疾病，叫做心境障碍。

心境障碍是以心境显著而持久地改变为基本临床表现，并伴有思维和行为异常的一类疾病，情感的异常表现为过分高涨和过分低落，仅以情感高涨为症状被称为躁狂发作，或称躁狂症，仅以情感低落为症状被称为抑郁发作，或称抑郁症，还有的时而躁狂、时而抑郁，称为双相情感障碍，另外还有一次发作中同时出现躁狂和抑郁，叫混合发作。在大学生的心理疾病中，心境障碍属于发病率高的一类。

1. 躁狂发作

躁狂发作的患者情绪高涨，表现为心情十分愉快，自我感觉良好，对一切都感到满意；整日喜气洋洋，无忧无虑，觉得自己聪明、能干、脑子反应快，说话滔滔不绝，想象力丰富；有夸大自己能力的倾向，对未来充满幻想，有伟大的目标和计划，认为自己能做出一番惊天动地的事业；发病时活动明显增多，精力异常旺盛，整日忙碌不停，好管闲事，爱在大众面前表演，但其行为往往有始无终，病情严重的患者自我控制力下降，举止粗鲁，并可能伴有破坏和攻击行为。

2. 抑郁发作

抑郁发作正好相反，患者情绪低落、忧伤、苦恼，十分痛苦，对生活悲惨绝望，觉得度日如年，生不如死。患者的思维活动受到抑制，感到脑子反应慢，变笨了，认为自己无能为力，思考问题吃力，不能解决问题，说话缓慢，提问回答迟缓，语言速度减慢。患者对什么都提不起兴趣，不愿学习工作，不愿与人交往，平日动作缓慢，或静坐发呆，或卧床不起，严重者连生活都不能自理，还可能产生自责、自罪和自杀倾向。

3. 双相情感障碍

双相情感障碍是时而躁狂，时而抑郁，呈周期性变化。有一段时间情感欣快，行为增多，脑子反应快，什么都想干；另一段情绪低落，缺乏兴趣，什么都不想干。躁狂和抑郁交替出现。

4. 恶劣心境

恶劣心境也是心境障碍的一种，指以持久的心境低落为主的抑郁情绪，从不出现躁狂。抑郁时常伴有焦虑、躯体不适和睡眠障碍，常常自我评价低，悲观绝望，丧失兴趣，社会交往退缩，易激惹，思维困难，注意力减退，活动效率下降。

(九) 其他心理障碍

1. 学习心理障碍

大学生的主要任务是学习。与学习相伴，一些同学感到竞争激烈、压力大，上课注意力分散，记忆力减退，反应迟钝，考试成绩差。不少同学照搬中学时代的学习方法，没有根据学习内容、教学方式的改变而随机应变。

2. 人际交往障碍

所谓"做人难"，难就难在与他人的沟通和相处，难在如何让周围人都喜欢自己。一个人是否具有较强的人际吸引力，是交往中能否取得成功的重要因素之一。社会心理学把人际吸引力的产生归结为多方面的因素，例如，人的内在品质如精神面貌、性格特点、类型；人的外在条件如衣着打扮、行为举止、职业地位等都可以影响人际交往的效果。

3. 性心理障碍

性行为是人的基本生理需要之一，是关乎人类种族繁衍的客观事实，正常的性行为应当是在两性之间进行，并且有一系列复杂的生理心理过程。正常的性行为能够满足人的需要，有利于身心健康，如果有以满足性欲望为目的，而不符合正常性行为的现象，被称为性心理障碍或性变态。

性心理障碍通常具有如下的一些特征：

① 病人对不能引起正常人性兴奋的物体、对象或环境有强烈的性兴奋；

② 病人追求或者采用与常人不同的异常性行为方式来满足自己的性欲望；

③ 病人具有强烈的改换自身性别身份的欲望。

在大学生群体中，还存在一些其他相关的心理障碍，在本书相应的篇章中均已详细分析，在此不再赘述。

三、心理异常的初步诊断

这是个比较复杂的问题，因为正常心理和异常心理无一明确的界限，正常人在某个时期也会有异常心理活动，精神病人哪怕是最严重时也有正常心理活动。近年来国内外不少心理学家为正确地区分正常心理和异常心理，制定了不少测验工具和量表，并应用现代化的仪器去处理数据，使心理测量有了很大进步。但是，由于人的心理活动极其复杂，简单的量表测得的结果只能是起参考作用，判断一个人心理是否异常及异常的程度，主要还靠认真观察。

1. 主客观是否相一致

主要是观察其心理活动与外界环境的协调性。一个人正常的心理及受它支配的情感和行为，应与外界相协调，而不应与之发生矛盾和冲突，他们的言谈和举止行为，应该受到正常人的理解。比如说，一个同学在班级里唱一支一般化的歌曲，会引起大家的掌声，但如果在一个会议上突然引吭高歌，就会引起人们的惊讶。我们说前者为正常心理，后者为心理异常，因为和外界环境不协调。

2. 知、情、意是否相统一

就是观察其心理活动与情感和行为的一致性。一个人的心理活动应与受它支配的情感和行为是一致的，人们常说：人逢喜事精神爽，闷来常愁瞌睡多；酒逢知己千杯少，话不投机半句多，都说明这种一致性。比如一个同学面带笑容地讲述他的不幸遭遇，我们说他对痛苦的事件缺乏相应的内心体验。知觉、情感、意向不协调，也是一种异常心理。

3. 人格是否相对稳定

即观察当事人心理活动的相对稳定性。一个人受遗传素质、家庭教育、环境影响，使他们对现实有个比较稳定的态度和习惯的行为模式，这就是人的性格特点。它相对稳定，如果一个人几年来一直寡言少语，因不明原因突然变得话多而爱交往，给人一种判若两人之感，这就说明心理异常了。

第二节　大学生心理治疗与心理咨询

一、心理治疗与心理咨询的区分要点

心理咨询和心理治疗是一门应用心理学的原理和方法，在双方良好的互动关系中，帮助人的心理学分支。帮助什么人，由谁来帮助，怎样帮助，达到什么目标，二者既有共同点又有异同点和侧重点。

心理咨询在英文中被称之为"咨询"（counseling）；心理治疗在英文中有时被称之为"心理治疗"（psychotherapy），有时被称之为"治疗"（therapy）。心理咨询与心理治疗的发展均有近百年的历史。但多年以来，给咨询与心理治疗下一个明确的定义，始终是一件困难的事情，因为没有哪一种已知定义得到专业工作者的公认，也没有哪一种定义能简洁明了地反映出咨询与治疗工作的丰富内涵。

我国的阮芳赋先生曾推荐里斯曼（D. R. Riesman）1963年对咨询所下的定义："咨询乃是通过人际关系而达到的一种帮助过程、教育过程和增长过程。"这一定义基本表达了咨询的实质内容。以此定义为基础，结合前面所谈到的咨询的几种特征，在这里，可以给咨询作如下定义：咨询是通过人际关系，运用心理学方法，帮助来访者自强自立的过程。这是根据对咨询的实质的理解做出的定义。这一定义涉及对咨询特征的认识，即咨询须建立良好的人际关系；咨询是在心理学的有关理论指导下的活动；咨询是对来访者进行帮助的活动过程。

心理治疗与心理咨询一样，面临着没有公认定义的困境。《美国精神病学词汇表》将心理治疗定义为："在这一过程中，一个人希望消除症状，或解决生活中出现的问题，或因寻求个人发展而进入一种含蓄的或明确的契约关系，以一种规定的方式与心理治疗家相互作用。"

英国的弗兰克（J. Frank）认为心理治疗是提供帮助的一种形式。它与非正式的帮助是不同的。首先，治疗者接受过进行这种工作的专门训练，并得到了社会的认可；其次，治疗者的工作有相应的理论为指导，这些理论可以解释心理障碍的原因并为解决这些障碍提供了有关措施。

一种极有影响的观点是沃尔培格（L. R. Wolberger）1967年的定义：心理治疗是针对情绪问题的一种治疗方法，由一位经过专门训练的人员以慎重细心的态度与来访者建立起一种业务性的联系，用以消除、矫正或缓和现有的症状，调节异常行为方式，促进积极的人格成长和发展。

北京大学陈仲庚教授认为，心理治疗是治疗者与来访者之间的一种合作努力的行为，是一种伙伴关系；治疗是关于人格和行为的改变过程。

美籍华裔学者曾文星、徐静认为，心理治疗是指应用心理学的方法来治疗病人的心理问题。其目的在于：通过治疗者与病人建立的关系，善用病人求愈的愿望与潜力，改善病人的心理与适应方式，以解除病人的症状与痛苦，并帮助病人，促进其人格的成熟。

从上述的几种定义中，不难发现，这些定义或多或少都涉及下述几个方面，即治疗是一个过程，是治疗者与来访者的关系，治疗者运用有关的心理治疗理论对来访者进行帮助，以消除或缓解来访者存在的问题或心理障碍，促进人格的健康发展。这几个方面，的确反映了心理治疗的工作特点及主要目的。在综合考察了上述几种观点的基础上，对心理治疗定义如下：心理治疗是在良好的治疗关系基础上，由经过专业训练的治疗者运用心理治疗的有关理论和技术，对来访者进行帮助的过程，以消除或缓解来访者的问题或障碍，促进其人格向健康、协调的方向发展。

在心理治疗的定义中，可以看到良好的治疗关系又一次被强调，这是所有改变的前提条件。治疗者运用心理治疗的有关理论和技术对来访者进行帮助这一特点，在心理治疗过程中比之在咨询过程中更为突出。而理论与技术的应用及良好的治疗关系在治疗者与来访者之间产生的交互作用，其目的均为使来访者产生某种改变，如情绪的、行为的或认知的改变，消除或缓解其问题和障碍，使其人格能向着较为积极的方向发展。这不是轻而易举的任务，来访者改变的发生，需要治疗者及来访者双方艰苦的努力。因为改变必须假以时日，所以说，治疗是一个过程，不是一蹴而就的事情，也就不难从上述心理咨询与心理治疗的定义看出，二者有许多相似之处。在我国，许多心理咨询门诊实际上也在进行心理治疗的工作，心理咨询似乎与心理治疗同义。在国外，虽然心理咨询与心理治疗有着不同的名称，帮助者与求助者也有着不同的称谓，但人们对于心理咨询与心理治疗之间有无不同，仍是有争议的。一些人不赞成对二者进行区分，觉得那样做没有必要。他们把咨询与心理治疗当作同义词看待。另一些人则认为，二者是有区别的，但又在二者之间究竟有何不同上存在不同意见。在这方面，哈恩（M. E. Hahn）1953年的一段话经常被有关作者引用。哈恩写道："据我所知，极少有咨询工作者和心理治疗家对于已有的在咨询与心理治疗之间的明确的区分感到满意的……意见最一致的几点可能是：

① 咨询与心理治疗是不能完全区别开的；

② 咨询者的实践在心理治疗家看来是心理治疗；

③ 心理治疗家的实践又被咨询者看作是咨询；

④ 尽管如此，咨询和心理治疗还是不同的。

哈恩的这段话非常有意思，让人感到这里似乎存在着一个怪圈，使得心理咨询与心理治疗这二者处于可区分与不可区分之间。说它们不可区分，是因为咨询与心理治疗的确有许多重要之处相互重叠，令人感到难解难分。相似之处如下。

① 二者所采用的理论方法常常是一致的，例如，咨询心理学家对来访者采用的来访者中心治疗的理论与方法或合理情绪疗法的理论与技术和心理治疗家采用的同种理论与技术别无二致。

② 二者进行工作的对象常常是相似的。例如，心理咨询人员与心理治疗工作者可能都会面对来访者的婚姻问题。

③ 在强调帮助来访者成长和改变方面，二者是相似的。咨询与心理治疗都希望通过帮助者和求助者之间的互动，达到使求助者改变和增长的目的。

④ 二者都注重建立帮助者与求助者之间的良好的人际关系，认为这是帮助求助者改变和成长的必要条件。

尽管有上述相似之处，尽管一些咨询工作者也做了一些心理治疗工作，一些心理治疗家也在做咨询工作，在咨询与心理治疗之间还是能够找到一些不同点的。结合一些文献中的看法，认为咨询与心理治疗的主要区别有如下几点。

① 心理咨询的工作对象主要是正常人，正在恢复或已复原的病人。心理治疗则主要是针对有心理障碍的人进行的工作。

② 心理咨询所着重处理的是正常人所遇到的各种问题，主要问题有日常生活中人际关系的问题，职业选择方面的问题，教育过程中的问题，婚姻家庭中的问题等。心理治疗的适用范围则主要为某些神经症、某些性变态、心理障碍、行为障碍、心身疾病、康复中的精神病人等。

③ 心理咨询用时较短，一般咨询次数为一次至几次；而心理治疗费时较长，治疗由几次到几十次不等，甚至次数更多，经年累月才可完成。

④ 心理咨询在意识层次进行，更重视其教育性、支持性、指导性工作，焦点在于找出已经存在于来访者自身的内在因素，并使之得到发展；或在对现存条件分析的基础上提供改进意见。心理治疗的某些学派，主要针对无意识领域进行工作，并且其工作具有对峙性，重点在于重建病人的人格。

⑤ 心理咨询工作是更为直接地针对某些有限的具体的目标而进行的；心理治疗的目的则比较模糊，其目标是使人产生改变和进步。

除上述几点不同之外，一些学者还列举了咨询与心理治疗之间其他较为明显的区别。例如，咨询心理学家与心理治疗家所接受的专业训练不尽相同。在国外，大部分咨询心理学家所接受的专业培训时间较短。与从事心理治疗的治疗者相比，他们在研究方法方面、在对人格理论掌握的情况方面、在接受有专家指导的正式的临床实习方面都明显逊色。此外，咨询多数是在非医疗的情境中开展，如在学校或社区中进行，应用多种方式介入来访者的生活环境之中；而心理治疗多在医疗的情境中或在治疗者的私人诊所中进行。

另外一个显而易见的区别是，咨询心理学家和心理治疗家在美国心理学会中分属不同的组织，他们各自有自己的活动。在回顾心理咨询与心理治疗的历史渊源时，也有着明显的不同之处。

咨询心理学家认为咨询心理学有四个主要起源：

① 与源于 20 世纪初的职业指导运动的兴起有关；

② 与 20 世纪初由美国大学生比尔斯（C. W. Beers）发起的心理卫生运动有关；

③ 源于心理测量运动和心理学中对个体差异的研究；

④ 与以罗杰斯为代表的非医学的、非心理分析的咨询与心理治疗的崛起有关。

心理治疗的起源与咨询心理学的起源并不完全相似。其可追溯到 19 世纪末叶弗洛伊德创始心理分析的努力，甚至可以溯源至 19 世纪中叶的催眠术的施行。罗杰斯于 1942 年发表的《咨询与心理治疗》一书，第一次使非医学的和非心理分析的心理治疗成为现实。在此之前，由于弗洛伊德及其学说的强大影响，心理治疗是只有医生才能从事的职业。心理分析在这一领域中独占鳌头。罗杰斯的工作不仅打破了心理治疗领域中一枝独秀的局面，同时第一次将心理治疗与咨询联系在一起。当时，咨询心理学在心理测量运动的影响下，主要的工作集中在进行测量与诊断方面。而在罗杰斯的影响之下，似乎仅在一夜之间，咨询和心理治疗就成了咨询心理学的主要聚焦点。

由上述对咨询与心理治疗异同点的分析，不难看出，这两个专业领域的确是既有区别又有联系的。

陈仲庚教授曾指出，虽然存在着某些差异，但"心理治疗与心理咨询没有本质区别"。目前，无论是在国内还是在国外，咨询与心理治疗还常常是不加区分的。某些作者把二者并列使用，另一些作者更多地采用了心理治疗一词，其含义不仅包括了心理治疗，也包括了心理咨询。在本书中，编者倾向于兼顾我国的国情，在各章节中既有心理咨询的内容，也有心理治疗的内容。读者可根据前面列出的两者的异同点，体会其中的差异。

在涉及心理咨询与心理治疗的同异时，还有一点值得注意。咨询与心理治疗同属帮助过程，但在这种帮助过程中，帮助者与求助者在咨询与心理治疗中有不同的称谓。帮助者在咨询过程中，被称作咨询者（counselor），求助者被称作来访者或咨客（client）。在心理治疗过程中，帮助者被称为治疗者（therapist），求助者被称为病人或患者（patient），也有称为来访者的情况。在本书中，为统一起见，将帮助者统称为治疗者，求助者一般称之为来访者。在特定的情况下，本书中也有将帮助者称为咨询者，求助者称为病人或患者的表述。

二、大学生心理咨询的主要内容

心理咨询被认为是消除或缓解心理问题的重要途径。为帮助大学生提高心理健康水平，许多高等学校都设立了心理咨询机构，并有专业咨询员提供咨询服务。大学生对心理咨询的需求也非常迫切。北京市的调查结果显示，大学生中"认为目前采取措施加强大学生心理咨询工作必要性很大或较大的"占 87.3%，那些认为自己心理素质较差的学生"认为目前采取措施加强大学生心理咨询工作必要性很大或较大的"占 92.87%。

（一）心理咨询遵循的原则

对于心理咨询，大学生可能产生这样或那样的想法，甚至存在认识上的误区，通过了解心理咨询遵循的原则，可能会消除他们的许多困惑，使他们了解什么是心理咨询，心理咨询能为他们做些什么，大学生心理咨询应遵循以下基本原则。

1. 尊重原则

咨询师会尊重每一个来访学生的人格和其独特性。咨询师会认真地听来访者的诉说，并给以适当的应答，表明一种尊重的态度和平等的关系，让来访者获得足够的安全感和心理上的安慰。

2. 保密原则

心理咨询师为来访者保密，不必担心咨询师会将咨询的内容透露给其他人，如果咨询师需要打破保密原则（如有自杀和伤人危险），会尽可能提前与来访者商量，征得来访者的同意，并采取相关的措施，将有关保密信息暴露程度限制在最低范围之内。

3. 时限原则

心理咨询时间一般规定为 50 分钟左右，原则上不能随意延长咨询时间。心理咨询不是一次性解决问题，它需要一个过程，来访者应耐心实施心理咨询师的指导计划，并且有充分的时间来体验和感悟，为下一次咨询目标做好准备。

4. 助人原则

心理问题是压力和危机，但同时也是一次学习和成长的机会。心理咨询师应帮助来访者自己想清楚问题的所在，分析问题的原因，找出问题发生的根源以及和来访者自己的特点之间的关系。心理咨询师不会为来访者做出决定，而是帮助来访者发掘自己的力量、寻找自身的资源，自己解决问题，从而让来访者成长为真正想成为的人。

5. 发展原则

心理咨询主要是协助来访学生进行自我探索，自我解决问题和成长。不仅要解决学生的心理困扰，更要注重学生个人的长远发展，潜能挖掘，不会因一次咨询就把来访者看死了。

6. 中立原则

有的大学生会担心咨询师批评自己或者看不起自己。实际上，这种担心大可不必。其实，心理咨询师会保持客观中立的立场去感同身受来访者的心理，去理解来访者，接纳来访者。因为只有这样才可能帮助来访者找到自己心理问题的真正原因和解决问题的方法。

7. 预防为主原则

重视心理健康知识的普及宣传工作，提高大学生整体心理健康意识和水平，使得大学生积极关注自己的心理健康，当有了心理问题时懂得用科学的方法去调适，并正确选择心理求助。

（二）心理咨询的类型

高校大学生心理咨询的主要内容涉及学业问题、人际关系问题、恋爱与性问题、个性情绪问题、个人发展前途问题、健康问题、就业择业问题、其他问题（包括家庭问题、经济困难、出国、危机状态等）。少部分涉及神经功能症、人格与性心理障碍等。概括起来有以下四大方面。

1. 心理健康与发展咨询

心理健康与发展咨询主要是帮助有心理问题的学生消除不良症状，调适不良情绪，调整不合理认知，摆脱心理困扰，学习新的经验和思维模式，帮助学生开发自身的潜能。

2. 学业与发展咨询

学业与发展咨询主要是帮助学生加深对大学教育的认识和开发对专业学习的兴趣，提高学生对时间管理的能力和改进学习方法，帮助学生提高学习技巧和解决学习过程中遇到的具体困难，帮助学生规划未来学业发展的可能性。

3. 择业与发展咨询

择业与发展咨询主要是帮助学生客观地评价自我，发现自身特点和优势，开发职业兴趣，学习求职方法，提高择业能力，规划未来职业发展道路等。

4. 心理危机干预

心理危机干预是指对处在心理危机状态下的个人或群体采取明确、有效的措施，使之最终战胜危机，重新适应生活。引发心理危机的原因可以是灾难性事件，如自然灾害、疾病暴发、恐怖袭击、校园暴力等；也可以是个人内在冲突，如失学、失恋、失业等。预防大学生自杀是高等学校心理咨询机构进行心理危机干预工作的重要内容。大学生自杀的原因很复杂，考试不及格、失恋、经济困难、身体疾病、人际关系紧张等都可能导致自杀行为。为了有效防止自杀行为，需要广大师生以及心理咨询专业人员共同参与，并通过心理普查、建立热线电话等手段进行干预。

三、大学生心理咨询的常见问题

了解大学生常见的心理健康问题是正确引导学生心理健康发展的前提，要从适应环境的能力和心理调适的角度出发，探求新形势下大学生的内在感受及个性成长。大学生中常见的主要心理问题如下。

1. 认知问题

正确认知是心理健康的基础。任何心理问题与心理障碍都有其认知根源，不健康的心理常常来源于不健康的认知。大学生的生活中一些司空见惯的事情足以说明这一点：两个人为一件事情争辩，最后双方争得天翻地覆、面红耳赤，都认为对方在胡搅蛮缠，而自己的观点才是正确的。其实，即使是同样的一件事，两个人也可能有不同的看法，都可能是片面的。面对同样困境，有的人看到机遇，而有的人感到绝望……这里存在着一个与人智力无关的东西，即思想方式，也就是心理学上讲的认知模式。所知左右所感，所感决定所行。行为是外显的，容易观察和把握，但认知却是内隐的，需要深入地进行探究，在现实情况下理性认知对个体的心理健康有着十分重要的意义。探究大学生认知问题就是要探究心理健康的个体与心理不健康的个体行为背后有什么不一样的认知支持系统，从而能够有针对性地帮助大学生形成理性认知。

2. 人际关系问题

人是社会动物，人的心理适应最主要就是对人际关系的适应。较强人际交往能力和良好人际关系是心理健康的标志之一，也是社会生活的重要内容。对大学生而言，踏入大学校门开始独自面对人生，需要学习独立处理各种各样的人际关系。团结、合作、友爱、和谐的人际关系无疑会给人带来温暖、愉快的情绪体验，从而使人拥有积极、乐观的人生态度；相反冷漠、排斥、充满敌意的人际关系则会给人带来烦恼、郁闷的情绪体验，甚至产生焦虑、抑郁、强迫等症状。近几年来新生入学调查及心理咨询统计表明，人际关系问题是大学生最关注的心理问题之一，因为它不仅影响大学生心理健康状况，还将在以后较长时间影响其职业发展。另外，个体自我发展、心理调适、信息沟通、需求满足、关系协调等都离不开良好的人际交往能力。

3. 情绪情感问题

情绪是个体对客观事实是否符合主体需要的主观体验。人的主观体验有正面和负面之分，有时欣喜若狂，有时焦虑不安，有时孤独恐惧，有时满腔怒火，有时悲痛欲绝，有时舒适愉快。情绪是心理状态的晴雨表，它与心理健康有最直接的关系，个体如果长期处在某种负面情绪体验下较容易出现心理问题。大学生正处于青年中期，情绪容易多变、不确定，具有两极化的特点，对不良情绪的纠正和调适对于维护大学生心理健康有积极作用。如果能够处理好情绪情感问题，并管理好情绪的表达，则可以帮助他们健康成长。此外，随着年龄增长指导他们妥善处理异性交往及由此产生的情绪情感问题，是大学生心理健康教育工作的重要内容之一。

大学生还有其他方面的心理问题，比如学习动机、行为问题、网络心理等，几乎涉及大学生活的方方面面。大学生的心理健康问题不仅关系大学生个人生活、学习和身心健康成长，也关系中华民族素质的提高，关系社会的发展与未来，理应引起全社会的重视。需要采取积极措施，对大学生进行心理健康方面的指导与帮助，优化大学生心理素质，增进大学生心理健康。

 知识链接

别让压力挤走自我

某大学大三学生王某，坐在教室里看书时，总担心会有人坐在身后并干扰自己，有强烈的不安全感，以致只能坐在角落或者靠墙而坐，否则无法安心看书；他对同寝室一位同学听收音机的行为非常反感，有时简直难以忍受，尤其是睡午觉时总担心会有收音机的声音干扰自己，从而睡不着觉，因而经常休息不好。但又不好意思与这位同学发生当面冲突，因为他觉得为这样的小事发脾气，可能是自己的不对。他很长时间都不能摆脱这种心理困境，很苦恼，严重影响了自己的日常生活和学习；在即将毕业时，心中一片茫然，担心找不到理想的工作，有时候也懒得去想这个问题，怕增添烦恼。他学习一般，在班上成绩中游，当看到其他同学都在准备考研究生，自己也想考，但是又不能集中精力学习。自卑，缺乏自信，生活态度比较消极，认为所有的一切都糟透了。他家在农村，经济状况一般，认为自己有责任挑起家庭的重担，但又觉得力不从心。

心理健康对大学生的学习、生活具有重要的意义。近年来，我国的就业形势越来越严峻，很多大学生对未来和前途充满困惑。王某就因为就业压力而导致心理上出现了一些问题。而王某则过于敏感，又不会调整自己的心态。当代大学生也应该正视出现的各种心理问题，及时采取适当方式，如心理咨询等，解决心理问题，预防心理疾病，增强心理健康。

本章要点

1. 了解心理障碍的含义、种类。
2. 大学生心理异常的初步诊断方法。
3. 了解心理咨询与心理治疗的区分点。
4. 掌握大学生心理咨询的主要内容及常见心理问题。

 课程实践

【心理训练】

一、心理测验

你的情绪怎么样?

以下两个量表分别为焦虑自评量表（SAS）与抑郁自评量表（SDS）。每个量表包含20个项目，分为4级评分。所有题目均共用答案，请在 A、B、C、D 下划"√"，A 没有或很少时间；B 小部分时间；C 相当多时间；D 绝大部分或全部时间。每题限选一个答案。为保证调查结果的准确性，务请您仔细阅读以下内容，根据最近一星期的情况如实回答。

焦虑自评量表（SAS）

题目:

1. 我觉得比平时容易紧张或着急　　　　　A　　B　　C　　D
2. 我无缘无故在感到害怕　　　　　　　　A　　B　　C　　D
3. 我容易心里烦乱或感到惊恐　　　　　　A　　B　　C　　D
4. 我觉得我可能将要发疯　　　　　　　　A　　B　　C　　D
*5. 我觉得一切都很好　　　　　　　　　　A　　B　　C　　D
6. 我手脚发抖打战　　　　　　　　　　　A　　B　　C　　D
7. 我因为头疼、颈痛和背痛而苦恼　　　　A　　B　　C　　D
8. 我觉得容易衰弱和疲乏　　　　　　　　A　　B　　C　　D
*9. 我觉得心平气和，并且容易安静坐着　　A　　B　　C　　D
10. 我觉得心跳得很快　　　　　　　　　　A　　B　　C　　D
11. 我因为一阵阵头晕而苦恼　　　　　　　A　　B　　C　　D
12. 我有晕倒发作，或觉得要晕倒似的　　　A　　B　　C　　D
*13. 我吸气、呼气都感到很容易　　　　　　A　　B　　C　　D
14. 我的手脚麻木和刺痛　　　　　　　　　A　　B　　C　　D
15. 我因为胃痛和消化不良而苦恼　　　　　A　　B　　C　　D
16. 我常常要小便　　　　　　　　　　　　A　　B　　C　　D
*17. 我的手脚常常是干燥温暖的　　　　　　A　　B　　C　　D
18. 我脸红发热　　　　　　　　　　　　　A　　B　　C　　D
*19. 我容易入睡，并且一夜睡得很好　　　　A　　B　　C　　D
20. 我做噩梦　　　　　　　　　　　　　　A　　B　　C　　D

备注：评分标准：正向计分题 A、B、C、D 按1、2、3、4分计；反向计分题（标注 * 的题目，题号：5、9、13、17、19）按4、3、2、1计分。把项目各项分数相加得到的总分乘以1.25取整数，即得标准分。低于50分者为正常；50～59分者为轻度焦虑；60～69分者为中度焦虑，69分以上者为重度焦虑。

抑郁自评量表（SDS）

题目：

1. 我觉得闷闷不乐，情绪低沉	A	B	C	D
*2. 我觉得一天之中早晨最好	A	B	C	D
3. 我一阵阵哭出来或想哭	A	B	C	D
4. 我晚上睡眠不好	A	B	C	D
*5. 我吃得跟平常一样多	A	B	C	D
*6. 我与异性密切接触时和以往一样感到愉快	A	B	C	D
7. 我发觉我的体重在下降	A	B	C	D
8. 我有便秘的苦恼	A	B	C	D
9. 我心跳比平时快	A	B	C	D
10. 我无缘无故地感到疲乏	A	B	C	D
*11. 我的头脑跟平常一样清楚	A	B	C	D
*12. 我觉得经常做的事情并没困难	A	B	C	D
13. 我觉得不安而平静不下来	A	B	C	D
*14. 我对将来抱有希望	A	B	C	D
15. 我比平常容易生气激动	A	B	C	D
*16. 我觉得做出决定是容易的	A	B	C	D
*17. 我觉得自己是个有用的人，有人需要我	A	B	C	D
*18. 我的生活过得很有意思	A	B	C	D
19. 我认为如果我死了别人会生活得更好些	A	B	C	D
*20. 平常感兴趣的事我仍然照样感兴趣	A	B	C	D

备注：评分标准：正向计分题A、B、C、D按1、2、3、4分计；反向计分题（标注 * 的题目，题号：2、5、6、11、12、14、16、17、18、20）按4、3、2、1计分。把项目各项分数相加得到的总分乘以1.25取整数，即得标准分。低于50分者为正常；50～59分者为轻度抑郁；60～69分者为中度抑郁，70分以上者为重度抑郁。

二、体验拓展

（一）体验一：学会放松自己的身体

放松训练有助于降低焦虑水平，应对环境压力，对抗焦虑。你不妨尝试一下。

1. 呼吸法

这是一种普遍适用、快速的放松法，使你进入精神放松状态，以调节紧张状态、提高学习效率，具体的要点如下。

① 通过鼻子吸气，让你的胃部鼓起来，这意味着你用全肺呼吸；尽量使上胸部活动最少，缓慢地吸气。

② 屏住呼吸2～3s。

③ 缓慢、均匀地将气从鼻子完全呼出。呼气时，让你的双肩和下颚下垂，使你的双手和双臂感到放松。

2. 渐进性肌肉放松

渐进性肌肉放松是通过全身主要肌肉收缩-放松的反复交替训练，使人体验紧张和放松的不同感觉，从而更好地认识紧张反应，并对此进行放松，最后达到轻松的目的。

这种放松训练最基本的动作是：紧张你的肌肉，注意这种紧张的感觉。保持这种紧张感 3~5s，然后放松 10~15s，最后体验放松时肌肉的感觉。

（1）足部　把脚趾向后伸，收紧足部的肌肉，然后放松。重复。

（2）腿部　伸直你的腿，跷起脚趾指向你的脸；然后放松，弯起你的腿。重复。

（3）腹部　向里向上收紧腹部肌肉，然后放松。重复。

（4）背部　拱起背部；放松。重复。

（5）肩与脖子　尽可能耸起你的双肩（向上、向内），头部向后压；放松。重复。

（6）手臂部　伸出双臂、双手，绷紧手臂肌肉，放松，弯起手臂。重复。

（7）脸部　紧张前额和脸颊。皱起前额，皱起眉头，咬紧牙关；放松。重复。

（8）全身　紧张全身肌肉（足、腿、腹部、背部、肩颈部、手臂和脸）。保持全身紧张几分钟，然后放松。重复。

做完后，若仍感到紧张，可重复一次。如果仅一部分身体还感到紧张，可重复此部分的练习。当你完成这一练习，且感到放松时，应休息一小会儿，放松你的心理。可想象一些让你最感舒适、宁静的情境。此时要注意呼吸节奏缓慢，从鼻子深深地吸气，慢慢地呼出来。持续 1~2 分钟后，睁开双眼。起身时，动作要缓慢、轻柔。

3. 简单放松术

简单放松术比前一种方法更为简短，你能够轻松地达到放松状态。

首先，想象出一个让你心情平静和放松的事物，如能让你放松的声音或语句（如听大海的浪涛声，或默念"放松、放松……"）；或是优美的特殊东西（也许是一幅你喜欢的画）；或是能让你平静的情境（如乡下某个幽静的地方，或海滨沙滩）。练习时，做到以下几点有助于放松效果。

① 闭上眼睛，以一个舒适的姿势坐着，想象你的身体逐渐变得发沉和放松。

② 用鼻子吸气，并把注意力集中于你的吸气过程。呼气时，注意心理感受，且呼吸要自然、放松。

③ 不要担心自己能否掌握这一方法，按照自己的节奏让自己紧张和放松。

④ 练习持续的时间就是你能感到放松的时间。这一过程有的需要 2 分钟，有的需要 20 分钟，结束练习的判断标准是你感到放松了。当你完成练习后，闭上眼睛静静地坐一会儿，然后睁开双眼，慢慢地站起来。

（二）体验二：训练幽默乐观的游戏

情绪有正性与负性之分。有些正性情绪，如兴奋、好玩、幽默，可以激发人的创造力，而许多负性情绪，如痛苦、焦虑、恐惧则会阻碍人的创造力发挥。每个人都可能因成功或失败而导致情绪波动的经历。下面这个游戏可以让你体验情绪在问题解决中的强大作用，更可以训练你的幽默和乐观的情绪。这个游戏要求你和一些朋友同做，而且要求你偏离你一贯的社会行为。游戏的内容是要你学动物园里动物的叫声。下面的字母决定你要学的动物是什么。

你姓氏汉语拼音的第一字母：动物名称

A—F 狮子

G—L 海豹

M—R 猩猩

S—Z 热带鸟

现在，选择一个伙伴（最好在这些朋友中挑一位不太熟悉的人作为伙伴）。彼此盯着看，目光不能转移，同时用嘴大声学动物叫，至少10秒钟。

在这个简单的游戏中，你的感觉如何？你是否感到既幽默有趣，又有些尴尬？这个游戏尽管开始时会感到不舒服，很可能结束时已是笑声满堂。不管你模仿的动物是什么，最后你的表现都是"傻驴"一头。你是否注意到好玩和幽默的情绪会有助于你在这个游戏中创造性的发挥，可能会使你灵机一动，模仿出种种出人意料的叫声，获得满堂喝彩，或者逗得大家捧腹大笑？而在游戏中，感到尴尬的心理却会使你羞于开口？假如你有幽默感，学动物叫就更容易开口。乐观的情绪就是创造力的催化剂，因此在最困难的时候，不要忘记幽默可以使你保持乐观。

【新媒体导学】

一、推荐视频

1. 强迫症患者的心理：《火柴人》

2. 抑郁症的表现：《你抑郁了吗？抑郁症的表现》

二、推荐图书

1.《相约星期二》（米奇·阿尔博姆）

推荐理由：该故事真实地讲述了作者的恩师莫里·施瓦茨教授在辞世前的14个星期的每个星期二给米奇所讲授的最后一门人生哲理课。死亡既作为该作品的主题，又作为该小说的线索，传递了作者对于人生更深入、更透彻的思考，使《相约星期二》作品本身散发出浓郁的哲学意蕴。

2.《天生变态狂》（詹姆斯·法隆）

推荐理由：作者詹姆斯·法隆被评为十年来成就最大的神经科学家，研究大脑组织35年。多年来，他深深着迷于心理变态者的脑部结构研究，并发现心理变态者的大脑边缘皮质都存在相同的变异。2005年，在对正常人和异常人脑部扫描图的研究中，他竟然滑稽地发现，自己的脑部结构跟心理变态罪犯的一模一样，从而展开了脑科学和犯罪心理之间的复杂关系。

三、推荐电影

1.《美丽心灵》

推荐理由：这是一部根据真实人物改编的影片。男主人翁患精神分裂症后，事业家庭都受到大影响，但在妻子的帮助和陪伴下，他不仅坚持工作获得了诺贝尔奖，坚强、勇敢的心灵，相濡以沫的爱情，也让观众心灵震撼。

2.《爱德华大夫》

推荐理由：著名悬疑剧大师希区柯克的经典作品之一。电影运用精神疾病作为其情节工具和底色，并与弗洛伊德精神分析学说完美结合，推动了对人类自身行为的再认识，也激发了观众对心理学的探索和热爱。

【**思考与练习**】

1. 心理障碍定义是什么？大学生常见的心理障碍有哪几种？

2. 心理障碍初步诊断的依据有哪些？

3. 心理咨询和心理治疗的定义分别是什么？如何区分？

4. 大学生常见的心理问题有哪些？

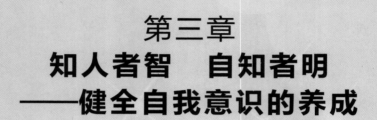

第三章
知人者智　自知者明
——健全自我意识的养成

名人寄语

世界上最宽广的是大海，比大海更宽广的是天空，比天空更宽广的是人的心灵。

——雨果

在本性和自我认知方面，别人眼中的我们，与我们现实里的自己，相去甚远，不能取信。

——迈克尔·翁达杰

将你自我正确的认知转变为正确的习惯，坚持下去，终会走向光明！

——奥托·魏宁格

　　自我意识是一个人对自己的认识和评价，包括对自己心理倾向、个性心理特征和心理过程的认识与评价。正是由于人具有自我意识，才能对自己的思想和行为进行自我控制和调节，形成完整的个性。自我意识在个体发展中有十分重要的作用，每个人都要用一辈子的时间去认识和了解自己，但到最后仍然不能百分之百地认识。由于认识的程度不一样，认识和了解自己越多，走的弯路就会越少。不管是工作、生活还是爱情，每一个成功的人都是自我了解程度比较高的，只有认识和了解自己才知道什么样的事情适合自己，才知道自己要用什么方式去面对。

案例导入

自暴自弃的学生

　　张某是某水利水电学院 2004 级农业水利工程专业的一名学生。由于入校时成绩较为优秀，入学之初被任命为所在班级的学习委员。但在接下来的大一学习生活中，其自身的缺点逐渐显现：性格较为偏激，自高自傲，心胸不够宽广，心理承受能力较差。在入学初的摸底考试中成绩不理想，致使其大一上学期学习情绪一直受此影响。到了大一下学期，张某开始迷上网络游戏。刚开始时，他只是在课余时间上网，后来便开始旷课去上网玩游戏。因此，大一期末考试他挂了两科，其中包括挂科率较低的科目。由于学习成绩原因，大二开学后，他不再担任学习委员的职务。为此，他更加自暴自弃，不但经常旷课上网玩游戏，还不参加集体活动，甚至几乎不与他人交流，连同寝室的同学都不愿多说几句话。

　　【智慧点拨】张某因为学习上的失意，扩展到对大学生活和学习完全失去了兴趣，所以沉迷于网络游戏来逃避，其自暴自弃的诱因不是单纯的学习问题，根源在于思想方面的自我意识问题上。大学生难免遇到一些挫折、失意是正常的，关键是不能轻言放弃。大学生的自我意识中分为现实自我和理想自我，当现实自我与其理想自我出现严重分离时，应当及时调整，避免出现过度的负面情绪，导致情绪崩溃、自暴自弃，甚至自我封闭乃至抑郁等极端后果。

第一节 大学生自我意识概述

一、自我意识的内涵

每个人都是社会大群体中的一份子，总会或多或少地与周围的世界发生这样或者那样的联系，会对周围事物不断产生新的观点，这些观点使我们能够与世界保持平衡。因此，在了解外在世界的同时更加需要了解自己，这就要从关注自我意识开始。

（一）自我意识的定义

自我意识是指个人对自己的认识，即个体对自己的身心状况与特征、自己与他人、与周围世界的关系的意识。它是人格结构的核心成分，是人的意识的本质特征，是人的心理区别于动物心理的重要标志。

人的生存与发展，依赖于两个方面的信息，一个是对外部世界的反映与认识，另一个是对内部世界的反映与认识，这两个方面是紧密相连的。人出生以后，在对外部客观世界的探索与认识中，发现了"自我"这个新世界；而对内心世界的发现和发展，使人能够认识并主宰自己，能够有方向、有目的、有计划、有步骤、有反馈、有调控、有动力地更好地认识和探索客观世界，改造、完善并超越自我，实现自己的愿望和理想。从某种意义上可以说，正是由于发现了"自我"这个心灵世界，人才成为真正意义上的"人"，并真正发现了全新的有意义的外在客观世界。自我意识是自觉性与自制力的基础，是个性形成和发展的前提，是改善自我的途径，是认识外部世界的重要条件。没有正确的自我意识，人不可能形成健全的个性。人的性格缺陷甚至犯罪和精神疾病等，都与自我意识的发展问题密切相关。

从认识角度看，自我意识是一种特殊而复杂的认知过程。其特殊性表现在，一般认识过程是主体对客体的反映过程，而自我意识则是主体对自身的认识，认识的客体是主体自身，在这里"自我"既是反映者，又是被反映者。作为反映者的自我称为主体我（主我，I），是对自己活动进行觉察的我；作为被反映者的自我称为客体我（客我，Me），是被觉察的自己的身心活动。其复杂性表现在，自我意识的形成不仅依赖于人的所有认识能力，如感知、记忆、想象、语言和思维的发展，还需要情感、意志的参与以及生理因素（如性的成熟、身高的飞跃、体力的增强、身体外形的变化、第二性征的出现等）的作用，而且必须以外界事物为中介，在主、客体相互作用中完成。

从形式上看，自我意识具有认知的、情绪的和意志的三种形式，分别称为自我认识、自我体验和自我调控。自我认识是自我意识的认知成分，指个体对自己及其状态的认识。自我体验是自我意识的情感部分，是指对自己身体活动状态的认识，包括自尊、自我感受、优越感等方面。例如，很多人觉得自己太胖而有自卑感，或者觉得自己家庭条件好而产生优越感等都属于自我体验。自我调控是自我意识的意志成分，指个体对自己思维、情感、意志等心理活动的认识。

 **知识链接**

石头的价值

有一个孤儿院的小男孩儿，常常悲观地问院长："像我这样没人要的孩子，活着究竟有什么意思？"

院长总是笑而不答。

有一天，院长交给男孩一块石头，说："明天早上，你拿这块石头到市场上去卖，但不是'真卖'。记住，无论别人出多少钱，绝对不能卖。"

第二天，男孩儿拿着石头蹲在市场的角落，意外地发现有不少人对他的石头感兴趣，而且价钱越出越高。回到院内，男孩儿兴奋地向院长报告。院长笑笑，要他明天拿到黄金市场去卖。在黄金市场上有人出比昨天高10倍的价钱来买这块石头。最后，院长叫孩子把石头拿到宝石市场上去展示，结果石头的身价又涨了10倍，更由于男孩儿怎么都不卖，竟被传扬为"稀世珍宝"。男孩儿兴冲冲地捧着石头回到孤儿院，把这一切告诉院长，并问为什么会这样。

院长没有笑，望着孩子慢慢说道："生命的价值就像这块石头一样，在不同的环境就会有不同的意义。一块不起眼的石头，由于你的珍惜而提升了它的价值，竟被传为稀世珍宝。你不就像这块石头一样吗？只要自己看重自己，自我珍惜，生命就有意义，有价值。"

在现实生活中，几乎每个人穷其一生都在积极探索认识自己，处于青年早期的大学生在成长中的种种困惑就是自我认识的一部分，自我认识阶段最重要的任务是建立自我同一性，具体表现在自我观念明确、人际关系和谐、生活目标坚定、职业规划清晰、有能力建立亲密关系。因此，积极地认识自我、发展自我、完善自我，是大学阶段重要的内容。

（二）自我意识与自我概念、自我的关系

关于自我，西方有两个容易混淆的概念，即 self 和 ego。这两个概念无论在其起源、内涵、还是研究领域都有着很大的差异。self 是指认识、行动着的主体，是由生物性、社会性以及自我意识诸因素结合的有机统一体，被分为主体我和客体我，主要受后天和社会环境的影响。而 ego 是保证个人适应环境、健康成长、取得个人自我意识同一的根源。ego 主要由先天遗传因素决定。自我意识、自我概念的研究都是在 self 的含义上进行的。因此，自我意识、自我概念都是从自我这个大标题沿革而来的。

在西方心理学中，自我概念是一个非常笼统的术语，关于自我概念的定义也有很多。有研究者把自我概念等同于自我意识，也有研究者认为自我概念是对自己某一方面的知觉，其涵盖的内容远远少于自我意识。

（三）大学生自我意识发展的规律

大学时期是个体自我意识发展的关键时期，这一时期的大学生自我意识更加深化和丰富，出现了很多新的特点。自我认识、自我体验和自我调控发展得越平衡，个体的自我意识水平就越高。下面从这三种形式去考察大学生自我意识发展的特点。

1. 大学生自我认识的规律

首先，大学生对自己的认识逐渐从外部转向了内部，并且更加关注自己的社会角色、社会地位等属性。经历了自我意识的分化之后，他们不仅仅重视自己的外表、形象等外部因素，而是更多考虑自己在性格、社会交往以及其他能力上的发展。在回答"你是一个什么样的人"时，不局限在自己是"漂亮的"或者"爱干净的"等外在形象的描述，而更倾向于表达自己的性格、社会能力等方面的品质。

其次，大学生对自我的评价从不切实际的高估转向平衡，而且更加倾向于对自己进行正面的评价，如有着很好的精神面貌、自信、对未来充满希望，这种状态对其一生发展是很有帮助的。当然如果盲目自信，过高估计自己的能力，看不清自己的缺陷，对其发展又是很不利的。

2. 大学生自我体验的规律

首先，大学生的自我体验较为强烈、深刻，但是不稳定。能够顺利进入大学的学生普遍是高中时的优秀学生，自我评价往往较高，他们意识到自我在社会中的地位和作用，社会责任感较强，在学习和生活中争强好胜，有较高的自尊。当做出的成绩或表现受到表扬时，他们就会产生积极的情感体验，甚至洋洋自得，忘乎所以；可一旦遇到挫折和失败却又会产生内疚和压抑的情绪。

其次，大学生的自我体验逐步走向开放，但敏感性较强。这一时期的大学生非常渴望与他人进行思想和感情交流。随着大学生自我认识水平的提高和自我表达能力的发展，他们的情感体验也逐渐打破内心的矛盾，从之前的封闭走向开放，以寻求同龄人的认同感，从他人对自己的态度中来更好地认识自己。但是他们又对涉及自我的事物特别敏感，特别是在与异性的接触中更常常情绪波动，在行为与自我形象的塑造上往往触景生情，通过想象抒发自己的情感，因而经常流露出一些感触和遐想等。

在自我体验的强度方面，男生大于女生；在体验的持续方面，女生比男生持久。

3. 大学生自我控制的规律

首先，大学生自我调控和监督能力有了明显的提高，但仍然存在高估和低估自己的倾向。大学生自我监督和调控的方式开始属于不随意类型，即被动的要求自己的行为与规范一致，这种不随意的调控在外部场合发生改变的时候往往是不能奏效的。而大学生正在经历着从外到内的转化过程，努力使外部的规范标准与自己的动作标准一致。由于此时的大学生自我评价往往高于他人评价。比如有些同学的自信心和优越感强，他们用自己之长比他人之短；有的学生盲目自大，认为别人都不如他，甚至用各种方式表达自己的能力，思想偏激。这种学生幻想高于现实，一旦遇到挫折便抱怨外部条件，甚至向不良方向发展。还有一部分学生自我评价过低，遇到困难就更加怀疑自己的能力，出现自卑。这些情况都说明当代大学生在自我控制方面的发展存在不平衡性。

其次，大学生自我控制的社会性增加，更多用社会标准要求自己。在一次对 500 名大学生的调查中，研究者发现，72% 的大学生愿意成为德才兼备、博学多才的大学生；16% 愿意成为合格的大学生；只有 7% 的大学生愿意成为不被人注意的大学生。从这组数据可以看出，大部分大学生希望成为一个为社会做贡献，适应时代发展的人。他们考虑更多的是与社会相联系的内容，而不仅仅局限在自我的小世界里。

二、自我意识的结构

自我意识既是心理活动的主体，又是心理活动的客体，它是涉及认知、情感、意志过程的多层次、多纬度的心理现象。所以，自我意识的结构表现在自我认知、自我体验和自我调控三方面。

（一）自我认知

自我认知属于自我意识的认知成分，是主观我对客观我的评价，包括自我感觉、自我观察、自我印象、自我分析、自我评价等。自我认知主要表现为"我是个什么样的人""我为什么是这样一个人"等问题。进行客观、正确的自我评价是一个复杂的、终生的过程，同时人的自我发展也是一个连续的、终生的过程。因此，对自我的认知是人类永恒的话题，"认识你自己"也是一个终生课题。

（二）自我体验

自我体验属于自我意识的情感成分，是伴随着自我认识而产生的内在感受，反映对自己的满意状况，以自尊、自爱、自信、自卑、自怜、自弃、自恃、自傲、责任感、义务感、优越感等表现出来。自我体验是在自我认知基础上产生的。自我认知决定自我体验，而自我体验又强化自我认知。自我体验主要反映了一种自我感受，表现出自己对自己的态度，如"我能否悦纳自己""我对自己是否满意"等。

（三）自我调控

自我调控属于自我意识的意志成分，是个体对自身的心理与行为的主动支配和掌握，即指一个人不受外界因素的干扰，能自觉调节自己的情感冲动和行为，包括自主、自立、自强、自制、自律、自卫等。自我调节主要表现为人的意志行为，它监督、调节人的行为活动，调节、控制自己对自己的态度和对他人的态度，其核心内容是："我将如何规划自己的人生"。自我调控是自我调节的最高阶段，其核心是："我应该做什么？""我应该成为什么样的人？""我可以选择如何做？"通常讲的"自制力"其实就是自我调控的能力。心理学研究表明：自我调控与大脑额叶的发展密切相关，当生理正常时，自我认知与自我体验决定了自我调控。大学生应通过主观能动性，选择认识角度，转变认知观念，调整自我认知评价体系，感受积极自我。

自我认知、自我体验、自我调控是自我意识中三个不可分割的部分，健全的自我意识是这三方面相互影响、相互作用的结果。自我认知与自我体验决定自我调控，自我调控反过来又强化自我认知和自我体验。正是三者之间的积极互动，才使得自我意识趋向不断成熟、发展和完善。

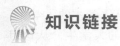 **知识链接**

学会自我控制

自我调控是自我意识的关键环节，"知"与"行"之间有很长的路，大学生常常"心动而不行动"，事实上心动是一件容易的事，而真正历练意志则需要更多的自我控制。例如，早晨起床，应当是一件很简单不过的事，但对懒惰者而言，也是需要意志的。特别是寒冷冬天的早晨，想想被窝里的温度，再面对起床的痛苦，都要进行思想斗争。而当意志成为一种习惯时，自我调控便转变为"自动化"。成功的人都有较高的自我调控。但并非所有的自我调控都是积极的，有的大学生对自己的要求非常高，自我调控能力强，而在实际中却因为主观或客观原因没有能够达到，容易产生自我怀疑与否定。

三、自我意识与心理健康的关系

自我意识与个体发展是相互影响的，在成长过程中，个体形成自我意识，反之，已经形成的自我意识也影响着个体的发展，自我意识影响着个体的心理健康水平，从而影响个体的生活质量、幸福感。

（一）自我认识与心理健康

1. 自我概念影响防御机制

自我概念是个体对自我的整体认识，防御机制是个体在精神受到干扰时用来避开干扰，保持心理平衡的机制。防御机制一般发生在无意识的状态下，通常表现为拒绝、回避、幻想、升华等方式。

2. 自我概念影响生活幸福感

个体的自我概念很容易对自我生活的幸福感产生影响。自我概念越积极，则对生活更加乐观，对自己更加自信，提升生活的幸福感；反之，自我概念越消极，面对问题时往往就会低估自己，贬低自己，没有信心，变得焦虑，降低生活的幸福感。

（二）自我体验与心理健康

1. 自我体验影响压力应对方式

一个人面对困难与挫折时采取什么样的应对策略，会受到自我价值感的影响。自我价值感越高的个体，面对困难会采取直面挫折，平常心面对，积极求助他人的表现形式；自我价值感越低的个体，面对困难往往选择逃避、忍耐、幻想的解决办法。

2. 可从自我体验推断未来的生活品质

心理学家研究表明，自我意识在情感上表现为积极地自我评价的个体在成长过程中较少出现抑郁倾向的行为问题；低自我价值感的青少年往往心理和生理健康状况、经济前景都较差，犯罪行为也较多。

（三）自我调控与心理健康

心理学家塞利格曼曾用狗做了一项经典实验。最初，把狗关进笼子里，只要蜂音器一响，就施以难受的电击，狗在笼子里逃避不了电击。多次实验后，在电击前，先把笼子打开，蜂音器响起时，狗不但不逃，反而是不等电击就先倒地上开始呻吟颤抖。这就是习得性无助，指人在最初某个情境中获得无助感，在以后的类似情境中仍不能从这种关系中摆脱出来，从而将无助感扩散到生活的各个领域，处于这种状态的人会丧失对自我的控制，在危机来临时不做任何努力和尝试。

第二节　大学生自我意识的发展

一、大学生自我意识的发展过程

大学生正处在"心理自我"发展阶段，渴望自己能够认识自我、肯定自我、发展自我和完善自我。这一时期，自我意识得到了迅速发展，并在发展过程中经历了从分化到矛盾，再到达新的统一的过程，其自我认识、自我体验、自我调控逐步协调一致，但从整体上看，大学生的自我意识尚未完全定型，还需要不断地完善，最终才能逐渐走向成熟。

（一）自我意识的分化

大学生自我意识的发展从明显的自我分化开始。进入青春期，打破了儿童时期所形成的完整而笼统的"我"，出现了两个我：主观我和客观我。伴随着主观我和客观我的分化，大学生既是观察者，同时又是被观察者。自我意识的分化促使大学生积极主动地关注自己的内心世界，自我内心活动变得矛盾而复杂，自我内心体验丰富、细腻而深刻，同时由此带来的种种情绪如焦虑、不安、喜悦、激动等开始增多。大学生希望有自己独立的空间，渴望沟通和被理解、被关怀，喜欢同自己信赖和仰慕的人探讨人生问题等。自我意识分化是自我意识开始走向成熟的标志。

（二）自我意识的矛盾

大学生伴随着自我意识的分化，产生了"主体我"与"客体我"，"理想我"与"现实我"的矛盾，出现了自我意识的种种冲突。随着自我意识矛盾和冲突的加剧，自我不能统一，自我形象不能确立，自我概念不能形成，有时会给大学生带来很大的内心痛苦和激烈的不安感。归纳起来，当代大学生的自我矛盾和冲突表现在以下几个方面。

1. 主观我与客观我的矛盾

大学生的主观我与客观我的矛盾相对突出。在主观上，作为同龄人中能够接受高等教育的佼佼者，大学生对自我有较高的评价；但在客观上，由于他们远离社会，缺乏社会经验，在校园浓郁的学术与文化氛围中生存成长，对社会的了解缺乏切肤的实际与客观的目光。同时，随着高等教育大众化进程的推进，适龄青年接受高等教育机会的增加，大学生身上光环的消失使他们产生失落感。

2. 理想我与现实我的矛盾

青年时期的大学生，心中承载着无数的梦想，每个人都渴望一把登天的天梯。他们有抱负、有追求、有理想，成就动机强烈。特别是当市场经济将人们的成就意识凸显时，很多大学生心中涌动着比尔·盖茨般成功的梦想，他们为自己设定了一个美丽的"理想我"，也对大学生活进行了理想化的设定。但当他们一脚踏入大学时，现实与心中的理想形成了巨大的反差，新生出现了"理想真空带"与"动力缓冲带"，一时间找不到自己生活的方位。对理想我的渴望与对现实自我的不满构成了这一时期大学生自我意识发展的重要组成部分。

3. 独立意向与依附心理的冲突

大学生生理与心理的成熟使他们渴望独立，以独立的个体面对生活、学习中遇到的问题。但由于长期的校园生活使他们应有的社会阅历与经验相对匮乏，当应激事件出现时，却又盼望亲人、老师、同学能够替自己分忧。大学生心理上的独立与经济上的不独立也形成了明显的反差，在他们迫切希望摆脱约束、追求独立的同时，却又不可能真正摆脱家长、老师的支持和帮助。特别是对于某些独生子女来说，由于长期受到父母的溺爱，这种独立与依赖的矛盾就表现得非常突出。

4. 交往需要和自我闭锁的冲突

没有哪个时期比青少年时期更渴望友情与爱情的滋养，更加渴望同辈群体的认同与归属感。在这个时期，每个人都渴望着爱与友谊，渴望着交往与分享，渴望着自我价值得到实现，渴望着探讨人生的真谛，寻找人生的知己，希望成为群体中受尊敬与欢迎的人。同时，大学生的自我表露又受心灵闭锁的影响，总是不经意地将自己的心灵深藏起来，与同学有意无意地保持着一定的距离，存在着戒备心理，不能完全敞开心扉交流与沟通思想。这也是大学生常常感到的"交往不如中学那么真诚"的原因所在。

（三）自我意识的统一

自我意识的分化、矛盾所带来的痛苦不断促使大学生寻求方法以求得自我意识的统一。统一后的自我意识是完整的、协调的，是积极和健康的统一。这种统一，有助于大学生个性的成熟与完善，能促进个体心理健康地发展，也有助于推动社会的进步与协调运行。

二、大学生自我意识的发展特点

处于青年期的大学生，经过大学生活和教育，随着个体心理和意识的不断发展，大学生自我意识的发展达到了新的水平。独立感、自尊心、自信心、好胜心等逐步趋于成熟；自我认知、自我体验、自我调控三个方面趋于协调发展；自我意识的核心——世界观和人生观已基本确立。总的来说，大学生自我意识的发展表现出以下特点。

（一）大学生自我认知方面的主要特点

1. 自我认识的广度和深度大大提高

大学这一特殊的学习、生活环境，为大学生提供了一个博览群书、自由发展、自我实现的新天地。这个新天地为他们的自我认知向广度和深度发展提供了有利条件。大学生的视野更开阔了，关心的社会问题也多了，社会对他们的期望也比较高。这时他们的自我认知不仅涉及自己的气质、风度和性格等一般问题，还涉及自己的社会地位、社会责任、自我价值等问题。通过对这些问题的分析和思考，大学生的自我意识将达到新的广度和深度。

2. 自我认知的自觉性和主动性明显提高

大学是大学生走向社会之前的重要学习阶段，而且在他们面前还摆着许多深刻的课题：我将来做个什么样的人；成就什么事业；我能为社会做哪些贡献等。求知欲使大学生总是十分感兴趣而又急切地思考这些问题，强烈期待着一个满意的答案。这种思考比少年时期更主动、更自觉，具有较高水平。

3. 自我评价能力提高

随着大学生活的继续，大学生的知识增加了，社会经验也丰富了，大多数人对自己的分析、评价逐渐变得全面、客观和主动，对自己的优缺点有了较正确的认识和评价，并能选择自己的长处进行发展，开始具备在自觉基础上的"自知之明"。但是，由于大学生对客观事物的理解和判断仍具有肤浅性和片面性，所以有时他们对自我的理解和判断只能看到一面而看不到另一面，只看到表象而看不到本质。

（二）大学生自我体验方面的主要特点

大学生自我认知和自我调控能力的迅速发展，使得他们自我体验的内容和形式发生了极大的变化。从自我体验的内容看，显示出以下几个特点。

1. 丰富性

大学生丰富多彩的学习生活为他们发展自我体验的丰富性提供了有利条件，比如，由于意识到自己的成熟而产生了成人感；由于意识到自己的能力和品德的高低而产生了自豪、自尊或自卑、自惭等体验；由于意识到自己的社会角色和社会地位而产生了社会责任感和义务感。一般来说，在自我体验方面，男生比女生更有自信心，更富于活力，但容易急躁；女生则更热情、内心舒畅感更明显，但容易多愁善感。大学生自我体验的情感基调是积极、健康的。因此，要注意增强自我意志的指向能力，提高自我认识水平，这将有助于自我体验的丰富性向健康方面发展。

2. 敏感性和波动性

大学生由于自我的认识还在不断进行中，个性还不够成熟和稳定，也缺乏驾驭情感的意志力量，所以他们的情感体验表现出明显的敏感性和波动性。他们可能因一时的成功而产生积极、愉快的情感体验，甚至骄傲自满、忘乎所以；也可能因一时的挫折、失败而低估自我或丧失自信心，甚至悲观失望。到了高年级，当大学生的自我认知和自我调控比较确定后，这种波动性才逐渐降低。

3. 深刻性

大学生的自我体验是深刻的，他们的自我体验不仅与自己的个性特点相联系，还与自己的生活信念和人格倾向相联系。当自我的生活信念和人格倾向为别人所容纳，或客观事物符合自己的生活信念和人格倾向时，他们就会产生愉快的情感体验，否则就会产生消极、不愉快的情感体验。

（三）大学生自我调控方面的主要特点

1. 自我调控能力明显提高

大学生自我调控能力的明显提高，表现在他们的行为和目标能以社会期望和社会要求为转移。例如，社会对大学生的要求越来越高，不单看文凭，更看重大学生的真才实学和竞争意识。面对社会的期望和要求，大学生能对自己的目标进行及时的调整，在掌握专业知识的同时，注重外语水平和计算机水平的提高，注重各种能力的培养，以便能更好地适应社会。当然，大学生自我调控水平还缺乏一定的稳定性，还需要进一步的发展和完善。

2. 自我设计的愿望强烈

大学生有设计自我、完善自我的强烈愿望。他们根据自我设计的"最佳自我形象"而不断充实自己的知识，培养自己的能力，形成自己良好的性格与品德。大学生的成就动机是最强的，他们不愿意做一个碌碌无为的人，都想干出一番事业，能对社会、对祖国有所贡献，以实现自己的人生价值。

3. 强烈的独立意识和自信心

大学生在生理发育上已完全具备了成人的特点，心理成熟和社会成熟也已达到较高的水平，通过对自我的认知、体验、调节和控制，他们的心目中已逐渐确立一个新的自我——成人式的自我，成人感的独立意识特别强烈。

青年大学生有着体力充沛、精力旺盛、思维灵活、记忆力强等优越条件，这是他们产生自信心的生理及心理基础，而"天之骄子""时代宠儿"的优越感，则是大学生充满自信的社会基础，但由于知识、经验不足，他们容易产生过分的自信，而且容易因一时的挫折而降低自信。

三、大学生自我意识的发展偏差及调适

现实中，每个个体自我认识的视角、方法和途径的差异，导致了自我意识的偏差，这种偏差按照自我意识的表现形式来看，主要分为自我认识的偏差、自我体验的偏差和自我控制的偏差三种。

（一）自我认识的偏差

1. 自我中心

适度的自我关注与自我分析有利于正确客观地认识自己，有助于正确地认识自己采取的行为和做法，从而能够及时调整自己的不当行为，克服自己的不足。但也有大学生对自己过于关注，不是"我的眼里只有你"，而是"我的眼里只有我"，一切以自我为中心，只顾自己的感受和想法，不去考虑他人的感受，也不考虑对方的立场，即使是替别人着想也是站在自己的角度。在人际交往中，他们凡事都认为自己正确，总是抱怨"为什么别人总是不能理解我呢？""他们应该想到啊"……从而内心筑起了一堵墙，与同学相互对立，以致产生种种矛盾冲突。事实上，我们每个人都有自己表达情绪和想法的非语言信号系统，但因为在家的时候，家人会适应我们的思维方式和行为方式，能理解我们，但在学校里别人是看不懂或者理解不了我们的行为方式，这样就会产生分歧。所以，大学生生活在集体宿舍里，每个人都必须学会与他人相处。虽然人们有利己的倾向，但人们都讨厌只顾自己的人。在一个提倡合作的社会里，如果人人都只考虑自己，那最终受损的仍是自己。

2. 从众

从众是一种普遍存在的心理现象，是在群体舆论的压力下，放弃个人意见而采取与大多数人一致的自我保护行为。从众心理人皆有之，但如果过强，就会阻碍心理发展。在自我认识过程中，主观我是因自省而产生的，就是我如何看待我自己；客观我是因人言而产生的，就是"我在他人眼里是个怎样的人"。主观我和客观我经过比较、匹配，最后形成一个"我"，这就是现实的我。主观我和客观我之间常常产生矛盾。有些大学生过于看重自己在别人心目中的形象，对他人的看法和评价过于敏感，一味受"人言"所左右。

一位大学生这样自述："我是内向的人，我不喜欢打牌，而我的室友却非常热衷于打牌，常常为此熬夜。起初，我总是不愿意参与他们的活动，可时间一久，我感到他们也在疏远我，为此我感到很不安。现在，如果他们叫我，我也会参与。尽管我不感兴趣，但却不愿意拒绝，有时我在努力参与其中时，又感到自己很堕落、空虚。我好像越来越不了解自己了……"这就是受到了从众心理的影响。其实，人与人相处，志同道合很重要。大学生要明确自己在大学期间的目标、规划，要去做自己喜欢做而且应该做的事情。当然，也要适当参与集体活动，而不是盲目从众。

（二）自我体验的偏差

在心理学上，自我体验的偏差通常是指消极的自我体验，主要包括自卑和自负。

1. 自卑

自卑是个体由于自我认知偏差等原因形成的自我轻视和自我否定的情绪体验。自卑表现为对自己认识不足，对自己的能力或品质评价过低，总认为自己多方面或某一方面不如他人，对自己不满、鄙视，担心他人不尊重自己。

自卑源于不合理的认知，大学生产生自卑的原因有很多。例如，因自己身材矮小、外貌不佳而自卑；因自己家庭条件不好而自卑；因自己技不如人而自卑；因自己在学习上屡屡受挫而自卑。表面上看，自卑有客观原因，但实质是由于个体没有正确地认识这些问题，没有正确地认识和评价自己。由于现实我与理想我总是存在差异，有的大学生认为现实我与理想我的差距太大，因此感到"失望"，并把目光总盯着自己的缺点、不足，从而痛苦、逃避、退缩，这就是自卑的表现。此外，自卑往往也是自尊屡屡受挫的结果。当一个人的自尊需要得不到满足，又不能恰如其分、实事求是地分析自己时，就容易产生自卑心理。

一般人常认为，自卑的原因是自尊心不强或者缺乏自尊。实际上，自卑是一种不健康的自尊。几乎所有严重自卑者其实自尊心都过于敏感。在现实生活中，那些自尊心表现得越外显、越强烈的人，往往自卑感也越强。他们一般性格内向、情感脆弱，特别害怕别人伤害自己的尊严，过分介意他人的评价，并且千方百计抬高自己的形象，保持自己的优越感。由于缺乏自知，他们也很容易与他人发生冲突。

2. 自负

自负是个体自以为是、自命不凡的一种情感体验和情绪表现。随着时代的变迁，自信已成为当今大学生较为普遍的优秀品质，他们能独立思考，对自己的未来踌躇满志。但有些大学生自信过度，就变成了自负。

自负常常产生于现实我和理想我的矛盾中。一般来讲，现实我与理想我总是不一致，两者之间总是有距离的，如何看待这两者的距离直接关系着自我体验。当对缩短两者距离充满信心时，表明个体正处于积极体验，即认为自己可以努力提高现实我以实现理想我。但有些大学生自信过度，过高评价自己，在生活与学习中处处显示自己的优越感，希望超过别人，这种自我膨胀过度的自信即是自负。自负的人往往目空一切，过分相信自己的能力，听不进师长的教诲，听不进同龄人的意见，一意孤行，骄傲自大。由于缺乏自知之明，自负的人容易失败，也容易受伤害。

（三）自我控制的偏差

与自我体验相对应，在心理学上，自我控制的偏差是指消极的自我控制，主要包括逆反、放纵和盲目攀比。

1. 逆反

逆反是指个体在生理基本成熟，心理迅速走向成熟而又未真正达到成熟的时候，渴望在思想、行为乃至经济上尽快独立，从而表现出较强的独立意识。在人类自我意识高涨的两个时期会出现逆反心理。虽然大学生处在合法延缓期，但也会出现逆反。从本质上讲，逆反心理是青年人试图确立自我形象、寻求自我肯定、强调个人意志的一种手段，也是青年期心理发展的自然要求。但由于在这个时期，他们的智力发展虽已达到成熟，但阅历有限，经验不足，容易感情用事，甚至出现偏激的行为。

具有逆反心理的大学生，否定父母、否定老师、否定学校的各种管理体制，觉得周围的一切都是不合理的。他们逃课旷课、沉迷于网络的虚拟世界、听不进老师家长的劝说，甚至在明知道老师家长的话是正确的情况下，依然我行我素。一位大学生这么说："我知道我爸说的很有道理，按他说的做，我肯定能取得很好的成就，但我就是不想听他的，他让我往东走，我偏要往西走。"这是典型的逆反者的内心写照。

过分的逆反会影响大学生的心理发展和人格成熟，是不容忽视的自我意识缺陷。其主要表现为对师长的教育或周围的正常事物持消极、冷漠、反感、抗拒的态度，甚至为了反抗而反抗，越是不让他们做的事情，他们越要做，常常是以对着干来显示自己的与众不同。他们对正面教育和宣传表现出一种怀疑、不认同的抵制态度，对社会、人生和个人前途玩世不恭。

2. 放纵

在大学里，不管是学习还是生活都依赖于学生的自我管理、自我教育，要过好大学生活，需要高度的自觉性。与中学生相比，大学生在自我控制上开始有了明显的自觉性、主动性。但是，处于青年期的大学生最大的特点是感情易于冲动，对待问题容易偏激和情绪化，往往是理智让位于情感，自我控制能力明显不足。放纵是指大学生不能约束自己的行为和克制自己的情绪，"跟着感觉走"。

例如，一些大学生平日里觉得"好听"的课就去上，"不好听"的课就不去；明明确立了一个目标，却缺乏恒心与决心，在困难面前望而生畏，虎头蛇尾，半途而废。还有一些大学生认为在中小学寒窗苦读十余载，如今考上大学，总算解放了，不需要再埋头苦读，只求"60分万岁"，消极懒惰。

3. 盲目攀比

现在的许多大学生都是家里的独生子女，爷爷奶奶、外公外婆、爸爸妈妈都宠着，有什么好吃的好玩的都会优先得到。因此上了大学之后，追求物质享受，盲目攀比，甚至不顾家庭实际情况。

自制、自律、自觉等是积极的自我控制，而放纵、逆反等则是消极的自我控制。自制力强的人会克制自己的情绪，做事有计划性，自我发展方向明确。自制力弱的人会不顾场合宣泄一番，行为充满"情境性"。逆反、放纵和盲目攀比都是消极的自我控制，会给大学生的健康成长带来消极的影响。

综上所述，大学生自我意识发展过程中所出现的偏差或缺陷，主要可以归结为自我认识评价的两个极端，即过高地估计自己或过分地贬低自己，并基于此而形成消极的体验或行为控制，从而导致问题的发生。说到底，这是其心理还不成熟的表现，但这些发展中的缺陷也是可以调整的。

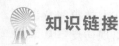**知识链接**

大学生自我意识偏差容易产生的心理疾病

大学生对未来充满信心，抱负水平较高，但是由于他们生活范围相对狭窄，社会交往比较单一，知识和阅历有限，对自我认识的参照点较少，如果不能及时进行自我调整，长此以往，心理的不健康进一步恶化就会导致一系列心理疾病，主要表现为以下几种。

（1）心身疾病　心身疾病是一种主要因心理因素引起的躯体上的疾病，这种疾病的症状主要表现为生理的，如：情绪压力、长期紧张或焦虑，特别是极度气愤或恼怒。

（2）神经症　旧称神经官能症，是一种非器质性的心理疾病，即神经系统并没有器质性的病变，主要表现为功能失调，如：神经衰弱、焦虑症、强迫神经症、疑病症等。

（3）精神分裂症　这是一种严重的心理变态，显著症状是思维破裂、情绪紊乱，在感知、记忆、思维、情绪和人格方面均有严重障碍，常出现幻觉和错觉。分为一般性躁狂抑郁症和反应性躁狂抑郁症。

第三节　大学生健全自我意识的养成

一、健全自我意识的标准

个体自我意识的形成，对其整个个性发展影响极大。一般情况下，一个人拥有积极的自我意识，能够悦纳自己，有利于个性健康地发展；而一个拒绝自我、不愿接纳自己的人，其个性很难得到健康地发展。在生活中，有很多因素影响着个体的自我意识，自我意识对一个人的人生道路、命运前途有重要的影响，只有客观准确地认识和了解自我，并对自己的经验持一种接受和开放的态度，才有可能保持心理健康，才有可能快乐幸福地生活，才有可能充分发掘自己的潜能以帮助自己成才。如果对自我认识不清，或对与自我不一致的经验持否定、回避和拒绝的态度，就会影响身心健康和个人发展。学会认识健康，树立自信心与独立性，是大学生值得学习和认真对待的重要课题。健全的自我意识应包含三个部分，即正确的自我认识、良好的自我体验和有效的自我调控。

（一）正确的自我认识

自我认识是主观我对客观我的认识和评价，它包含两个部分：自我认识和自我评价。其核心内容是"我是一个什么样的人"或者"我如何看待我自己"。自我认识是自己对自己的身心特征的感知，自我评价是在这个基础上对自己做出的某种判断。人贵有自知之明，不妄自菲薄，也不骄傲自大，正确的自我认识是健全自我意识的基础，有利于个人心理上的健康成长。自我认识准确就是能够准确地认知与评价自我，不夸大自己的优势与不足；对现状与未来有明确的认识，能够符合实际的规划；既不好高骛远，也不妄自菲薄。

心理学家乔瑟夫和哈里提出"乔哈里视窗"理论。"窗"是指人的自我意识就像一扇窗户，包括四个部分：开放我、盲目我、隐藏我、未知我。

（1）开放我　也称公众我，属于公开活动的领域，它是自己知道别人也知道的部分。比如，性别、外貌、身高、婚否、职业、工作生活所在地、能力、兴趣爱好、特长、成就等。开放我是自我最基本的信息，也是了解自我、评价自我的基本依据。

（2）盲目我　属于个体自我认识的盲点。它是自己不知道而别人却知道的部分，即所谓的"当局者迷，旁观者清"。比如，一个人无意识的动作、无意识的表情和语言等，自己察觉不到，但别人却能察觉到。

（3）隐藏我　是自我的隐藏区，属于逃避或隐藏领域。它是自己知道而别人不知道的部分，与盲目我正好相反。就是人们常说的隐私、个人秘密，留在心底，不愿意或不能让别人知道的事实或心理。几乎每个人都有隐藏我，大家也认为这个部分是不能公之于众的，是不能让别人知道的。

（4）未知我　也称潜在我，属于未知区，它是自己和别人都不知道的部分，还有待挖掘和发现。通常是指一些潜在能力或特性，它包含弗洛伊德提出的潜意识层面，仿佛隐藏在海水下的冰山，力量巨大却又容易被忽视。探索和开发未知我，才能更全面深入地认识自我、激励自我、发展自我、超越自我。

（二）良好的自我体验

自我体验是个体对自己怀有的一种内心情绪体验，即主观我对客观我特有的一种态度。自我体验的内容包括自我价值感、成功体验和失败体验、自豪感与羞愧感、内疚等。自我体验的核心内容是自我价值感，即"我对我自己感觉怎么样？"

自我价值感是个体在对自己价值的判断、评价的基础上，形成对自己的态度与情感体验，即自尊、自卑等自我情绪体验。自我价值感是内在的，以自尊需要表现出来。自尊需要是内在的自我价值感的外在表现。自我体验与评价积极而客观是健康自我意识的重要表现，进入大学后，由于学习和生活方式发生了很大的变化，生活空间拓宽了，人际间交流增加了，大学生的自我评价能力迅速发展，自我体验也受到社会需要和主体意识与客体意识相互关系的影响，逐步由矛盾、困惑向平稳过渡。但在这个过程中，大学生面对的竞争与社会变革时期的压力是多方面的，如果不能正确评价自己和环境，就会产生消极的自我体验，其后果也是多方面的。比如：放弃学业，采用暴力，封闭自我，消极厌世，以偏概全，行为夸张，偏激主观等。由此引发不同程度的心理问题，甚至是精神疾病，这在大学里并不少见。因此，只有以积极的态度去认识和评价人与事，客观理性地分析现象背后的真正原因，才能体验到愉悦的情绪，产生积极的人生态度和健康的观念。

（三）有效的自我调控

自我调控是伴随自我认识、自我体验而产生的各种思想倾向和行为倾向，调控常常表现为对个体思想和行为的发动、支配、维持和定向，因而又称自我调节。自我调控包括自我激励、自强自律等，是自我意识结构中的最高阶段，其核心内容是"我将如何成为理想中的那种人""我将如何改变自己"。自我调控包含两个方面的作用：发动和制止。一个健康的个体是能有效控制自我的人。健康的自我意识是个体健康成长、全面发展、走向成功的必备要素。把握健康自我意识的标准，培养健康的自我意识对大学生而言显得十分重要。通常衡量自我意识的标准是：自我意识健康的人应该是一个有自知之明的人，既知道自己的优势，也知道自己的劣势，能正确评价和发展自我；应该是自我认识、自我体验和自我控制协调一致的人；应该是积极自我肯定的、独立的并与外界保持协调一致的人；应该是理想自我与现实自我统一的人，有积极的目标意识和内省意识，积极进取，永无止境。

 知识链接

马斯洛关于自我调控的七点意见

马斯洛在研究人的自我实现时，有针对性地提出了调控自我的7点建议。

一是把自己的感情出口放宽，莫使心胸像个瓶颈。

二是在任何情境中，都尝试从积极乐观的角度看问题，从长远的利害做决定。

三是对生活环境中的一切多欣赏，少抱怨；有不如意之处设法改善；坐而空谈不如起而实行。

四是设定积极而有可行性的生活目标，然后全力以赴求其实现，但却不能期望未来的结果一定不会失败。

五是对是非之争辩，只要自己认清真理正义之所在，纵使违反众议，也应挺身而出，站在正义一边，坚持到底。

六是莫使自己的生活僵化，为自己在思想与行动上留一点弹性空间；偶尔放松一下身心，将有助于自己潜力的发挥。

七是与人坦率相处，让别人看见自己的长处和缺点，也让别人分享自己的快乐与痛苦。

二、健全自我意识的养成途径

大学生的自我认识是一个复杂的、不断变化和丰富的过程，也是一个充满矛盾和挑战的过程。人主要是通过以下途径来认识自己：一是正确认识自我；二是积极悦纳自我；三是有效控制自我；四是不断创造自我。

（一）正确认识自我

全面而正确的自我认知是培养健全自我意识的基础。人贵有自知之明，一个人真正的伟大之处，就在于他能够认识自我。如果大学生对自己的价值观、愿望、动机、个性等特征以及自己的所作所为有一个正确、全面的认识和评价，就能够取长补短，调控自我，发展自我和完善自我，就能够提高自己参与社会的积极性，协调自己与他人的交往，处理好个人与社会、个人与他人的关系。我国古代也有这样一些警句，如"人贵有自知之明""知人者智，自知者明""吾日三省吾身"，这些警句在时刻提醒我们：正确认识自我是成功的前提。那么如何正确地认识自我呢？

1. 全面分析自己的长处和短处

全面深刻地了解自我要从生理自我、心理自我、社会自我三个方面找准自己在现实环境中的位置。为此，要努力拓展自己的知识面，增强信息来源，提高文化水平和修养，多与人交流思想，多征询他人对自己的看法，以适当的参照系来了解自己。客观准确地认识自我，注意从多个角度和侧面客观地评价自我。一方面，既要进行纵向比较，将现实我和理想我做比较，看到自己的差距；同时也要将现在我与过去我做对照，看到自己的进步，增强自信。另一方面，又要进行横向比较，通过与他人的比较来认识自我。将上述各个方面获得的信息综合分析，以获得较为客观的评价。既不妄自菲薄，也不夜郎自大。

首先，从人格的角度来认识自己。比如，从智商、情商、文艺特长等不同方面观察自己，在与他人进行比较的同时看到自己的长处与不足。"尺有所短，寸有所长"，人总是各有所长、各有烦恼，既不能拿自己的长处与别人的短处相比而洋洋自得；也不能拿自己的短处和别人的长处相比而自愧不如。

其次，从不同社会角色的角度来审视自己。每个人在社会中都担当着不同的社会角色，如学生、子女、共青团员、班级干部、社团成员等。作为子女，在家里是个好孩子；作为学生，成绩优秀；当选班干部，可能获得众多的好评，但因某些原因也可能会得不到一些人的认同。所以，从自己所担当的不同角色和角色的地位变化来观察自己，有助于对自己形成全面的认识。

2. 正确分析不同时期，不同的人对自己的评价

他人给予我们的评价，有些是积极正面的，有些是消极负面的，这些评价有些是了解我们的人或亲近我们的人给予的，有些则是不了解我们的人或者对我们有意见的人给予的。只有对不同时期的评价及不同的人给予的评价进行全面的、批判性的分析，才能形成比较接近于"现实我"的认识。

（二）积极悦纳自我

如果能够坦然地、微笑着面对生命中的一些缺憾和工作中的不足，愉悦地接纳自己，扬长避短，充分发挥自己的潜力，就能够建立积极的自我意识。每个人都有自己的优点和缺点，长处和短处，因此大学生不能只追求理想我，否定现实我，认为自己一无是处；也不能过度自我接受，夸大自己的优点和长处，而要平静而理智地对待自己的长短优劣，要乐观开朗，以发展的眼光来看待自己。在自我悦纳的基础上，培养自信、自立、自强、自主的心理品质，从而发展自我，更新自我。在成长的过程中，难免会有失败，在失败面前，要善于总结经验，树立不达目的决不罢休的信心，获得积极的情感体验。积极的情感体验是在生活实践中获得的，作为一个大学生，不仅要学好书本知识，还要多参加社会实践，在实践中不断地认识社会、认识自我，寻找自身的价值，发挥自己的潜能和优势，确立自信。

1. 培养顽强的意志力

很多大学生为自己树立了远大的目标和理想，但在努力的过程中，却没有足够的自制力和意志力，经受不住挫折和打击，以至于无法实现目标和理想。所以，大学生要注意培养和发展意志力，增强挫折耐受力，使自己自觉主动地认清目标，为实现目标而努力排除各种干扰，克服各种困难。

2. 合理进行社会比较

自我体验是在自我评价的基础上产生的一种情绪体验，取决于个体的自我认识与自我评价。而个人对自我的认识与评价往往是通过与他人的比较来实现的。如何比较、比较什么，这在很大程度上影响了个体的自我评价和自我体验。

3. 创造机会，参加实践，获得更多成功的体验，培养自信心

自我评价、自我锻炼和自我教育是一个实践过程。通过参加实践，用学到的知识和智慧为社会服务，可以认清自己的责任和义务，确立科学的人生观、价值观。心理学研究表明，自信源于一点一滴的成功体验。成功的体验使人奋进、向上，增强自尊，消除自卑。对大多数人来说，成功的喜悦将成为个体强大的内在动力，成功将会带来更大的成功。而要使自尊心较弱的学生树立自信心，成功的体验更是至关重要。所以，有自信的人并不是天生就自信，其自信来源于自觉地维护和积极地增进自信，缺乏自信的人也并不是天生就不自信，其不自信往往是长期缺乏自我肯定、自我激励及被动接受外界消极评价的结果。真正自信的人首先是自爱的，他知道自己有哪些长处，确信不疑且十分珍爱，并引以为荣。不自信的人缺乏自爱，他并不了解自己的长处，总是盯着自己的缺点或者有意挑剔自己的不足，并且耿耿于怀；即使有好的地方，他也十分轻视它们的价值，甚至会怀疑它们的真实性。

每个人都有自己的长处和不足，大学校园里活动丰富多彩，每个人都可以在活动中展现自我风采。但要注意有所选择，不要盲目参加，以避免给自己带来不必要的失败体验。要根据自己的专长、兴趣参加适合自己的项目，以自己的优势来弥补自己的缺点，证明自己的能力。在实践活动中，学会用乐观的情绪和积极的心态去对待问题，客观公正地看待事物，增加自我意识中的理性成分，使自己得到和谐发展。

4. 调整自己的期望值

自我期望也称抱负，是指一个人在做某件实际工作之前估计自己所能达到的成绩目标。自我期望水平是自我成功感和失败感的个人标准，成功和失败这两种情绪体验都取决于个人的期望水平。例如，同样是80分的考试成绩，对于"60分万岁"的学生来说，可能是意外的成功，而对于一心要争第一的学生来说，80分是难以接受的。

大学生正值青春年华，正在为自己的未来规划着美丽的蓝图，他们往往对自己的期望很高，甚至脱离现实。但他们对生活中所遇到的坎坷估计不足，对自己的能力、知识水平也缺乏全面的认识，所以一旦遇到挫折就很容易悲观绝望。对大学生来讲，既不能没有期望或期望太低，也不能过分追求完美或期望太高。否则，一直在现实生活中遭受失败和挫折，就很容易损伤个人自尊。只有学会调控自己的期望值，建立适中的理想目

标，把自我期望值与自己的现实情况密切联系起来，才能使自己的个人标准在一定程度上与他人的标准相适应，并最后逐渐适应社会。

（三）有效控制自我

自我控制能力是自我意识的重要成分，它是个人对自身的心理和行为的主动掌握，是个体自觉地选择目标，在没有外界监督的情况下，适当地控制、调节自己的行为，抑制冲动，抵制诱惑，延迟满足，坚持不懈地保证目标实现的一种综合能力，表现在认知、情感、行为等方面。从心理学的角度看，自我控制是自我心理结构中最重要的调节机理，也是心理成熟的最高标志。做到有效的自我控制需注意以下几点。

1. 自觉进行自我监督

自我监督一方面是根据"理想我"的要求，考察"现实我"的状况和差距；另一方面又要自我反省，把"现实我"的表现反馈到自我意识中去进行审查和分析，以做出自我完善的决策和指示。曾子曾说："吾日三省吾身"，这就是一种自我监督活动。没有自我监督和反省，人就无从实现自我完善。

2. 培养坚强的意志

坚强的意志是自制力的支柱，具有坚强意志力的人可以为实现最终的目标自觉地控制自我，不急功近利，不为外界所诱惑。而意志力薄弱的人，就像失灵的闸门，对自己的言行不可能起调节和控制作用。

3. 用理智战胜情感

对事物的认识越正确、越深刻，自制力就越强。古希腊数学家毕达哥拉斯说："愤怒以愚蠢开始，以后悔告终。"之所以对自己的言行失去控制，最根本的原因就是对这种粗暴作风的危害性缺乏深刻的认识，因而对自己的感情和言行失去了控制，造成了不良的影响和后果。

4. 树立终身修养观

人的一生是在不断变化的，自我意识也在不断发展。每个人从青年到老年，都要不断地重新认识自己，不断地进行自我反省、自我调节和控制，这样才能不断自我完善，从而达到自我实现。

（四）不断创造自我

创造自我是指个体在认识自我、悦纳自我的基础上，根据自己的个性特点，自觉规划行为目标，主动调节自身行为，积极挖掘自己的个性潜能，使个性充分发展以适应社会要求的过程。那么，如何形成独特的个性，创造自己的个性魅力呢？

1. 积极塑造自我

人是具有能动性的，人生从某种意义上来说是一种创造的过程，即是创造自我的过程。人要努力树立一个理想我，然后采取积极的态度、积极的行动，按照理想我来塑造自己，实现人生目标。

2. 接受现实我

创造自我并非是对现实我的全盘否定，而是在接受现实我基础上的完善自我。这种接受包括自己的优势和劣势，做到自我承受。同时，还必须认识到人的弱点虽然属于自己，但并不等于自己。知道自己的缺点，才会使人改正缺点，明确努力的方向。

3. 尊重社会发展规律

当代大学生个性张扬，强调自我的独特性，在创造自我的过程中，首先要了解社会，认识社会发展的规律，言行符合社会发展的规律，为理想我的确立寻找合适的社会坐标；积极探索人生、理解人生，树立正确的人生观、价值观，为理想我的确立寻找合适的人生坐标。

4. 自我效能感的提升

自我效能感是心理学家班杜拉首先提出的一个概念。自我效能感是个体对自己具有组织和执行达到特定成就的能力的信念，即个体对自己能力的一种主观感受，而不是能力本身。具体来说，它指个体对自己在特定情境中是否有能力完成某任务的行为预期或者自信程度。效能预期则是个体对自己能否顺利进行某种行为以产生一定结果的预期，一个人自觉到的效能预期越强，则越倾向于做更大限度的努力。

班杜拉的研究认为，效能信念影响人的思维、情感、行动并产生自我激励。这种信念调节人们选择干什么，在所选择的事情上付出多大的努力，在面对困难和挫折时，能承受多大的压力。所以要提高自我调控能力或水平，提高自我效能感是关键。

提高自我效能感具有现实意义，要做到以下几点。

（1）设立合适的目标　给自己设立可以完成的目标和任务，并把这些任务分解成小的目标和任务，在不断地小成功中提升自己的自我效能感。不要想一口气吞掉一头大象，这样会永远让人觉得受到挫败，觉得是件不可能完成的任务。当人们的行为有了明确的目标，并能把自己的行动与目标不断加以对照，进而清楚地知道自己的行进速度以及与目标之间的距离，人们行动的动机就会得到维持和加强，就会自觉地克服一切困难，努力达到目标。把大目标分解为多个易于达到的小目标，每前进一步，达到一个小目标，就会体验到成功的喜悦，这种喜悦将推动人们充分调动自己的潜能去达到下一个目标。

（2）找到合适的比较对象　在比较中发现自己的长处，可提高自我效能感。有些人和比自己优秀很多的人比较，于是就觉得很自卑，发现自己一点长处也没有。而找到合适的比较对象，可以帮助个体更好地认识自己，发现自己有长处也有短处，既可以发扬自己的优点，也可以正确认识自己的缺点，从而提升自我效能感。

（3）合理归因　深入分析自己之前成功和失败的原因，在进行归因的过程中提高自我效能感。如果将失败归因于自己的能力，将成功归因于运气好，那么一个人很难有自我效能感，因为认为再怎么努力也没用。合理的归因方式是在分析成功的时候更多地归因于自我努力，在分析失败的时候更多地归因于自己不够努力，这样会让人进行合理的自我调控，从而可以逐步建立自我效能感。

（4）培养坚定地意志力　在实现理想我的过程中，既有来自个体本身的欲望，比如贪婪安逸、追求物欲等，又有来自外界的各种诱惑，比如各种名利的诱惑，这些都容易使尚未真正踏入社会的大学生动摇自己的意志，丧失前进的动力，甚至走向堕落的道路。意志力是自我完善的保证，是个体能够主宰自己行动的表现，它是可以锻炼出来的，大学生要积极主动地培养顽强的意志和坚强的性格，发展坚持性和自制力，增强挫折耐受力，以保证理智地约束自己的情感，把握自己的行为。比如在看到其他同学通宵打游戏，你是选择一同玩乐，在虚幻的世界里厮杀，还是选择安心学习，享受知识带来的精神慰藉；在看到烦琐复杂的专业课时，你是选择得过且过，考试弄虚作假，还是选择努力进取，这些都是个人意志力发挥作用的时刻，个体如果在抉择的时刻能时刻以自己的目标和理想力为准则，就会有控制自己的动力，就能很好地抵挡诱惑，塑造更好的自己。

本章要点

1. 了解自我意识的内涵、结构以及自我意识与心理健康的关系。

2. 明确大学生自我意识的发展过程、发展特点，以及大学生在自我意识发展出现偏差时如何进行自我调适。

3. 了解大学生健全自我意识的标准和养成途径。

课程实践

【心理训练】

一、心理测验

认识自己

你了解自己吗？请对下列题目做出"是"或"否"的回答。

1. 你每天要照 3 次以上的镜子吗？

2. 你一点也不在乎别人对你的看法吗？

3. 你是否感到你其实并不了解自己？

4. 你很留意自己的心情变化吗？

5. 你常把自己与其他人进行比较吗？

6. 你常在晚上反思自己一天的行为吗？

7. 做错一件事后，你常弄不明白当时自己为什么要那样做吗？

8. 你比较注意自己的外表吗？

9. 你做事情的随意性很大吗？

10. 在做出一个决定时，你通常清楚这样做的理由吗？

11. 你总是努力揣摩别人的想法，并按别人的要求与暗示行事吗？

12. 你是否总是穿着比较得体的衣服？

13. 你弄不清自己是属于脾气好的人还是脾气坏的人吗？

14. 你弄不清自己的能力是比其他同学强或弱吗？

15. 你对自己将成为怎样一个人，没一点把握吗？

16. 你总担心自己能否给其他同学留下好印象吗？

17. 你对自己的外貌有自知之明吗？

18. 在遭受一次挫折后，你总是要对自己的行为进行反思吗？

19. 你常控制不住自己而发火吗？

20. 有时，你自己也不知道自己为什么没有情绪吗？

21. 考试前，通常你不知道自己能否顺利过关吗？

22. 不少事情，在开了头以后，才发现你是没能力完成吗？

23. 当你遇到不快时，你是否总是设法让自己从低沉的情绪中摆脱出来？

24. 考试完毕，在老师批改完前，你常弄不清自己是否考得好吗？

25. 大多数情况下，你知道自己行动的动机吗？

26. 你觉得别人应该对你留下好印象吗？

27. 你常感到莫名的烦躁吗？

28. 你不知道自己与班上哪些同学较谈得来吗？

29. 你清楚自己的长处和短处吗？

30. 一般而言，你很清楚自己吗？

【计分与评价】

4、5、6、8、10、12、17、18、23、25、26、29、30题答"是"记0分，答"否"记1分。其余各题答"是"记1分，答"否"记0分。各题得分相加，统计总分。

0～9分：你很有自知之明，你对自己的长处和弱点有着较清楚的认识。

10～20分：你对自己的了解不够全面。你已经较多地注意到了自己的体验，但为了更好地了解自我，还需要掌握一些客观认识自我的方法。

21～30分：你不了解自我。尽管自我与你朝夕相处，但你看来仍是"当局者迷"。

二、体验拓展

（一）体验一：独特的我

【目的】帮助成员挖掘与表达自己的特质，更好地了解自己，了解他人。

【时间】15分钟。

【准备】准备卡片、彩笔及不同特质的卡片、活动桌椅教室。

【操作】

1. 热身活动：自画像

助手发给每个成员一张空白的小卡片，成员自选彩色笔，为自己画一张"自画像"，图文并茂，在自画像下面空白处写上至少三条能够代表自己的信息，例如"我是……"，成员将名片别在自己的胸前。

2. 具体活动：挑选特质

助手在活动室中间的地上摆放不同特质的卡片（如：真诚、热情、善良、平衡、忠诚、智慧、真实、幽默、体贴、友好、负责等），成员围着这些卡片慢慢地走，最好选取一个最适合自己的拿起来（自由组合，五六个人一组，分享自己的特质卡片和自画像）。

3. 分享与表达

成员内部小组分享，组内成员相互表达自身的特质并相互鼓励；成员谈自己被他人鼓励的感受，全体成员分享是否对自己有重新认识，最后辅导老师归纳与总结。

（二）体验二：我的书

【目的】发挥成员的想象力和创造力，启发成员设计书名、目录等，组织成员在其他成员的书上留言，互相肯定与鼓励。

【时间】20分钟。

【准备】准备彩笔盒，每人一张A4白卡纸，一分为二折叠。

【操作】

1. 设计书

每位成员设计一本书，首先设计封面，封面可以图文并茂，写上书名和作者的名字，然后简要介绍各章目录和内容，最后小组成员分享。

2. 书展

全体成员将自己的书摆放在桌子上面，大家浏览观看，随机指出感兴趣的书，由作者给大家讲解、介绍。

3. 留言

小组成员围坐一圈，每个成员顺时针传递书目并相互留言，还可以向其他组成员介绍自己的书并请其留言，可请部分成员向全体成员介绍自己的作品，宣读留言片段，并谈谈该过程中的感受，最后辅导老师归纳与总结。

【新媒体导学】

一、推荐视频

1. 自我意识的内涵：《什么是自我意识》

2. 自我意识对个人生活的作用：《如何利用自我意识让自己变得更好》

二、推荐图书

1.《人类的自我意识》（维之）

推荐理由：一个哲学家关于"自我"的思想与学说，乃是其所在时代人类自我意识发展之最高水平的代表与体现，为一个历程的路标。本书通过对西方哲学历代著名哲学家之自我思想与学说的依次介述，展示了一条人类自我意识提高发展的路标迹线。由之我们可以看到人类思想的这个独特方面之演进的步步状况，因而这也是一个映现哲学史的独特视角与侧面。

2.《当自我来敲门：构建意识大脑》（安东尼奥·达马西奥）

推荐理由：达马西奥通过对多年认知神经科学研究的总结，向一个困扰人类的根本谜题发起了大胆的冲击。这个谜题是：意识从哪里来？在梳理了大量临床案例和大脑神经解剖结构的线索后，达马西奥解释了在他眼中大脑如何构建心智、心智如何构建意识的原理，并着重强调了自我在构建意识大脑中的重要性。这种基于演化的研究角度，彻底转变了长久以来人们看待和描述有意识心智的方式。

三、推荐电影

1.《雨人》

推荐理由：这是一部感人至深的关于亲情、爱情和自我救赎的影片，观影后让人更加深刻地明白什么是爱，什么是自我。

2.《蒙娜丽莎的微笑》

推荐理由：这是一部女性追求自我意识与价值的优秀影片，其中探讨了包括离婚、结婚、婚外恋、女性与家庭的关系等，以及女性应该如何活着，如何有价值地活着。

【思考与练习】

1. 什么是自我意识？
2. 自我意识按照内容划分有哪些内容？
3. 克服自我偏差的途径有哪些？
4. 大学生如何有效克服自卑心理？

第四章
面具符号的解读
——人格的发展

名人寄语

只有伟大的人格，才有伟大的风格。

——歌德

人格成熟的重要标志：宽容、忍让、和善。

——卡耐基

人的鲜明的特征是他个人的东西，从来不曾有一个人和他一样，也永远不会再有这样一个人。

——奥尔波特

人格是个体身上最耀眼的闪光点，人与人的不同正是因为人格的不同。有些人性情温和，有些人冲动急躁，有些人自私自利，有些人大公无私，有些人顽强果断，有些人优柔寡断，即使是同一个人，有时候会表现出单纯善良的一面，有时候也会表现出虚伪自私的一面。这些不同之处就是人格在我们心理特征上的具体表现。人格是一个丰富而复杂的心理成分，它是先天遗传、家庭、教育与社会文化等方面的综合体现。你有好好了解自己的人格吗？你是否清楚自己的气质和性格呢？现在让我们一起探索自己的人格，更加深入地了解自己吧。

案例导入

我是一只小小鸟，想飞却飞不高

"麻雀变凤凰，我多么希望它不是神话，我多么希望把神话变成现实的麻雀是我，但现实让我清醒：我只是一只小小鸟，永远也无法像雄鹰一样翱翔天际。"不错的文采中却透露出无尽的伤感。在咨询预约单里写下这段文字的女生是大二英语系的学生，来咨询的目的很明确，就是克服自卑。她对自己的相貌、家境、学习成绩甚至自己的一口方言都很不满意，认为自己一无是处。她慢慢地举出了从童年到大学很多令她自卑的事情。小时候，幼儿园表演节目，挑选小朋友，她因为又矮又黑，从来没有被选中，直到现在她都没有登台表演的经历。她想努力学习，以优异的成绩引起大家的关注，可即使她付出 10 倍的时间和精力，也比不上聪明女孩的所得。……她说自己真的很在乎别人对自己的看法，害怕听到别人谈论或者批评自己。为了让自己过得心安理得，她从大一下学期起就拒绝与同学打交道，独来独往，即使这种状态持续近一年，也没有人主动关心过她，她慢慢就形成了内向、忧郁、悲观的性格。

【智慧点拨】在这个例子中，进入大学后各方面的不适应是引发情绪问题的主要原因。我们每个人到新环境中都会面临一系列改变，其中有生活方式的改变、人际网络的构建、自我的重新确认、学习方式的变化等。如果没能完成这些改变，我们的心中必然会产生落差，心理冲突也就此产生，特别是情绪问题会使你的生活变得一团糟。

第一节 人格概述

一、人格的心理学解读

人格是一个人素质的重要组成部分，也是一个人精神面貌的集中反映。心理健康学认为，人作为认识社会、改造社会的主体，其人格发展状况、人格所呈现的面貌不仅直接影响着人的社会生活质量，而且也间接地关系着整个人类社会是否能得到健康、和谐的发展。因此，创造良好的社会心理条件，培养、增进、塑造健全的人格就成为大学生心理健康教育的一项重要任务。

（一）人格的内涵

在心理学中，人格是一个很复杂的概念。人格的定义因人格心理学家的理论观念而异。据统计，对人格的定义至少有50种以上，可谓众说纷纭。这里采用的定义是：人格是构成一个人的思想、情感及行为的特有统合模式，这个独特模式包含一个人区别于他人的稳定而统一的心理品质。即人格是指一个人表现在外的给人以印象性的特点和生活中所扮演的角色与此角色相应的个人品质、声誉和尊严等。

人格具有独特性、稳定性、统合性和功能性四个基本特征。

1. 独特性

个体的人格是在遗传、成熟、环境、教育等先、后天环境交互作用下形成的。不同的遗传、生存及教育环境，形成了各自独特的心理特点，人们常说的"人心不同，各如其面"就是指的这个意思。如有的人开放自然，有的人顽固自守，有的人沉默寡言，有的人豪爽，有的人谨慎等。环境会使某一人格品质在不同人身上表现出不同的含义。如独立性这一人格特质，在一个缺乏父母爱护的家庭中成长的孩子，独立带有靠自己努力的含义；而在一个民主型家庭中成长的孩子，独立则作为健全人格培养的重要部分。

2. 稳定性

人格的稳定性是指那些经常表现出来的特点，是一贯的行为方式的总和。正如人们常说的"江山易改，本性难移。"一个人的某种人格特质一旦稳定下来，要改变是较为困难的事，这种稳定性还表现在人格特征在不同时空下的一致性。例如，一个性格外向的大学生，他不仅仅在家庭中非常活跃，而且在班级活动中也表现出积极主动的一面，在老师面前同样也能自然地表现自己，不仅大学四年如此，即使毕业若干年再相逢，这个特质依旧不变。

3. 统合性

人是极其复杂的，人的行为表现出多元性、多层次的特点。各种人格结构的组合千变万化，因而使人格表现得色彩纷呈。在每个人的人格世界里，各种特征并非简单地堆积，而是如同宇宙世界一样，是依据一定的内容、秩序与规则有机组合起来的动力系统。人格的有机结构具有内在一致性，受自我意识的调控。当一个人的人格结构的各方面彼此和谐一致时，人们就会呈现出健康的人格特征，否则就会出现各种心理冲突，导致"人格分裂"。

4. 功能性

人格是一个人喜怒哀乐、生活成败的根源。正如人们常说的"性格决定命运"。人格决定了一个人的生活方式，甚至有时会决定一个人的命运。人们常常使用人格特征解释某人的言行及事件的原因。面对挫折与失败，有志者认真总结经验教训，在失败的废墟上重建人生的辉煌；而怯懦者一蹶不振，失去了奋斗的目标。当人格功能发挥正常时，表现为健康而有力，支配着人的生活与成败；当人格功能失调时，就会表现出懦弱、无力、失控甚至变态。

特质理论认为，特质（trait）是决定个体行为的基本特性，是人格的有效组成元素，也是测评人格所常用的基本单位，探讨人格的构成对于人格评价和人格优化有重要的意义。近年来，研究者们在心理学家奥尔波特和卡特尔的研究基础上加强了对人格类型的研究，得出了比较一致的共识，提出了人格的大三人格、大五人格、大七人格、九型人格等。

（1）大三人格　艾森克认为各种人格类型不是相互排斥，非此即彼的；相反，人格类型包括基本的人格维度，即外倾—内倾、神经质—稳定性和精神质—超我机能。每个人在这些维度上都有不同程度的表现，而极少有单纯类型的人。如某人可能表现得非常外倾，又有些神经质和精神质；某人可能非常内倾，又有些神经质和精神质。大多数人格特征都在人格维度的平均值范围内，处于 $16\%\sim84\%$，很少有人落于两个极端（0 或 100%），因而单纯的人格类型是很难找到的。

外倾—内倾：是人类性格的基本类型。外倾的人不易受周围环境的影响，难以形成条件反射，具有情绪冲动且难以控制、爱社交、渴求刺激、冒险、粗心大意和爱发脾气等特点。内倾的人易受周围环境的影响，容易形成条件反射，情绪稳定、好静、不爱社交、冷淡、不喜欢刺激、深思熟虑、喜欢有秩序的生活和工作、极少发脾气等。

神经质—稳定性：这一维度表明从异常到正常的连续性特征。艾森克指出，情绪不稳定的人表现出高焦虑。这种人喜怒无常、容易激动。情绪稳定的人，情绪反应轻微而缓慢，且容易恢复平静。这种人不易焦虑、稳重温和、容易自我克制。

精神质—超我机能：这一维度表明从异常到正常的连续性特征。高分精神质者具有倔强固执、凶残强横和铁石心肠等特点，这种人有强烈愚弄和惊扰他人的需求。低分精神质者具有温柔心肠的特点。艾森克认为所有精神质者的共性是思维和行为各方面都非常迟缓。

（2）大五人格——五因素模型　塔佩斯等运用词汇学的方法对卡特尔的特质变量进

行了再分析，发现了五个相对稳定的因素。之后许多心理学家在不同的文化和语种（包括英语、德语、葡萄牙语、希伯来语和日语）中验证了这一模型，形成了著名的"大五人格"。在五因素模型的列表中（见表4-1），每一个维度都是两极的——与维度名称意义相似的项目描述的是较高的一极，而意义相反的项目描述的是较低的一极。

表 4-1　五因素模型表

因素	双极定义
外向性	健谈的、精力充沛的、果断的/安静的、有保留的、害羞的
随和性	有同情心的、善良的、亲切的/冷淡的、好争吵的、残酷的
尽责性	有组织的、负责的、谨慎的/马虎的、轻率的、不负责任的
情绪性	稳定的、冷静的、满足的/焦虑的、不稳定的、喜怒无常的
开放性	有创造性的、聪明的、开放的/简单的、肤浅的、不聪明的

如果你拥有自己的一家企业，并急需做出一个录用员工的决定，摆在你办公桌上的五个应聘者的申请材料几乎完全相同。每个应聘者的档案里都有大五人格测验的分数。迅速浏览这些分数，你会发现第一位应聘者在"外向性"上得分甚高，第二个在"随和性"上的得分明显高于其他人，第三个在"开放性"上得分最高，第四个在"情绪性"上得分最高，而最后一位在"尽责性"上的分数明显位于五人之首。时间紧迫，你不得不只根据这些信息尽快做出决定。回顾前面对"大五人格"的描述，你会雇用这五个人中的哪一位？

五个候选人中有谁可能成为最佳雇员呢？虽然任何一个人都有可能成为一个好员工，但是多数研究表明，在大五人格因素中，"尽责性"是工作绩效的最佳预测指标。研究表明"尽责性"得分高的人细心，有始有终且独立，他们对工作不会敷衍了事，而且花费时间恰当，会完成得很彻底。高度尽责的人做事有组织性，会在开始一个大的项目之前做好计划，然后努力工作，持之以恒，并且是成就导向的。

但这并不是说"尽责性"是"大五"人格中唯一与工作绩效相关的维度。相反，在"随和性"上得分高者也是应聘过程中强有力的竞争者。这类人信任他人，容易合作，乐于助人，人缘好，在需要群体合作的工作中也许会表现得更为出色。另外一些研究表明，在商界中，外向性胜过内向性，而"创造性"对于科研等有些要求创新的工作独具优势。因此，究竟录用什么样的员工还要根据工作的种类和性质来决定。尽管如此，需要说明的是，人格也许只是影响工作绩效的诸多重要变量之一，仅仅根据测验分数做出录用和晋升的决定也许并不明智和公平。

（3）大七人格　　"大七"（big-seven）人格理论是我国学者王登峰、崔红等人提出的一个比较有代表性的人格特质理论。王登峰、崔红和杨国枢等人以中国文化和语言为背景，通过因素分析的方法确认了中国人人格的七因素结构。这七个维度分别是：外向性、善良、行事风格、才干、情绪性、人际关系和处世态度。而每个维度又包括两个或三个小因素。

大七人格理论与大五人格理论有共同的东西，但是大七人格理论中体现了中国人人格独特的内涵。下面是七个因素的具体内容。

① 外向性。反映的是人际情境中活跃、主动、积极、沟通轻松和温和的特点，以及个人的乐观和积极的心态，是外在表现与内在特点的结合。外向性包括活跃、合群、

乐观三个小因素。

② 善良。反映的是中国文化中"好人"的总体特点，包括对人真诚、宽容、关心他人以及诚信、正直和重视情感生活等内在品质。善良包括利他、诚信和重感情三个小因素。

③ 行事风格。反映的是个体行事方式和态度。行事风格包括严谨、自制和沉稳三个小因素。

④ 才干。反映的是个体的能力和对待工作任务的态度。主要包括决断、坚韧和机敏三个小因素。

⑤ 情绪性。反应的是个体的情绪稳定性特点。它是由两个相互独立的二级因素——耐心和爽直构成。

⑥ 人际关系。对待人际关系的基本态度。包括豁达和热情两个小因素。

⑦ 处世态度。反映的是个体对人生和事业的基本态度。包括自信和淡泊两个小因素。

（4）九型人格　九型人格又名性格形态学、九种性格。是婴儿时期人身上的九种气质，包括活跃程度、规律性、主动性、适应性、感兴趣的范围、反应的强度、心理的素质、分心程度、专注力范围/持久性，以此来划分人的九种人格类型。近年来倍受美国斯坦福等国际著名大学 MBA 学员推崇并成为现今最热门的课程之一，近十几年来已风行欧美学术界及工商界。全球 500 强企业的管理阶层均有研习九型性格，并以此培训员工，建立团队，提高执行力。

九型人格有三个中心。

思想中心——"以脑部为中心"的人，永远依赖思想来回应事件，喜欢搜集资料、讲道理，借思考与反省运作，平常不是感到安全就是感到焦虑，他们很容易活在过去。"脑中心"又分为第五型"思想型"、第六型"忠诚型"及第七型"活跃型"。

情感中心——"以心部为中心"的人，反应来源于情绪、感觉和感情，喜欢人及感受上的运作，对人不是认同就是敌意，容易活在现在。"心中心"又分为第二型"助人型"、第三型"成就型"及第四型"感觉型"。

本能中心——"以腹部为中心"的人，脚踏实地，最在乎生存问题，喜欢解决问题，看重事实、借本能和习惯运作，平常不是压抑就是攻击，容易活在未来。"腹中心"又分为第八型"领袖型"、第九型"和平型"及第一型"完美型"。

九型人格的简单描述见表 4-2。

表 4-2　九型人格的简单描述

完美型（Perfectionist）	重原则，不易妥协，黑白分明，对自己和别人均要求高，追求完美
助人型（Helper/Giver）	渴望与别人建立良好关系，以人为本，乐于迁就他人
成就型（Achiever/Motivator）	好胜心强，以成就去衡量自己价值的高低，是一名工作狂
感觉型（Artist/Individualist）	情绪化，惧怕被人拒绝，觉得别人不明白自己，我行我素
思想型（Thinker/Observer）	喜欢思考分析，求知欲强，但缺乏行动，对物质生活要求不高
忠诚型（Team-Player/Loyalist）	做事小心谨慎，不易相信别人，多疑虑，喜欢群体生活，尽心尽力工作
活跃型（Enthusiast）	乐观，喜新鲜感，爱赶潮流，不愿承受压力
领袖型（Leader）	追求权力，讲求实力，不靠他人，有正义感
和平型（Peace-maker）	需花长时间做决策，怕纷争，难于拒绝他人，祈求和谐相处

（二）人格的结构

人格是个体在先天生物遗传素质的基础上，通过与后天社会环境的相互作用而逐渐形成起来的相对稳定和独特的认知、情感与行为模式。气质与性格是人格的重要方面。

❋ 1. 气质

（1）气质的定义　气质是不以人的活动目的和内容为转移的心理活动的典型的、稳定的动力特征。气质是人的个性心理特征之一，它是指在人的认识、情感、言语和行动中，心理活动发生时力量的强弱、变化的快慢和均衡程度等稳定的动力特征。主要表现在情绪体验的快慢、强弱、表现的隐显及动作的灵敏或迟钝方面，因而它为人的全部心理活动表现染上了一层浓厚的色彩。气质与日常生活中人们所说的"脾气""性格""性情"等含义相近。

（2）气质的类型　气质在不同情境、不同活动中都会表现出来，而气质特点的不同组合就构成了气质类型。气质的类型，不同的心理学家有不同的分类方法，其中最为常见的是古希腊著名医生希波克拉底和俄国心理学家巴甫洛夫对气质类型的划分。希波克拉底在《论人的本性》中提出，人体有四种体液：血液、黏液、黄胆汁、黑胆汁。这四种体液的组合，形成了人体的特质，即血液占优势称为多血质，黏液占优势称为黏液质，黄胆汁占优势称为胆汁质，黑胆汁占优势称为抑郁质。巴甫洛夫根据神经活动过程的强度、神经活动过程的平衡性和神经活动过程的灵活性，把神经活动过程分为兴奋型、活泼型、安静型和抑制型四种类型。巴甫洛夫认为兴奋型相当于胆汁质，活泼型相当于多血质，安静型相当于黏液质，抑制型相当于抑郁质。

（3）气质的特征　根据日常观察，四种气质类型的人具有以下典型特征。

① 多血质。多血质的人活泼、热情、好动、敏感，情绪发生快而多变，注意力和兴趣广泛而容易转移，思维、言语、动作敏捷，善于交际，适应环境较快，但做事马虎草率，坚持性差，具有外倾性。

② 胆汁质。胆汁质的人直率、热情、精力充沛，遇事反应强烈，情绪发生快而强，思维、言语急速而难于自制，工作有顽强性，易怒、易躁，整个心理活动都笼罩着突发色彩，严重外倾。

③ 黏液质。黏液质的人安静、沉稳、沉默寡言，喜欢沉思和独处，情绪发生慢而弱，言语、动作、思维迟缓，工作认真踏实，注意力较稳定，难于转移，善于克制和忍耐，执拗、淡漠，不易适应新环境，具有内倾性。

④ 抑郁质。抑郁质的人多表现出柔弱的特点，情绪发生慢而体验深刻、持久，言语、动作细小无力，敏感、孤僻、腼腆、好静，不喜欢出头露面，善于察觉别人不易察觉的细节，具有内倾性。

气质本身无优劣之分，任何一种气质都有其积极和消极的方面，气质也不能决定一个人活动的社会价值和成就的高低。因此，大学生要正确对待自己的气质类型，经常有意识地控制自己气质的消极品质，发扬积极品质，有利于形成良好的个性。而且值得重视的是与生俱来的气质特征，更多的人是多种气质的混合体，看哪种气质占主导性地位。

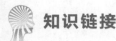 **知识链接**

看戏迟到的不同表现

有四个人，各属一种典型的气质类型，分别独自去大剧院看一出歌剧。到剧院的时候已经迟到了，检票员按照规定要求他们等幕间休息的时候进场。这时这四个人各有不同的反应。想一想：他们可能各有什么反应？

多血质的人知道检票员不会放他进入剧场，可能会通过没人注意的侧厅跑到自己座位上。

胆汁质的人会跟检票员争执起来，急于想进入剧场。他会分辩说，剧场的钟走得快了，他不会影响别人。他打算推开检票员跑到自己座位上去。

黏液质的人看到不让他进场，就想："算了，第一场可能不太精彩，我还是去小卖部等一等，到幕间休息再进去吧。"

抑郁质的人想："我总是不走运，偶尔来一次剧场就这样倒霉。"接着就回家去了。

2. 性格

（1）性格的定义　性格是指表现在人对现实的态度和相应的行为方式中的比较稳定的、具有核心意义的个性心理特征。性格是在后天社会环境中逐渐形成的，表现了人们对现实和周围世界的态度，并表现在他的行为举止中。这是一种与社会相关最密切的人格特征，包含有许多社会道德含义。

（2）性格的结构与特征　一个人的性格是由十分复杂的成分构成的，但它并不是个性特征的堆积，而是由许多个别特征组成的复杂的、完整的统一体。性格的心理结构主要表现在以下四个方面。

① 性格的态度特征。现实事物是多种多样的，每个人对现实的态度也是不同的。这一性格特征主要表现在三个方面：第一，对社会、集体和他人的态度特征，如热爱祖国、公而忘私、遵守纪律、正直、忠心耿耿或自私自利、虚伪、冷酷无情、粗暴、孤僻等；第二，对工作和学习的态度特征，如勤奋、认真、细致、首创精神、节俭或懒惰、马虎、粗心、墨守成规、浪费等；第三，对自己的态度特征，如谦虚、自尊、自信、严于律己或骄傲、自卑、自馁、放任、依赖、自暴自弃等，这类特征多属于道德品质。因此，人们也常把品德看成是性格的核心。

② 性格的意志特征。性格的意志特征是指个体在调节自己的心理活动时表现出的心理特征。自觉性、坚定性、果断性、自制力等是主要的意志特征。自觉性是指在行动之前有明确的目的，事先确定了行动的步骤、方法，并且在行动的过程中能克服困难，始终如一地执行。与之相反的是盲从或独断专行。坚定性是指能采取一定的方法克服困难，以实现自己的目标。与坚定性相反的是执拗性和动摇性，前者不会采取有效的方法，一味我行我素；后者则是轻易改变或放弃自己的计划。果断性是指善于在复杂的环境中辨别是非，迅速做出正确的决定，与果断性相反的是优柔寡断或武断、冒失。自制力是指善于控制自己的行为和情绪，与自制力相反的是任性。

③ 性格的情绪特征。性格的情绪特征是指个体在情绪表现方面的心理特征。在情绪的强度方面，有的情绪强烈，不易于控制；有的则情绪微弱，易于控制。在情绪的稳定性方面，有人情绪波动性大，情绪变化大；有人则情绪稳定，心平气和。在情绪的持久性方面，有的人情绪持续时间长，对工作学习的影响大；有的人则情绪持续时间短，对工作学习的影响小。在主导心境方面，有的人经常情绪饱满，处于愉快的情绪状态；有的人则经常郁郁寡欢，处于低落的情绪状态。

④ 性格的理智特征。性格的理智特征是指人在感觉、知觉、记忆、思维、想象等智力活动中表现出来的稳定的特征，如主动观察型或被动感知型、概括型或详细罗列型、直观形象记忆型或逻辑思维记忆型、幻想型或现实型、分析型或综合型。再如，有的人善于洞察，有的人观察肤浅；有的人记忆灵活，有的人健忘；有的人善于发现问题，富于创造，有的人对问题熟视无睹，思维呆板，落入俗套；有的人富于想象，有的人想象贫乏单调等。

性格本身是一个人在主客观条件相互作用下，长时间形成的待人接物、顺应环境等习惯化的心理特征和行为方式，具有较强的稳定性。因此，人们可以识别和评价一个人的性格。但性格并不是一成不变的，由于主客观条件的变化，性格也会随之发生变化。例如，一个在家庭中备受溺爱的人，容易形成依赖和自私的性格，但在学校教育和集体生活的影响下，就可能形成独立、乐于奉献的性格。这些在大学生中最为常见。而一个乐观向上的人如果屡遭失败有可能变成消极、孤僻而又自卑的性格。

3. 性格与气质的关系

性格和气质都是描写个体典型行为的概念，这两个概念既有区别又有联系。

（1）性格和气质的区别

① 从起源方面看。气质是先天形成的，一般产生于个体发育的早期阶段，主要体现为神经类型的自然表现。性格是后天形成的，在个体生命的早期，并没有性格的表现。性格是行为主体与社会环境相互作用的产物，反映了人的社会属性。

② 从可塑性方面看。气质变化较慢，可塑性较小，即使可能改变，也很困难。性格的可塑性较大，环境对性格的塑造作用是明显的，即使已经形成的性格是较稳定的，改变起来也要比气质容易。

③ 从社会评价方面看。气质无好坏善恶之分，不能做社会评价；性格有好坏善恶之分，可以做社会评价。因为气质所指的典型行为特征，如胆汁质的暴烈，多血质的活泼、灵巧，指的是一个人心理活动动力方面的特征，与个人行为的内容无关。而性格特征主要是指一个人行为的内容，反映了行为主体与社会环境的关系，如一个人对集体、对他人、对工作的态度，有好坏善恶之分。

（2）性格和气质的联系　性格和气质既有区别，又有联系，既相互依赖，又相互制约。

气质对性格能够产生影响和作用。一个人性格特征的形成，主要依赖于其接受教育的方式和其与社会相互作用的性质和方法。而气质会影响一个人接受教育的环境和与社会相互作用的方式，这种影响在儿童的早期即可表现出来。如有的婴儿喜欢哭或笑，有的婴儿安静或好动。这些不同的气质特征必然会对家庭环境产生不同的影响和作用，引起父母或其他哺育者不同的行为反应，这些不同的行为反应，反过来也就必然会影响一个人性格的形成。

气质不仅可以影响一个人接受教育的方式和其与社会相互作用的性质和方法，还可以按照自己的动力方式渲染性格特征，从而使性格特征具有独特的色彩。例如，同样是乐于助人的性格特征，多血质气质类型的人，在帮助别人时表现为动作敏捷，情感外露、热情；而黏液质气质类型的人，在帮助别人时则表现为动作沉着，情感含蓄、深沉。

气质还影响性格特征形成和改造的速度。例如，要形成严谨自律的性格，胆汁质类型的人往往需要极大的努力和克制；而抑郁质类型的人，则比较容易形成，不用特别地控制和努力。

性格也能对气质产生影响和作用。性格对气质有掩蔽作用，可以在一定程度上掩盖或改变气质，使气质服从于生活实践的要求。例如，领导者必须具备冷静、沉着、稳重等性格特征，在长期从事领导实践活动的锻炼中，这种性格特征的形成，有可能掩盖或改造胆汁质类型的人易冲动和不可遏制的气质特征，使其更像是黏液质的气质类型。

二、影响人格形成的因素

人格的形成与发展离不开先天遗传与后天环境的影响与作用。心理学家们认为，人格是在遗传与环境的交互作用下逐渐形成并发展的。

（一）生物遗传因素

人格具有较强的稳定性，因此，人格心理学家一直都很重视遗传因素对人格形成的作用。研究表明，遗传素质对人的智力、气质及某些精神疾病等具有影响作用，那么基因对人格有影响吗？对同卵双生子的研究帮助我们回答了上面的问题吗？答案是肯定的，特别是当双生子在不同家庭长大时。

在过去的 20 多年里，明尼苏达大学的心理学家对成长在不同家庭里的同卵双生子进行了研究。在大学里，那些重逢的同卵双生子接受了大量的医学检查和心理测验。这些测验的结果表明，即使同卵双生子被分开抚养，他们之间的相似程度也比异卵双生子更高。这表明，遗传对人具有相当重要的影响，因此，认为人格中也具有遗传因素是合理的。

（二）自然物理因素

生态环境、气候条件、空间拥挤程度等这些自然物理因素对人格不起决定性的作用，但会影响人格的形成与发展。这就是俗语说的"一方水土养一方人"。另外，气温会提高某些人格特征的出现频率。例如，热天会使人烦躁不安，对他人采取负面反应，发生反社会行为。总之，在不同自然物理环境中，人可以表现出不同的行为特点。

（三）家庭环境因素

家庭环境对于人格的影响，重点在于探讨家庭的差异（包括家庭结构、经济条件、居住环境、家庭氛围等）和不同的教养方式对人格发展和人格差异具有不同的影响。俗话说"有其父必有其子"，这句话的合理性表现在父母待人处事、情感交流等方面对子女的人格发展和形成所造成的潜移默化的作用。例如，父母长期的敌对争吵会使子女心理产生严重的焦虑、多疑或神经质，甚至引发人格障碍。又如，在孤儿院长大的孩子往往比在正常家庭长大的孩子性格更孤僻，缺乏对社会的信任感，这和他们从小就缺少父母的爱，生活在缺乏安全感、信任感和温馨的家庭环境气氛里有关系。

（四）学校教育因素

学校对学生人格的影响主要表现在校风、班风、教师和同伴的影响。有研究发现，不同校风下的学生在时间管理倾向、自我价值感、应对方式以及心理健康等方面有着显著的差异。优良校风对学生健全人格特征的塑造有显著的促进作用。在学校，教师是学生的一面镜子，是学生学习的榜样，是影响学生人格的重要因素。教师的特殊地位决定了他的一言一行对学生人格影响的深刻性、引导性和权威性。洛奇（Lodge）在一项教育研究中发现，在性情冷酷、刻板、专横的老师所管辖的班集体中，学生的欺骗行为增多；在友好、民主的教师所管辖的班集体中，学生欺骗减少。同伴的影响在中学生和大学生中更为显著。这个年龄阶段的青少年更倾向于赢得同龄人的赞许和认可，他们越来越注重在相似年龄、地位等的同伴群体中寻求自我价值感。

（五）社会文化因素

对于大学生来说，社会文化环境对他们人格的形成和发展具有更重要的作用。大学生所处的人生阶段和大学学习的内容以及教育方式等都决定了他们更重视社会文化，对社会文化环境更具敏感性，更容易受其影响。社会文化对人格的塑造，反映在不同文化民族有其固有的民族性格上。不同自然环境下的民族也反映出人文地理对人格的影响。社会文化对人格具有重要的作用，特别是后天形成的一些人格特征。社会文化因素决定了人格的共同性特征，它使同一社会的人在人格上具有一定程度的相似性。例如，中国大学生与外国大学生相比，由于社会文化因素的重大区别，也呈现出不同的人格特征。中国大学生在谦让、克己、忍耐、谨慎等人格特征方面突出，在支配与冲动特点方面表现不突出；在社交方面倾向于积极进取；他们具有稳健、从众的人格特点，具有良好的社会化程度。虽然他们在智慧、敏感等与智力有关的人格特征方面较好，但是他们的"独立成就"和灵活性均较低。

 知识链接

人格是在何时"定型"的？会不会变化？

一个人的人格是在什么年龄定型的？从理论上讲，人格在任何年龄都可能发生戏剧化的变化，但是这种情况并不常见。有研究表明，人在20岁时人格的"模子"开始定型，到了30岁时便十分稳定。在30岁之后，一般不会再出现大的人格改变。有些人身上发生了人格改变，但那些大都是由某种重大灾难或悲剧等特殊生活事件造成的。

一般而言，人过30岁以后，不论你迁居到一个新城市，还是改变了职业和结交了新的朋友，你的那些基本人格特点都不会改变。你在30岁时是什么样的人，到60岁仍然会是什么样的人。

心理治疗能改变人格吗？2017年一篇心理学综述中对207个有干预过程的人格变化测量的研究，其中1/3包括长期追踪。结果发现，人格在干预过程中出现明显变化。情绪稳定性（神经质）是变化最显著的特质，其次是外向型。焦虑症和人格障碍患者的人格改变最大，饮食失调和物质滥用患者的改变最小，4周以内的治疗效果不大，8周以上治疗的效果相当明显。改变与治疗方法、患者年龄无关，随时间变化不大。但是这篇综述最大的局限是几乎所有的研究都基于患者自我报告或者治疗师的观察，可能存在不够客观的问题。

第二节　人格发展异常的表现与评估

一、认识人格障碍

在人格形成的过程中，因为受到诸多因素的影响，可能会出现一系列的问题，甚至造成人格障碍。那么怎样才算人格障碍呢？其实，如何界定人格障碍是个较为复杂的问题。

如果一个人的行为或者想法中的某些特性给自己或者其他人带来了明显痛苦，会发生什么事情呢？如果一个人无法改变这种特性，并因此感到不愉快，事情会怎样呢？

（一）人格障碍的定义

人格障碍也称作"病态人格"，是一种人格发展的内在不协调，是在没有认知过程障碍或没有智力障碍的情况下出现的情绪反应、动机和行为活动的异常。

具有人格障碍的人与周围社会环境之间也是不协调的。他们常常与周围的人，甚至是自己的亲人发生冲突；在生活和工作中不能和同事友好相处；对工作缺乏责任感和义务感，经常玩忽职守，甚至超越社会的伦理、道德规范，做出扰乱他人或危害社会的行为，以致无法适应正常的社会生活。

（二）人格障碍的特征

① 其主要表现为情感和意志障碍，但思维和智能并无异常，一般始于青春期。

② 有紊乱不定的心理特点和难以相处的人际关系，这是各类人格障碍者最主要的行为特征。

③ 遇到困难时，不是积极解决，而是想方设法推卸责任，归咎为命运的捉弄或他人的过错，从而使自己摆脱尴尬处境或自己假想中的两难处境。

④ 他们没有责任心和责任感，即使对别人造成了伤害，也能做出自以为是的辩护。

⑤ 他们的认知、行为等具有绝对的稳定性和一致性。

⑥ 缺乏自知，且不能从生活经验中吸取教训。

⑦ 他们不会先自我感知到人格存在障碍，这与神经症不同。只有通过别人的强烈不满或先发使他们的不良行为得以暴露，他们才会情绪不安。

人格障碍的表现，轻者可以完全正常生活，只有与他们接触较多的人才会发现他们的怪僻。严重者事事都违反社会习俗，难以适应正常生活，甚至出现违法犯罪行为。这种犯罪行为一般不是有计划、有预谋的，其动机模糊，很难察觉有什么目的。病态人格者不仅使他人受到伤害，同时也使他本人陷于耻辱和痛苦的境地。

（三）人格障碍的形成

从生理—心理—社会医学模式的角度看，人格障碍往往由以下因素综合形成，但幼年期家庭心理因素则起主要作用。

1. 生物学因素

国外有研究者通过对众多犯罪的家庭进行大样本的调查，发现许多罪犯的亲族患有反社会人格障碍，犯罪的比率远高于其他人群。因此，人格障碍的遗传因素不能忽视。也有研究指出，人格障碍者中脑电图异常者比率高于正常人群，表明生物因素对人格障碍有一定的影响。

2. 心理发育的影响

幼儿心理发展过程若受到精神创伤，将会对人格的发育产生重大影响，它也是未来形成人格障碍的主要因素。常见情况如下：

① 婴幼儿母爱或父爱被剥夺；

② 被遗弃或受继父母的歧视；

③ 父母等亲人过分溺爱，使其自我中心的思想恶性增长，以致蔑视父母的教育、学校的校规与社会纪律，这为发展成反社会性人格障碍提供了温床；

④ 幼儿与青少年期受虐待导致产生仇恨或敌视社会和人类的心理；

⑤ 父母或其他抚养者，幼儿园或小学教师教育方法失当或期望过高，过分强迫、训斥易造成精神压力或逆反心理，易形成不良人格；

⑥ 父母本人品行或行为不良，对儿童的人格发育影响极大。

3. 不良社会环境的影响

社会上的不良风气、不合理现象、拜金主义等都会影响青少年的道德价值观，使之产生对抗、压抑、自暴自弃等不良心理而发展至人格障碍。

二、大学生人格障碍的常见类型

在中国精神疾病的分类标准中，人格障碍分为九种类型，即偏执型人格障碍、分裂型人格障碍、反社会型人格障碍、冲动型人格障碍、表演型人格障碍、强迫型人格障碍、焦虑型人格障碍、依赖型人格障碍以及其他类型人格障碍。各类人格障碍在大学生中均有发生，并占有一定的比例。

1. 偏执型人格障碍

偏执型人格障碍以猜疑和偏执为主要特点，很难接受周围人的意见，容易与人发生争执。他们经常表现出固执、敏感多疑、过分警觉、心胸狭窄、嫉妒等。往往自我评价过高，把自己看得很重要，倾向推诿客观，拒绝接受批评，对挫折和失败过分敏感，如受到质疑则会争论、诡辩，甚至冲动攻击。对他人有强烈的戒心，给人感觉不通情达理，难以接近。

2. 分裂型人格障碍

分裂型人格障碍以观念、外貌和行为奇特，人际关系有明显缺陷，情感冷淡为主要特点。对喜事缺乏愉快感，对人冷淡，对生活缺乏热情和兴趣，孤独怪僻，缺少知音，我行我素，很少与人来往，因此也较少与人发生冲突。

3. 反社会型人格障碍

反社会型人格障碍以漠视他人权利和侵犯他人权利（即行为不符合社会规范）为主要特点。这种人感情冷淡，对人缺乏同情，漠不关心，缺乏正常人之间的爱；易激惹，常发生冲动性行为；即使给别人造成痛苦，也很少感到内疚，缺乏罪恶感；常做出不负责任的行为，甚至是违法乱纪的行为，虽屡受惩罚，也不易接受教训，屡教不改。临床表现的核心是缺乏自我控制能力。

4. 冲动型人格障碍

冲动型人格障碍以行为和情绪具有明显的冲动性为主要特点。发作没有先兆，不考虑后果，不能自控，易与他人发生冲突。发作之后能认识错误，间歇期一般表现正常。

5. 表演型人格障碍

表演型人格障碍以高度的自我中心、过分情感化和用夸张的言语和行为吸引他人注意为主要特点。以行为目的来吸引他人同情和关注。

6. 强迫型人格障碍

强迫型人格障碍以要求严格和完美为主要特点。希望遵循一种他所熟悉的常规，无法适应新的变化。缺乏想象，不会利用时机，做事过分谨慎刻板，事先反复计划，事后反复检查，不厌其烦。犹豫不决、优柔寡断也是其特点之一。

7. 焦虑型人格障碍

焦虑型人格障碍也叫回避型人格障碍，主要表现是怯懦胆怯，有持续和广泛的紧张忧虑感，自卑、缺乏自信，渴望被别人接纳，对批评和排斥过分敏感。在生活中常夸大危险，甚至回避集体活动，与人交往较少，缺乏建立人际关系的勇气。

8. 依赖型人格障碍

依赖型人格障碍的特点是缺乏独立性，感到自己无能和没有精力，缺乏自信，过分依赖别人，缺失主见，过分服从别人的意志。希望别人安排自己的生活，对他人依赖性强。

9. 其他类型人格障碍

（1）癔症型人格障碍　其典型的特点是心理发育不成熟，特别是情感过程的不成熟。具有这种人格障碍的人的最大特点是做作，情绪表露过分，总希望引起别人的注意。

（2）自恋型人格障碍　这类人大多有自我中心的特点，表现为自我重视、夸大、缺乏同情心，对别人的评价过分敏感等。他们一听到别人的赞美之词，就沾沾自喜；反之，则会暴跳如雷。他们对别人的才智十分嫉妒，有一种"我不好，也不让你好"的心理。在和别人相处时，很少设身处地地理解别人的情感和需求。由于缺乏同情心，所以人际关系很糟，容易产生孤独抑郁的心情，加之他们有不切实际的高目标，往往易在各方面遭受失败。

（3）不成熟型人格障碍　这类人情绪幼稚，依赖性极强；以自我为中心，缺乏道德感、义务感，对别人缺乏同情心；不遵守社会道德，甚至胡作非为，不讲道理；不善于与人相处，不珍惜友谊；自我欣赏，自以为是，听不得一点批评意见；适应能力差，习惯于让别人照顾自己，如处境不良或遭受挫折，则容易自暴自弃，轻率自杀，或暴怒发狂，残忍地伤害别人。

其他类型人格障碍还包括被动攻击型人格障碍、边缘型人格障碍等。

三、人格评估

人格特点会决定一个人的行为，但这些特点是可以评估和测量的。因此，心理学家发展出两种主要的人格评估方法：自陈式量表法和投射测验法。

（一）自陈式量表法

这种方法遵循特质理论的观点，特质是决定个体行为的基本单位，是人格的有效组成部分，通常使用由一系列问题组成的量表，让被试者按自己的意见对自己的人格特质进行评价。绝大多数自陈式量表都是纸笔测验，一般是一系列数目众多的陈述句，要求被试者判断陈述句的内容是否符合自己的情况，回答方式包括是非式、二择一式、折中式、等级式等。然后，根据被试者在各维度（即人格特质，如外向、乐群等）上的得分来描述其人格维度。

目前，比较成熟的人格量表有很多，如明尼苏达多项人格测验、爱德华个人倾向量表、艾森克人格问卷、卡特尔16种人格因素问卷、迈尔斯类型指标、中国学生性格量表等。

这种测验方法操作简单，可以量化，也可以大规模测试。现在，自陈式量表测验被制作成了很多人格测量软件，在网上即可自行测试。

（二）投射测验法

投射是精神分析术语，是指个人把自己的思想、态度、愿望、情绪等特征不自觉地反应于外界事物的心理过程。弗洛伊德的精神分析理论强调人的行为受无意识的内驱力推动，这些无意识的内驱力平时受到压抑，不为人们所察觉，但却影响着人们的行为。潜意识可以在无规则的表达中表露出来，投射测验就是根据被试者的表达进行人格分析。因为每个人的经验和期待不一样，在对一些不确定的事物进行描述和评价时，会不自觉地把自己的价值观、兴趣、动机等混在其中。如对双关图的识别，有人会把它看成是一个美女头像，有人可能会看成是吹萨克斯的男子。

投射测验就是通过给出模棱两可的刺激，让被试者对之自由反应。主试者对被试者的反应进行分析，并推论出被试者的人格特点。主要的投射测验有以下两个。

1. 罗夏克墨迹测验

罗夏克墨迹测验（Rorschach Ink Blot Test，RIBT）由瑞士精神医学家罗夏克于1921年设计，共10张墨迹图片，五张彩色，五张黑白。每次按顺序给被试者呈现一张，同时问被试者："你看到了什么？""这可能是什么东西？"或"你想到了什么？"等问题。被试者可以从不同角度看图片，并自由回答。主试者记录被试者的语言反应，并注意其情绪表现和伴随的动作。

2. 主题统觉测验

主题统觉测验（Thematic Apperception Test，TAT）由美国心理学家莫瑞编制。由30张模棱两可的图片和一张空白图片构成，图片内容多为人物，也有部分风景，但每张图片都至少有一个人物。测试时，每次给被试者呈现一张图片，让被试者编故事，故事内容不受限制，但必须回答以下四个问题。

① 图中发生了什么事？
② 为什么会出现这种情境？
③ 图中的人物正在想什么？
④ 故事的结局会怎样？

被试者在根据图片编故事时，个人的生活经验特别是隐藏的或压抑的内心欲望和动机会不自觉地穿插在故事中，通过分析被试者投射在自编故事中的内在东西，可以了解其需要和动机以及人格特点。

 知识链接

人格与心身疾病

世界上没有两个性格完全相同的人，但异中有同。从20世纪80年代开始，有心理学家把人的性格也分为A、B、C、D四种主要类型，它们与人的得病概率密切相关。

1. A型性格

此类型的人表现出争强好胜、时间紧迫感、急躁、敌意四大特征。此种性格的人自我实现的需要强烈，整日忙碌不堪，感到时间不够用，干活不知道休息，一件事没干完就要干另一件事，动作快而缺乏耐心。对排长队、汽车的速度慢而耽搁时间等诸如此类事情常易发火，好争吵，不知道料理自己，也不知道享受生活，情绪紧张，活泼好动，喜欢热闹。A 型性格与冠心病发病有关。国内有关资料表明，A型性格占冠心病人数的 70.9%。在 A 型性格的人中，最易导致心血管疾病形成的原因是"愤怒"和"敌对"这两种心理因素。

2. B 型性格

B 型性格的人一般不容易发病，因为他们满足于现状，知足常乐，内心很平静，没有大的情绪波动，所以他们的发病率相对较低。

3. C 型性格

Baltrusch 于 1988 年首先提出 C 型性格这个概念。C 型性格的主要特征：

① 童年形成压抑，如幼年丧失父母，缺乏双亲的抚爱；

② 行为特征表现为过分合作，过分忍耐，回避矛盾，自生闷气，怒而不发，过分焦虑，克制姑息等。

他认为 C 型性格的人，其癌症发生率比非 C 型性格者高 3 倍以上。C 型性格可以通过降低机体免疫力、代谢障碍和损伤人体的自然修复过程而诱发癌瘤产生。癌症患者则常将不愉快的体验指向自身，表现出忧郁、失望、易悲哀、情感表达贫乏和情绪压抑等性格特征。

对癌症的医学心理学研究表明，长期处于孤独、矛盾、抑郁和失望情境下的人易患癌症。如有人对 1337 名医学生进行追踪观察，发现有 48 名癌症患者都具有共同的人格特点，即内向、抑郁、隐藏着愤怒和失望。

4. D 型性格

与 A 型性格相比，D 型性格发现得相对较晚。荷兰学者 Denollet 在长期工作中发现，有一群患者很特别，这群人康复起来速度慢，而且特别容易再次发作，且死亡率比其他患者高。在研究后，他于 1996 年提出了"D 型性格"的概念。D 型性格的提出，既是对以往与疾病相关的 A、B、C 型性格概念的扩展，也是对已有性格和心血管疾病关系研究证据的整合。

D 型性格又称"忧伤人格"，最明显的表现是消极忧伤和孤独压抑。D 型性格者经常感到烦躁、紧张，无缘无故的担心，而且对自我抱有消极观念，在他们眼里，这个世界冲突迭起。另外还表现为社会退缩，他们总是窝在自己的圈子里，不愿意与他人交往，哪怕交往也往往有很多顾虑，而这些正是心血管疾病的重要心理危险因素。

一般认为，人格特征对心身疾病发病产生影响，是因为患者常依其人格特征来体验疾病，并建立了对特殊应激的反应模式。同样的疾病发生在不同人身上，其病情表现、病程长短、转归都可能不同。

第三节 大学生健全人格的塑造

一、大学生健全人格的内涵

健全人格是指一种各方面都处于优化状态的理想化人格，是各种良好人格特征在个体身上的集中体现。积极的自我意识、良好的情绪调控能力、和谐的人际关系、良好的社会适应能力、乐观的人生态度是衡量大学生健全人格的重要标准。大学生要把握塑造人格的"关键期"，自觉寻找健全人格之路。健全人格通常具有以下特点：其一，有意识地控制自己的生活；其二，具有自知之明并能接纳自己；其三，正视并生活于现实；其四，有目的性；其五，富有创新和开拓精神。

二、大学生健全人格的内容与标准

（一）大学生健全人格的内容

1. 自我悦纳，接纳他人

人格健全的学生能够积极地开放自我，正确地认识自己，坦率地接受自己的缺陷并对生活持乐观向上的态度。

2. 人际关系和谐

人格健全者心胸开阔，善解人意，宽容他人，尊重自己也尊重他人，对不同的人际交往对象表现出合适的态度，既不狂妄自大，也不妄自菲薄，在人际关系中具有吸引人的品质，深受大家的喜欢。

3. 独立自尊

人格健全者人生态度乐观向上，生活态度积极热情，有正确的人生观与价值观，能够用理性分析生活事件，头脑中非理性观念较少。人格独立，自信自尊。

4. 能够发挥自己的潜能

人格健全的大学生具有自我发展、自我塑造与自我完善的能力。能够充分开发自身的创造力，形成创造性的生活，发现生命的意义并选择有意义的生活。

（二）大学生健全人格的标准

1. 积极的自我意识

自我意识是个体对自己、对他人、对周围世界关系的认识。具有健全人格的大学生对自己有恰如其分、全面客观的评价，他们充满自信，扬长避短，能愉悦地接纳自己，并在日常生活中有效地调节自己的行为，使之与环境保持平衡。缺乏正确自我意识的人常常表现出自我冲突、自我矛盾，或者自命清高、盲目自信，做力所不能及之事，或者自我否定、妄自菲薄，轻易放弃一切可能的机遇。

2. 良好的情绪调控能力

情绪标志着人格的成熟程度。人格健全的大学生情绪反应适度，且具有调节和控制情绪的能力。他们经常保持愉快、满意、开朗的心情，对生活充满热情，善于自得其乐，并富有幽默感。当消极情绪出现时，他们能合情合理地宣泄、排解、转移和升华。

3. 和谐的人际关系

人际关系最能体现一个人人格健全的程度。人格健全的大学生乐于与他人交往，并与他人建立良好的关系；与人相处时，尊重、信任、接纳等积极态度多于嫉妒、怀疑、冷漠等消极态度。人格健全的大学生常常以真诚、平等、谦虚、理解、宽容、关爱的态度对待他人，同时也受到他人的尊重与接纳。

4. 良好的社会适应能力

社会适应能力反映了一个人与社会的协调程度。人格健全的大学生能够与社会保持良好、密切的接触，以一种开放的态度，主动关心社会、了解社会；在认识社会的同时，使自己的思想和行为跟上时代发展的步伐，与社会的要求相符合，且能很快适应新的环境，包括学习环境、生活环境和人际环境等。

5. 乐观的人生态度

乐观的大学生常常能看到生活中的阳光，对前途充满信心和希望，对自己所做的事情抱有浓厚的兴趣，并努力发挥自己的智慧和能力。即使在遇到困难和挫折时，也能不畏艰险，勇于拼搏。在学习上，人格健全的大学生对学习怀有浓厚的兴趣，表现为观察敏锐、注意力集中、想象力丰富、充满信心、勇于克服困难，能通过刻苦、严谨的学习过程，获得学习的满足感和成就感。

 知识链接

人格健全的标准

1. 奥尔波特"成熟、健全人"的标准
① 具有自我广延的能力。
② 具有与他人热情交往的能力。
③ 情绪上有安全感和自我认可。
④ 表现具有现实性知觉。
⑤ 具有自我客体化的表现。
⑥ 有一致的人生哲学。

2. 罗杰斯"机能健全人"的标准

① 能接受一切经验。

② 自我与经验和谐一致。

③ 个性因素都发挥作用。

④ 有自由感。

⑤ 具有较高的创造性。

⑥ 与他人和睦相处。

三、大学生健全人格的塑造

(一)把握塑造人格的"关键期"

在心理咨询过程中，经常会有学生这样问："老师，我能改变自己的人格吗?"老师的回答是："每个人都有自己独特的人格，都有着自身独有的长处和不足，你无需彻底改变自己的人格，只要你能积极实践，取长补短，扬长避短，不断优化自己的人格，你就能生活得更成功、更快乐。"这样的例子，大学里有很多。有一名男生刚入学的时候，性格内向，不善与人沟通，在人多的场合讲话感到紧张，面对异性更是紧张得说不出话来。但是到了大二下学期，这名男生的性格发生了很大变化，外向开朗、热情大方，经常组织几百人的大型活动。在与老师交流时，该男生谈到，自己之所以有很大变化，完全是因为在学生会竞选时，有幸被选为宣传部部长。为了做好工作，自己不得不与老师、同学交流，不得不在大庭广众面前发言。慢慢地，他感到自己的性格发生了很大的变化。当回首过去时，他发现自己早已不是原来的那个自己了。

经过积极实践和锲而不舍的努力，大学生是可以塑造良好人格的。人格中的性格、能力、动机、兴趣、信念等因素主要是在后天环境中形成的，只要坚持不懈地努力，这些因素都可以得到优化。

(二)寻找塑造健全人格之路

以人格健康为基础，当代大学生应努力寻找塑造健全人格之路，不断提升自己的人格素质。在这里着重介绍塑造健全人格的几个基本途径。

1. 认识自我，优化人格整合

生活中的许多事例告诉我们，人格系统中存在着一种基本动机，它是个体的一个中心能源。为了有效地进行人格塑造，就应该充分了解自己的人格状况，深刻理解这种要求实现的动机，明确人格塑造的目标、内容、途径和方法，认识自我是改变自我的开始。

人格塑造也就是为了优化人格整合，以达到人格的健全。人格整合是随着个体心理的成熟，人格的各个方面逐渐由最初的互不相关，发展到和谐一致状态的过程。

2. 具备心理知识和人文素养

知识是现代人格塑造的必备条件。学习知识、增长智慧的过程是人格优化的过程。现实中，不少人人格的缺陷是源于知识的贫乏，比如，无知容易粗鲁和自卑，而丰富的知识则容易使人自信、坚强、礼貌、谦和等。具备一定的心理知识和人文素养，就等于拥有了心理健康的钥匙，掌握了心理素质完善和人格健全的主动权。这样当自己的情绪出现困扰的时候，就能够应用自己的知识和经验储备，进行自我分析、自我调节，实现自助自救，或者及时求助于心理咨询的职业机构。

3. 积极参加实践活动，从小事做起

实践是人格发展的必由之路。无论是知识的获取、能力的形成，还是意志的磨炼都离不开实践。诸如一个人的勤奋、坚韧、乐观、细致等人格特征都是长期实践磨炼的结果。大学生应积极参加各种有益身心健康的实践活动，如近年来校园内兴起的青年志愿者活动对于大学生人格的发展与塑造就很有意义。

一个人的一言一行往往是其人格的外化，反过来，一个人日常言行的积淀成为习惯就是人格，例如，一个人有刷牙、梳头、洗手、勤换衣服、常剪指甲等习惯，就反映了他具有"清洁"这一人格特质。因此，塑造健全人格要从眼前的小事做起，无数良好的小事可"积沙成塔"，最终构建成优良的人格大厦。

4. 发展良好的人际关系，融入集体

人格发展、塑造的过程是个体实现社会化的过程，是个体与他人、集体、社会相互作用的过程。人格是在行为中表现的，健全的人格也只有在与人交往中才能体现出来。塑造健全的人格，必须发展良好的人际关系，要尊重社会习俗，关心他人的需要，真诚地赞美，不进行无建设性的批评，多与他人沟通意见，保持自尊和独立等。

集体是人格塑造的土壤，通过与集体交往，自己的某些人格品质或受到赞扬、鼓励，或受到压制、排斥，从而有助于做出有针对性的调整，而且集体能够伸出手来帮助集体中的个体择优汰劣。

5. 锻炼身体，强健体魄

人格发展的过程是体质、心理因素与智力因素协同作用、相互促进的过程，健康的体质是人格健全发展的物质基础。一个体弱多病的人是难以发展健全人格的，拖拉、懒惰、急躁、怯懦等人格发展缺陷与不坚持体育锻炼有很大关系。

6. 防止"过犹不及"

凡事都有"度"，人格发展和表现的"度"是十分重要的，人格塑造过程中应把握辩证法，掌握好"度"，否则就会"过犹不及"，适得其反。具体来说，应该是：自信而不自负，自谦而不自卑，勇敢而不鲁莽，果断而不冒失，稳重而不犹豫，谨慎而不怯懦，豪放而不粗俗，好强而不逞强，活泼而不轻浮，机敏而不多疑，忠厚而不愚昧，干练而不世故等。

人格健全的过程，就是心理健康和心理成熟的过程。塑造健全人格，是一项系统的自我改造、自我实现的工程，要从小事做起，贵在坚持。

本章要点

1. 了解人格的概念和影响人格形成的因素。

2. 掌握大学生人格发展的特征以及影响大学生人格形成和发展的因素。

3. 了解大学生人格发展异常的表现与评价。

4. 掌握大学生人格完善的途径和调适方法。

 课程实践

【心理训练】

一、心理测验

气质类型测试

由陈会昌编制的气质测验60题，是目前国内应用较广的一种气质测验工具。它既可以用于大学生班级、年级的集体测试，也可用于个人自测。测试时间一般为15～20分钟。下面60道题，可以帮助我们大致确定自己的气质类型。在回答这些问题时，你认为：

很符合自己情况	2分
比较符合	1分
介于符合与不符合之间	0分
比较不符合	−1分
完全不符合	−2分

【题目】

1. 做事力求稳妥，一般不做无把握的事。

2. 遇到可气的事情就怒不可遏，想把心里话全说出来才痛快。

3. 宁可一个人做事，不愿很多人在一起。

4. 到一个新环境很快就能适应。

5. 厌恶那些强烈的刺激，如尖叫、噪声、危险镜头等。

6. 和人争吵时，总是先发制人，喜欢挑衅。

7. 喜欢安静的环境。

8. 善于和人交往。

9. 羡慕那种善于克制自己感情的人。

10. 生活有规律，很少违反作息制度。

11. 在多数情况下情绪是乐观的。

12. 碰到陌生人觉得很拘束。

13. 遇到令人气愤的事，能很好地自我克制。

14. 做事总是有旺盛的精力。

15. 遇到问题总是举棋不定，优柔寡断。

16. 在人群中从不觉得过分拘束。

17. 情绪高昂时，觉得干什么都有趣；情绪低落时，又觉得干什么都没意思。

18. 当注意力集中于一事物时，别的事很难使我分心。

19. 理解问题总比别人快。

20. 碰到危险情境，常有一种极度恐怖感。

21. 对学习、工作、事业怀有很高的热情。

22. 能够长时间做枯燥、单调的工作。

23. 符合兴趣的事情干起来劲头十足，否则就不想干。

24. 一点小事就能引起情绪波动。

25. 讨厌做那种需要耐心、细致的工作。

26. 与人交往不卑不亢。

27. 喜欢参加热烈的活动。

28. 爱看感情细腻、描写人物内心活动的文学作品。

29. 工作学习时间长了，常感到厌倦。

30. 不喜欢长时间谈论一个问题，愿意实际动手干。

31. 宁愿侃侃而谈，不愿窃窃私语。

32. 别人总是说我闷闷不乐。

33. 理解问题常常比别人慢些。

34. 疲倦时只要短暂的休息就能精神抖擞，重新投入工作。

35. 心里有话宁愿自己想，不愿说出来。

36. 认准一个目标就希望尽快实现，不达目的，誓不罢休。

37. 学习、工作同样一段时间后，常比别人更疲倦。

38. 做事有些莽撞，常常不考虑后果。

39. 老师讲授新知识时，总希望他讲得慢些，多重复几遍。

40. 能够很快地忘记那些不愉快的事情。

41. 做作业或完成一件工作总比别人花的时间多。

42. 喜欢运动量大的剧烈体育运动或参加各种文艺活动。

43. 不能很快地把注意力从一件事转移到另一件事上去。

44. 接受一个任务后，就希望能把它迅速解决。

45. 认为墨守成规比冒风险强些。

46. 能够同时注意几件事物。

47. 当我烦闷的时候，别人很难使我高兴起来。

48. 爱看情节起伏跌宕、激动人心的小说。

49. 对工作抱有认真严谨、始终一贯的态度。

50. 和周围人的关系总是相处不好。

51. 喜欢复习学过的知识，重复做能熟练做的工作。

52. 希望做变化大、花样多的工作。

53. 小时候会背的诗歌，我似乎比别人记得清楚。

54. 别人说我"出语伤人"，可我并不觉得这样。

55. 在体育活动中，常因反应慢而落后。

56. 反应敏捷、头脑机智。

57. 喜欢有条理而不甚麻烦的工作。

58. 兴奋的事常使我失眠。

59. 老师讲新概念，常常听不懂，但是弄懂了以后很难忘记。

60. 假如工作枯燥无味，马上就会情绪低落。

【分数统计】

1. 计算每种气质类型的总得分数

多血质：4、8、11、16、19、23、25、29、34、40、44、46、52、56、60题。

胆汁质：2、6、9、14、17、21、27、31、36、38、42、48、50、54、58题。

黏液质：1、7、10、13、18、22、26、30、33、39、43、45、49、55、57题。

抑郁质：3、5、12、15、20、24、28、32、35、37、41、47、51、53、59题。

2. 确定气质类型

如果某类气质得分均高出其他三种 4 分以上，则可定为该类气质。如果该类气质得分超过 20 分，则为典型；如果该类得分在 10～20 分，则为一般型。

两种气质类型得分接近，其差异低于 3 分，而且又明显高于其他两种，高出 4 分以上，则可定为这两种气质的混合型。三种气质得分均高于第四种，而且接近，则为三种气质的混合型。

一般来说，正分值越高，表明该项气质特征越明显，反之，正分值越低或得负分值，表明越不具备该项气质特征。

需要强调的是，运用短时的观察和实验法来确定气质类型时，有一定的局限性。全面而准确的测定需要通过长时间和多方面的观察，并结合对被试者整个生活历程的了解和分析，才能真正看出一个人高级神经活动类型的最稳定的特征。因此，气质的问卷调查对被试者气质类型的确定只是一种"大致的确定"。

二、体验拓展

（一）体验一：自我肯定活动

做下列一个或多个活动，看看你对自我的感觉会有什么变化。

1. 列出五个优点。

2. 列出你钦佩自己的五件事情。

3. 到目前为止，你生命中最大的五个成就是什么？

4. 描述五种你可以使自己笑的方式。

5. 你能够为别人做，并且使他们感觉良好的五件事情是什么？

6. 列出你善待自己的五件事情。

7. 你最近参加过的带给你快乐的五个活动是什么？

（二）体验二：个性名片

假设现在你刚刚进入一家新公司，公司领导给你布置了一项工作，那就是为自己做一张个性名片，你要在这张个性名片中描述自己的姓名、特长、理想、性格、气质、兴趣爱好等特征，目的在于向别人推荐自己，让别人了解自己。现在开始在下面的方框中设计自己的个性名片吧。

【新媒体导学】

一、推荐视频

1. 气质补充分类：《乐嘉性格色彩 01》
2. 心理访谈：《草根冠军的孤独成长路》

二、推荐图书

1.《人格——绚丽人生的画卷》（许燕）

推荐理由：本书从人格特性、人格模式、人格成因、认知差异、气质差异、场独立性与场依存性、内向与外向、感觉寻求型人格、创造型人格、多重人格与健康自我等方面对人格进行了探讨。全书用通俗凝练的语言、趣味精悍的标题来表达整体的内容，且配用一些短小的测验和日常生活中的小常识，让读者更清楚地了解人格心理学在生活中的应用，并能用人格心理学的知识来解释生活中的心理现象。

2.《动机与人格 .3 版》（亚伯拉罕·马斯洛）

推荐理由：作者在书中提出了许多精彩的理论，包括人本心理学科学观的理论、需要层次理论、自我实现理论、元动机理论、心理治疗理论、高峰体验理论等。该书包含了马斯洛对人类心理学的重要发问和早期探索，它在创建一个积极和全面的关于人性的观点方面有着巨大的影响。

三、推荐电影

1.《心灵捕手》

推荐理由：这部电影向人们展示了心理健康的重要性，即如果没有健康的心理状态，天才也可能被埋没。当然打开心灵的窗户也是非常有难度的，电影向大家展示了一个道理：对于进入他人的心灵来说，爱可能是最重要的因素。

2.《叫我第一名》

推荐理由：电影改编自布莱德·柯恩（Brad Co—hen）的真实故事。布莱德·柯恩是一位有妥瑞氏症的年轻人，他凭借着对人生的乐观心态与追求梦想的执着，如愿从事了人们眼里妥瑞氏症不可能从事的职业——教师。故事最强有力的是，证明了只要你努力，社会接受你的可能性是百分之百。

【思考与练习】

1. 你理解的人格与心理学中的人格有什么区别与联系？
2. 大学生的人格发展有什么特点？
3. 人格障碍形成的原因有哪些？应该如何防治？
4. 当代大学生如何塑造健全自己的人格？

第五章
快乐掌握在自己手中
——大学生情绪与管理

名人寄语

能控制好自己情绪的人，比能拿下一座城池的将军更伟大。

——拿破仑

无论你怎样地表示愤怒，都不要做出任何无法挽回的事来。

——培根

幻想出来的痛苦一样可以伤人。

——海涅

　　情绪，对我们每个人而言都是既熟悉又陌生的名词，说它熟悉，是因为情绪过程贯穿在人类一切的活动中，无论处于睡眠或清醒状态中，情绪都会有意无意地影响我们。说它陌生，是因为我们被情绪所影响，却很少用理性和科学的眼光去审视这个感性的过程。本章谈到的情绪管理，就是借助心理学的视角和眼光去探索"情绪"这个神秘莫测而又无比熟悉的课题，用理性的视角透彻分析情绪的产生、变化和发展过程，运用一些方法让情绪的积极影响最大化、消极影响最小化，从而实现对情绪的合理管理。

案例导入

新生不适应引发抑郁情绪

　　小郭上大学以后非常郁闷，他在开学时积极参加社团面试，一心想着大展拳脚，然而心仪社团的面试没有一个能顺利通过，最终去了一个不怎么喜欢的社团，而且一直都是做跑腿打杂的事情，与自己开始的设想相差甚远。大学的学习方式和高中的学习方式存在很大区别，小郭一时难以适应，再加上大学里卧虎藏龙，自己一直引以为傲的学习优势也难以继续保持。最近他和室友也常因为一些小事情发生摩擦……似乎各种事情都不顺利，小郭对现状越来越不满，一直心情低落，做任何事情都提不起兴趣，更别说专心学习了。

　　【智慧点拨】在小郭的例子中，进入大学后各方面的不适应是引发情绪问题的主要原因。我们每个人到新环境中都会面临一系列改变，其中有生活方式的改变、人际网络的构建、自我的重新确认、学习方式的变化等。如果没能完成这些改变，我们的心中必然会产生落差，心理冲突也就此产生，特别是情绪问题会使你的生活变得一团糟。

第一节　情绪概述

一、情绪的概念

情绪，是一种心理状态，是一种非常复杂的心理活动，是人类在认识和改造世界的过程中，接触到社会或自然界中各种事物和现象，遇到成功、挫折和失败而产生喜悦、愤怒、悲哀、恐惧等多种感受和体验，这种对客观事物和现象的态度的反映，称为情绪。

情绪（emotion）是指人们在内心活动过程中所产生的心理体验，或者说，是人们在心理活动中，对客观事物是否符合自身需要的态度体验。

人们的心理活动，包括感知、注意、记忆、思维等都有情绪的参与，都处于某种情绪的状态之中，都会受到情绪的影响，因此可以认为情绪是生命的指挥，情绪驾驭着生命。

情绪状态下个体会产生生理变化与行为变化，且很难被自身所控制，因此情绪对个体的生活、学习和工作具有重要的影响作用。情绪状态是人的需要是否得到满足的反映，同时又因人的主观体验的不同而千差万别。

1. 情绪由刺激所引起

情绪不是自发的，是由刺激引起的。引起情绪的刺激，多半是外在的，但有时也是内在的，有时是具体可见的，有时又是隐而不显的。和煦的阳光，清凉的海风，令人心旷神怡；忙碌的街道，喧哗的操场，则令人烦躁不安；未完成的作业，欠费的通知，引起人们的焦虑和紧张。诸如此类，引起情绪的外在刺激不胜枚举。

至于引起情绪的内在刺激，有生理性的，诸如腺体的分泌、器官功能失常（疾病），还有心理性的，诸如记忆、联想、想象等心理活动。想到伤心事，不觉潸然泪下，这是人人都能体会过的。这些生理性和心理性的内在刺激均可能使人产生不同的情绪。

2. 情绪与需要密切相关

需要是情绪产生的基础，而且个人所体验到的情绪性质具有主观性。因而，是否引起情绪体验以及产生何种情绪体验，都与需要密切相关。客观刺激与主观需要的相关性是情绪产生的前提。

另外，客观事物是否满足人的需要，决定个体产生什么样的情绪体验。当客观事物符合并满足人的需要时，就会使人产生积极的情绪体验，如满意、愉快、喜悦、振奋等；当客观事物不符合人的预期并不能满足人的需要时，就会使人产生消极的情绪体验，如悲哀、厌恶、忧虑、愤怒等。大学生的需要复杂多样，既有合理的需要，也有不合理的需要。即使是合理的需要，由于受到年龄、阅历、知识和能力等条件的限制，有时候也不可能满足，这就造成了大学生情绪的广泛性、复杂性和多样性。

3. 情绪与认识活动密切相关

同样的外在刺激，未必引起同样的情绪状态。比如灾难，有人见灾恐惧，但也有人幸灾乐祸，出现这种情绪反应差异的现象，显然与个人的动机有关。两名打完篮球的运动员回到宿舍后同时看到桌子上有半杯水，两人的态度截然不同。运动员 A 说："哎呀，水杯里只有半杯水，没得喝了!"运动员 B 说："太好了，杯子里还有半杯水，可以享受一下了。"总之，产生何种情绪与认识活动密切相关。

4. 情绪状态不易自我控制

情绪体验的产生，虽然与个人的认知有关，但在情绪状态下伴随产生的生理变化与行为反应，当事人却是很难加以控制的。研究表明，人在愤怒时，呼吸每分钟可达40~50 次（平静时每分钟 20 次左右）；突然惊恐时，呼吸会暂时中断，心跳每分钟 20次；狂喜或悲痛时，呼吸还会出现痉挛现象。呼吸的变化可由呼吸描写器以曲线的形式记录下来。分析人的呼吸曲线的变化，可以推测人的某些情绪状态的存在。当人在愤怒时，除去呼吸的变化，人的循环系统也会发生变化，如心跳加速、血压升高、血糖增加、血液的化学成分（如血氧含量）发生变化等，此外消化腺的活动也会受到抑制。例如，当人焦虑、悲伤时，肠胃蠕动功能下降，食欲衰退；惊恐、愤怒时，唾液常常停止分泌，而感到口干舌燥。泪腺、汗腺以及各种内分泌腺（如肾上腺、胰腺等）都会在情绪状态下发生一系列变化。

在所有的反应中，皮肤电阻的反应是最为显著的。因为情绪状态中，血管的收缩和汗腺的变化会引起皮肤电阻的变化。由于在人的汗腺中存在着大量的钠元素，这种元素会使导电性增强，电阻下降，从而使电流升高，故而通过对皮肤电流的测试，就可以了解人的情绪状态。测谎仪就是根据人在情绪变化时不能控制身心变化的原理而设计的。根据上述呼吸的变化、脉搏跳动的增加以及皮肤电流的升高，研究人员可以了解被试者是否说谎。这说明，人在一定的情绪状态下产生的生理变化和行为反应，当事人是不易控制的。

二、情绪的种类

（一）四种基本情绪

关于情绪的种类，长期以来说法不一。《礼记》中提出了"七情"说，即喜、怒、哀、惧、爱、恶、欲。《白虎通》中提出了"六情"说，即喜、怒、哀、乐、爱和恶。西方心理学家从生物进化的角度，认为人的情绪可以分为基本的情绪和复合的情绪。基本的情绪是人和动物所共有的，是先天的，不学而能的，复合情绪则由基本情绪组合而来。现代心理学家普遍认为人有四种基本情绪，即快乐、愤怒、恐惧和悲哀。

1. 快乐

快乐，是指一个人盼望和追求的目的达到后产生的情绪体验。由于需要得到满足，愿望得以实现，心理的急迫感和紧张感解除，快乐随之而生。快乐有强度的差异，从愉快、兴奋到狂喜，这种差异和所追求的目的对自身的意义以及实现的难易程度有关。

2. 愤怒

愤怒，是指所追求的目的受到阻碍，愿望无法实现时产生的情绪体验。愤怒时紧张感增加，有时不能自我控制，甚至出现攻击行为。愤怒也有程度上的区别，一般的愿望无法实现时，只会感到不快或生气，但当遇到不合理的阻碍或恶意的破坏时，愤怒会急剧爆发。这种情绪对人的身心的伤害也是明显的。

3. 恐惧

恐惧，是企图摆脱和逃避某种危险情境而又无力应付时产生的情绪体验。恐惧的产生不仅由于危险情境的存在，还与个人排除危险的能力和应对危险的手段有关。一个初次出海的人遇到惊涛骇浪或者鲨鱼袭击会感到恐惧无比，而一个经验丰富的水手对此可能已经司空见惯，泰然自若。婴儿身上的恐惧情绪表现较晚，可能是与他对恐惧情境的认知较晚有关。

4. 悲哀

悲哀，是指心爱的事物失去时，或理想和愿望破灭时产生的情绪体验。悲哀的程度取决于失去的事物对自己的重要性和价值。悲哀时带来的紧张的释放，会导致哭泣。当然，悲哀并不总是消极的，它有时能够转化为前进的动力。

（二）情绪的状态

情绪状态，是指在一定的生活事件影响下，在一段时间内所产生的某种情绪。苏联心理学家根据情绪发生的强度、持续性和紧张度把情绪状态划分为心境、激情与应激三种。

1. 心境

心境，是一种微弱、平静和持久的情绪状态，也就是人们常说的"心情"。心境具有弥散性，它是我们内心世界的背景色，使我们的心情在一段时间内都渲染上相应的色调。心境有积极和消极之分。比如：当一个人心情舒畅时，他看什么都会觉得乐观积极，而当一个人郁郁寡欢时，则对许多事物都会感到没有兴趣。"忧者见之而忧，喜者见之而喜"就是心境的表现。

心境与外界的环境和个人的性格有极大的关系。当我们陷入爱河时，会有很长一段时间保持着快乐的心境；当我们考试失败时，也会持续一段时间的郁郁寡欢。同样一句话，对于一个心胸豁达的人来说，往往并不在意，很快就忘记了，但是对于一个心胸狭隘的人来说则会耿耿于怀，很久不能忘记。

心境会影响我们的学习、生活甚至健康。积极良好的心境可以提高学习和工作的效率，帮助我们克服困难，保持身心健康；消极不良的心境则会使人意志消沉，悲观绝望，无法正常工作和交往，甚至导致一些身心疾病。所以，保持积极健康、乐观向上的心境对每个人都有重要意义。

2. 激情

激情，是一种爆发强烈而持续时间短暂的情绪状态，犹如疾风骤雨，来得快去得也快。激情往往是由重大的生活事件引起，生活中的狂喜、狂怒、深重的悲痛和异常的恐惧等都是激情的表现。

激情可以是正性的，与理智和坚强的意志相关，是激励人们积极行动的巨大动力。例如，面对凶残的歹徒，人们奋勇上前拔刀相助就是一种正性的激情表现。激情也可以是负性的，具有很大的破坏性和危害性。在激情的状态下，人们有时会出现"意识狭窄"，难以理智地分析问题和自我控制，往往会一时冲动，酿成苦果。激情有时还会引起强烈的生理变化，使人言语混乱，动作失调，甚至休克。所以，在生活中应该适当地控制激情，努力发挥其积极作用。

3. 应激

应激，是出乎意料的紧迫和危急情况下所引起的高度紧张的情绪状态。在突如其来的紧张状态下，人们调动各种心理资源以应付紧张的局面。例如，日常生活中突发的火灾、地震，飞机在飞行中的突发状况等，都会使人产生一种特殊紧张的情绪体验，即应激。

应激的生理反应大致相同，但外部表现可能有很大差异。积极的应激反应表现为沉着冷静、急中生智，全力以赴地排除危险，克服困难；消极的应激反应表现为惊慌失措、一筹莫展，或者发动错误的行为，加剧了事态的严重性。这两种截然不同的行为表现，既同个人的能力和素质有关，也同平时的训练和经验积累有关。如果接受过防火演习和救生训练，遇到类似的突发事故，就能正确及时地逃生和救人。

三、情绪的功能

在人类生活中，情绪具有重要的功能，主要分为适应、调控、激励、健康功能。

（一）情绪的适应功能

情绪，是有机体适应生存和发展的一种重要方式。如：动物遇到危险时产生害怕情绪，从而发出呼救信号，就是动物求生的一种手段。人类婴儿出生时，还不具备独立的维持生存的能力，这时主要依赖情绪来传递信息，与成人进行交流，得到成人的抚养。成人也正是通过婴儿的情绪反应，及时为婴儿提供各种生活条件。

在成人的生活中，情绪直接反映着人们生存的状况，是人们心理活动的晴雨表，如：愉快表示处境良好，痛苦表示处境困难，恐惧有逃避威胁、自我保护、物种延续的进化意义，愤怒有保护领地和资源不被侵犯的进化意义。积极情绪提示环境中无危险威胁，尽可以放松，利于与他人建立亲密、合作关系，创造、获取生存资源。除了生存意义，人们还通过情绪进行社会适应。如：用微笑表示友好，用人情维护人际关系，通过察言观色了解对方的情绪状况，以便采取相应的措施等。也就是说，人们通过各种情绪了解自身或他人的处境与状况，适应社会的需要，求得更好的生存和发展。

（二）情绪的调控功能

情绪对于人们的认知过程具有影响作用，有积极作用，也有消极作用。良好的情绪情感会提高大脑活动的效率，提高认知操作的速度与质量。叶克斯-道森定律说明了情绪与认知操作效率的关系，不同情绪水平与不同难度的操作任务相关。

1980年，心理学家叶克斯和道森通过动物实验发现，随着课题难度的增加，动机最佳水平有逐渐下降的趋势，表现为一种倒"U"形曲线，这种现象称为叶克斯-道森定律。后续对人类进行的研究则证明：个体智力活动的效率与其相应的焦虑水平之间存在着一定函数关系，即随着焦虑水平的增加，个体积极性、主动性以及克服困难的意志力也会随之增强。焦虑水平对效率可以起到促进作用，当焦虑水平为中等时，能力发挥的效率最高；而当焦虑水平超过了一定限度时，过强的焦虑对能力的发挥又会产生阻碍作用。

考试焦虑就是一个典型例子。心理学家把"测试焦虑"分为低、中、高三级水平：当人的情绪过于放松，丝毫也不紧张时，认知操作的成绩很差；当人的情绪比较紧张但又不过分紧张时，认知操作成绩最好；当情绪进一步紧张，达到过度兴奋时，认知操作的成绩又降下来。由此可见，情绪的调控功能是非常重要的。

（三）情绪的激励功能

情绪能够以一种与生理性动机或社会性动机相同的方式激发和引导行为。有时我们会努力去做某件事，只因为这件事能够给我们带来愉快与喜悦。从情绪的动力性特征看，分为积极增力的情绪和消极减力的情绪。快乐、热爱、自信等积极增力的情绪会提高人们的活动能力，而恐惧、痛苦、自卑等消极减力的情绪则会降低人们活动的积极性。有些情绪同时兼具增力与减力两种动力性质，如：悲痛可以使人消沉，也可以使人化悲痛为力量。

情绪对于大学生的学业和人际关系有着举足轻重的影响。当情绪积极乐观时，学习效率倍增，而当情绪处于低迷、忧郁或是烦躁不安时，学习往往也是一团糟。一个人再聪明，但如果没有一个好的心态，他的能力也无法发挥，而一个良好的心态，正是一个人最大限度地发挥自己的能力的基础和前提。不同的情绪状态会直接影响我们的人际关系状况。积极健康的情绪有助于人际交往；相反，情绪焦虑、抑郁、冷漠或者处在应激状态都会影响我们的社会行为，从而影响人际关系。

（四）情绪的健康功能

情绪对健康的影响作用是众所周知的。积极的情绪有助于身心健康，消极的情绪会引起人的各种疾病。我国古代医书《内经》中就有"怒伤肝，喜伤心，思伤脾，忧伤肺，恐伤肾"的记载。有许多心因性疾病与人的情绪失调有关，如溃疡、偏头痛、高血压、哮喘、月经失调等。有些人患癌症也与长期心情压抑有关。

愉快的情绪还能使整个机体的免疫系统和体内化学物质处于平衡状态，从而增强对疾病的抵抗力。据说，英国著名化学家法拉第年轻时由于工作紧张，神经失调，身体虚弱，久治无效。后来，一位名医给他做了详细检查，没有开药方，只留下一句话："一个小丑进城，胜过一打医生。"法拉第仔细琢磨，觉得有道理。从此以后，他经常抽空去看滑稽戏、马戏和喜剧等，并在紧张的研究工作之后，到野外和海边度假，调剂生活情趣，以保持经常的心境愉快，结果活了 76 岁，为科学事业做出了很大贡献。调查发现，几乎所有长寿老人平时都非常愉快，并且长期生活在一个家庭关系亲密、感情融洽、精神上没有压力的环境中。

第二节　大学生情绪的特点及其影响

一、大学生的情绪特点

大学生正处在向成年期过渡的阶段，这既是一个可塑性很强的时期，同时又是一个充满情绪冲突的时期。对于大学生来说，再没有比情绪状态更让人产生波动的了。一名大学生这样形容自己的情绪："当我情绪高涨时，我就像一座喷发的火山，心花怒放，充满着豪情壮志，好像有使不完的力量和精力，我愿意将我所有的热情和智慧，与我认识的所有人分享；而当我情绪低落时，我又像是一座冰山，对什么都失去了兴趣，我会感到命运乃至周围所有的人都在和我作对，我是那样的沮丧与无奈……"在这一阶段，学生很容易出现情绪困扰和冲突，所以了解大学生的情绪特点，认识其情绪发展过程中存在的问题，并及时进行有针对性的疏导和调节以促进大学生身心的健康发展，就显得尤为重要。

1. 丰富性和复杂性

从生理发展分段来看，大学生正处于青春期，一个充满梦想和憧憬的年龄阶段，几乎人类所具有的各种情绪，都可在大学生身上体现出来，并且各类情绪的强度不一。例如，有悲哀、遗憾、失望、难过、悲伤、哀痛、绝望之分。从自我意识的发展来看，大学生表现出较多的自我体验，自我尊重的需要强烈，易产生自卑、自负等情绪体验；从社交方面来看，大学生的交际范围日益扩大，与同学、朋友及师长之间的交往更细腻、更复杂。有的大学生还开始体验一种更突出的情感——恋爱，而恋爱活动往往又伴随着深刻的情绪体验，这种特殊的体验对大学生有十分重要的影响；在情绪体验的内容上，大学生的情绪呈现出丰富多彩的特征，以惧怕的情绪来说，大学生所怕的事物，主要与社会的、文化的、想象的、抽象复杂的事物和形势有关。诸如：怕考试、怕陌生人、怕惩罚、怕寂寞等。

2. 波动性和两极性

波动性和两极性具体表现为强烈、狂暴性与温和、细腻性共存。大学时期是人生面临多种选择的时期，学习、交友、恋爱等人生大事基本在这一阶段完成。社会、家庭、学校及生活事件，都会对大学生的情绪产生影响。尽管大学生的认识水平有了一定的提高，对自己的情绪已有了一定的控制能力，情绪亦趋于稳定，但同成年人相比，大学生相对敏感，情绪带有明显的波动性，一句善意的话语、一个感人的故事、一支动听的歌曲、一首情理交融的诗歌，都可以使情绪发生骤然变化。特别是在社会转型过程中，社会的变迁、体制的变革、新与旧价值观的更替，种种复杂的社会现象更容易使大学生产生困惑和迷茫，产生情绪的困扰与波动。同时，由于大学生正处于情绪表现的"动荡"时期，因为自我认知、生涯发展及心理发展还未成熟等原因，他们的情绪起伏较大，带有明显的两极化特征：胜利时得意忘形，挫折时垂头丧气；喜欢时花草皆笑，悲伤时草木流泪，情绪的反应摇摆不定、跌宕起伏。有人对大学生进行调查，发现他们70%的情绪都是经常两极波动的，像"波动曲线一样，忽高忽低，忽愉快忽愁闷"。

3. 冲动性和爆发性

心理学家霍尔认为青春期处于"蒙昧时代"向"文明时代"演化的过渡期，其特点是动摇的、起伏的，他把这一时期称为"狂风暴雨"时期。由于知识水平和认知能力的提高，大学生对自己的情绪能够有所控制，但由于他们兴趣广泛，对外界事物较为敏感，加之年轻气盛和从众心理，因而在许多情况下，其情绪易被激发，犹如急风暴雨不计后果，带有很大的冲动性。他们往往对符合自己信念、观点和理想的事件或行为，迅速发生强烈的情绪；对于不符合自己信念、观点和理想的事件或行为，则迅速出现否定情绪。个别的有时甚至会盲目狂热，而一旦遇到挫折或失败又会灰心丧气，情绪来得快，平息也快。

大学生情绪的冲动性常常与爆发性相连。大学生的自制力较弱，一旦出现某种外部强烈的刺激，情绪便会突然爆发，借助于冲动的力量驱使，在语言、神态及动作等方面失去理智的控制，忘却了其他任何事物的存在，极易产生破坏性的行为和后果。

4. 阶段性和层次性

大学阶段由于不同年级培养目标和培养重点不同，教育方式和课程设置有所区别，各个年级面临的问题不同，大学生的情绪特点也不同，呈现出阶段性和层次性的特点。大学新生所面临的是环境适应、学习方法的改变、新的交往对象的熟悉、了解以及新的目标确立等问题。新生自豪感和自卑感混杂，放松感和压力感并存，新鲜感和恋旧感交替，情绪波动大。二三年级经过了一年级的适应过程，能够融入校园生活中，情绪较为稳定。毕业班学生面临毕业论文（毕业设计）及择业等多方面的重大问题，压力大，情绪波动大，消极情绪多。另外，由于社会、家庭及自身要求、期望不同，能力、心理素质的差别，大学生也会表现出不同的情绪状态。

5. 外显性和内隐性

大学生对外界刺激反应迅速敏感，喜、怒、哀、乐常形于色，比起成年人比较外露和直接。但比起中小学生，大学生会文饰、隐藏或抑制自己的真实情感，表现出内隐、含蓄的特点。一般而言，大学生的很多情绪是一眼就能看出来的，如考试第一名或赢得一场球赛，马上就能喜形于色。但由于自制力的逐渐增强，以及思维的独立性和自尊心的发展，他们情绪的外在表现和内心体验并不总是一致的，在某些场合和特定问题上，有些大学生会隐藏或抑制自己的真实情感，有时会表现出内隐、含蓄的特点。例如，对学习、交友、恋爱和择业等具体问题，他们往往深藏不露，具有很大的内隐性。另外，随着大学生社会化的逐渐完成与心理逐渐成熟，他们能够根据特有条件，有规范，有目标地来表达自己的情绪，使得自己的外部表情与内部体验不一致。例如，有的学生对异性萌生了爱慕之情，却往往留给对方的印象是贬低、冷落。

二、大学生情绪健康的标准

（一）健康情绪的指标

健康的情绪是健全人格的必要条件之一。良好的情绪可以促进人的身心健康，使人精神饱满、思维敏捷、乐观向上，而不良的情绪使人思维沉钝、郁郁寡欢、悲观失望，降低身体的抵抗力。因此，保持情绪健康，做情绪的主人是我们享有健康快乐的人生的必要条件。

心理学家索尔指出情绪健康的八个特点：
① 独立，不依赖父母；
② 增强责任感及工作能力，减少与外界接纳的渴望；
③ 去除自卑情结、个人主义及竞争心理；
④ 适度的社会化与教化，能与人合作，并符合个人良心；
⑤ 成熟的性态度，能组建幸福的家庭；
⑥ 培养适应能力，避免敌意与攻击；
⑦ 对现实有正确的了解；
⑧ 具有弹性和适应力。

（二）健康情绪的特征

没有谁的人生是一帆风顺的，在生命长河的颠簸中，我们都会遇到风浪，会产生各种情绪反应。健康的情绪并不是没有消极的情绪反应，而是能够较少地受到悲观情绪的浸染，要积极地寻求办法，从不良的情绪中走出来。一般来说，如果对事件能够保持积极的态度，拥有乐观稳定的心境，做出恰当的情绪反应，就说明情绪是健康的。那么对大学生来说，健康的情绪有哪些衡量指标呢？

1. 能够合理地表达和宣泄情绪

大学生处于身体和心理发展的黄金时期，精力较为旺盛，加之日常学习、情感等的影响，容易受到情绪的困扰。健康的情绪不代表没有情绪，所谓"喜怒不形于色"往往对心理造成过大的压力。情绪的产生是必然的，每个人都有情绪，都需要表达，也需要释放和宣泄。情绪成熟的人能够通过语言、神态、行为来准确表达自己的情绪，遇到伤心的事大哭一场会好过默默地埋藏在心底。

2. 情绪反应适度

一定的事件引起相应的情绪，且情绪反应的强度适宜，持续的时间合理则情绪是健康的。比如：在考试中取得好成绩却没有相应的开心体验，当受到别人的夸赞时却表现得很愤怒，则可能存在一定的心理问题。和男友分手了，当时会非常伤心难过，但是经过很长一段时间还是难以释怀，看到前男友有了新的女朋友就感到愤怒、悲伤也是不正常的。

3. 心情乐观愉快

情绪健康的人当然也会有消极的情绪反应，但其积极的情绪反应多于消极的情绪反应，并且消极的情绪反应的强度较弱、持续的时间较短，在消极情绪持续过程中，不会无缘无故地牵涉无关的人和事。情绪健康的人敢于面对现实、承认现实、接受现实，有良好的环境适应能力，能协调和控制情绪，保持良好的心态。情绪健康的大学生热爱学习、热爱生活，悦纳他人也悦纳自己，给人阳光积极的印象。

三、情绪对大学生的影响

（一）情绪对大学生身心健康的影响

根据现代生理学、心理学和医学的研究成果表明：情绪对人的身心健康具有直接影响。良好的情绪状态，不仅有利于学生的学习，而且也有益于学生的身心健康。现代医学研究证明：在患有生理疾病的人群中，70％的患者同时伴有心理问题。

若能保持愉快的心情，为人开朗乐观、积极向上，则人体免疫功能活跃旺盛，可以减少患病的机会，有益健康。不仅如此，良好的情绪使大学生对生活充满希望，对自己满怀自信，能够使他们的求知欲增强、思维敏捷、富于创造力、爱好广泛、建立良好的人际关系，促进他们的全方位发展。

与此相反，消极的情绪对人的身心健康危害极大，在压抑、紧张、焦虑、恐惧等消极情绪的长期作用下，人的免疫能力下降，容易患各种传染性疾病，内脏功能也会受到伤害。许多研究表明，消极情绪是健康的大敌。突然强烈的紧张情绪会影响大脑皮层的活动，抑制或破坏大脑皮层的兴奋及平衡，使人的意识范围狭窄、判断力减弱，失去理智和自制力。调查发现，大学生中常见的消化性溃疡、紧张性头痛和偏头痛、心律失常、月经失调、神经性皮炎等，都与消极情绪有关。

 知识链接

猴子为什么会死

为了验证情绪的生理唤醒对生物体健康的影响，心理学家做了一个实验。在预备实验阶段，心理学家把一只猴子放在笼子里，双脚绑在铜条上，然后给铜条通电。猴子挣扎着乱抓，旁边有一个弹簧拉手，是电源开关，一拉就不痛苦了，这样猴子一被电就拉开关，因此建立了一级反射。然后每次在通电前，猴子前方的一个红灯就亮起来，多次以后，猴子知道了，红灯一亮，它就要受苦了，所以每次还不等来电，只要红灯一亮，它就先拉开关了，这就建立了一个二级条件反射。至此预备实验完成。在正式实验阶段，在这个猴子的旁边，再放一只猴子，与第一个猴子串联在铜条上，隔一段时间就亮红灯，通电，每天持续 6 小时。第一只猴子注意力高度集中，一看到红灯就赶紧拉开关；第二只猴子不明白红灯代表什么意思，无所用心。过了二十几天，第一只猴子就死了。第一只猴子为什么会死呢？科学家发现，它死于严重的消化道溃疡，实验之前体检时它没有胃病，也没有溃疡，可见这是二十几天内新得的病。第一只猴子要工作，他的责任重、压力大、精神紧张、焦虑不安、老担惊受怕，以致消化液和各种内分泌系统紊乱了，结果得了溃疡。这个实验说明，不良的情绪会产生过高的应激值，将严重损害身体的健康。

在现实的咨询案例中，我们也常见到一些同学长期被焦虑情绪困扰，从而产生皮肤过敏、胃肠溃疡、失眠、神经衰弱等生理问题。心理学家也早就注意到，具有某种心理和行为特点的人，很容易患上高血压、冠心病等心血管疾病，他们将具有这些行为特点的人的性格称为 A 型性格。

（二）情绪对大学生学业的影响

情绪不仅与大学生的身心健康有关，而且与大学生的潜能开发、学习效率有关。轻松、愉快、乐观的情绪状态，能强化人的智力活动，使人精力充沛、思维敏捷、记忆增强，也能使人的心理潜能得到充分发挥。研究发现：精神愉快、心情舒畅、紧张而轻松是思考和创造的最佳状态，可以有效地进行智力活动。不少学生都有这样的体验，当自己的情绪积极乐观时，学习效率增倍。反之，当消沉、忧郁、悲观时，会出现思路阻塞、操作迟缓、心不在焉，学习效率降低等情况。

（三）情绪对大学生人际关系的影响

大学生的情绪表现直接影响其人际关系，对其建立和谐的人际关系有着重要的作用和意义。由于情绪具有感染性，良好的情绪，积极而稳定。正性情绪大于负性情绪的人，在人群中更受欢迎，更容易获得别人的赞赏，容易形成良好的人际关系。心理学研究发现：在人际交往的过程中，人们往往喜欢那些喜欢自己的人，前者的喜欢似乎是后者喜欢的一种回报。这种现象在现实生活中就表现为，当一个大学生对他人表现出热情、真挚、友好情感时，这种情感通过表情等来表达，他人也会给予同样的回应，从而有助于人际关系的良好发展；而当一个大学生对他人表现出冷漠、无情时，他人也往往会产生疏远、反感、甚至憎恶的情感，从而导致人际关系的不良发展。所以，大学生在人际交往中，要注重提高自身修养，学会适度控制与调节自己的情绪，做情绪的主人，才能拥有良好的人际关系。

（四）情绪对大学生行为目标的影响

情绪，是大学生成功的助燃剂。对成功和成就，悲观者和乐观者有不同的看法。悲观者说，"当我看见它我就相信它"；乐观者说，"当我相信它我就看到它。"正如：桌子上的半杯水，乐观者认为是"半满"的，而悲观者认为是"半空"的。

积极的情绪可以使人感到精力充沛，工作、学习的效率特别高，人生目标也因此变得特别明确而不遥远；消极的情绪使人感到难受，抑制人的活动能力，使人在活动中易感到精力不足、没有兴趣，降低人的自控能力和活动效率，使人遇事易冲动、不理智，在消极情绪影响下甚至会做出一些令自己后悔的事。

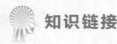

知识链接

人类情绪的生态学研究报告

1979 年，心理学家埃普斯顿在《人类情绪的生态学研究》这篇文章中，介绍了他对大学生的自我观念、情绪与行为变化之间关系的研究成果。结果表明，当体验到的是积极的情绪，如感到高兴、亲切、安全、平静，大学生的行为目标也往往是积极的，对新经验的接受和开放、对周围人的尊重和理解、对价值和长远目标的献身精神等，都有明显增强；当体验到的是痛苦、愤怒、紧张或受威胁等消极情绪时，一部分大学生的社会兴趣下降，反社会行为增加，对新经验持审慎、甚至闭锁的态度，而另一部分大学生的行为并没有向消极方面转化，而是汲取教训，重新再来。

埃普斯顿的实验结果表明：积极的情绪体验与积极的行为变化总是有一致的关系。因此，在大学生活中要尽可能多地缔造这种关系。

第三节　大学生的不良情绪及其调适

青春期是人生的重要时期，也是心理卫生保健的重要时期。处于青春期的大学生精力充沛、思维敏捷、感情丰富、自我意识强、有强烈的求知欲，敢于竞争、积极进取，逐渐形成了比较稳定的人生观和世界观。但是由于自身的能力和人生经验的限制，大学生在现代生活、学习和人际交往中经常会产生一些心理矛盾和情绪上的不稳定。因此，对自身情绪的控制与调节能力、良好的情绪和情感培养能力成为衡量现代大学生心理健康的重要标志。

一、大学生常见的不良情绪

（一）焦虑

焦虑，是一种伴随某种不祥预感而产生的令人不愉快的情绪，是一种复杂的情绪状态。它包括紧张、不安、惧怕、烦躁、压抑等情绪体验。许多人说不出自己焦虑的原因。而研究表明：事情的不确定性是产生焦虑的根源。焦虑是大学生常见的情绪困扰。当他们在学习、生活各方面遭遇挫折或担心需要付出巨大努力的事情来临时，便会产生这种体验。大学生的焦虑情绪与人格特点、年龄阶段、生活事件、内心动机冲突和挫折等因素相关。大学生常见的焦虑有以下几种。

1. 适应困难的焦虑

因适应困难而产生焦虑是大学生，尤其是大学新生中比较常见的情绪问题。大学生由于生活环境和学习方式的改变，对新的环境难以很快适应，因而引起各种焦虑反应。面对这些适应困难，首先要正确评价自己；其次，要掌握全新的学习方法，适应新的学习方式；再次，积极参加社会活动，端正对交往的认识。

2. 考试焦虑

考试焦虑，是指担心自己考试失败有损自尊或渴望得到更好的分数的高度忧虑的一种负性情绪反应。考试焦虑的原因，主要是不能正确对待考试，把考试分数看得过重，对以往考试的失败过于疑虑，过分敏感自尊，又缺乏自信，担心因考试失败而影响自己形象；过于关心别人的复习状况和考试发挥，产生自卑和急躁情绪等。要摆脱考试焦虑的困扰：首先，正确认识和对待考试；其次，做好充分的物质和心理准备；再次，掌握自我调整的方法。

3. 关注身体健康的焦虑

由于学习紧张和脑力劳动较多，会使一些大学生出现失眠、疲劳及各种躯体疾病，当对这些情况过分关注时，便可能导致焦虑的产生。还有些大学生对遗精和手淫行为产生焦虑。要想克服这种焦虑：首先，加强身体锻炼，调节身心健康；其次，学习生理卫生知识，正确认识生理现象，实际上遗精是一种正常生理现象，对于手淫也不必大惊小怪，应采取积极健康的方式转移注意力，而且心理学上一般认为非过度频繁的手淫并非什么可怕的异常行为。因此改变对遗精和手淫的不正确认识是克服这种情况下产生焦虑的关键。

除此之外，大学生的焦虑困扰还表现在其他方面，如择业焦虑、自我形象焦虑、贫困焦虑等，这些焦虑也会影响大学生的心境。给生活、学习带来负面影响，如不及时觉察并积极调整，严重时就可能导致严重的身心危害。

对焦虑进行调适，一要端正对焦虑的认识，消除对焦虑的恐惧心理；二要分析引起焦虑的原因，有针对性地采取一些措施；三要注意劳逸结合，增强体育锻炼，养成良好的作息习惯。在学习生活中，不急于求成，遇到烦心的事，可通过适当的方法倾诉或行为宣泄，使自己尽可能地放松。

对较严重的焦虑情绪障碍应接受心理咨询和治疗，必要时需在医生指导下服用一些抗焦虑药物。为了提高适应能力，大学生应通过学习一些对付焦虑的放松技术来加强自我保健。放松技术简便易学，人人可做，在学习紧张劳累及考试、竞赛压力过大等情况下均可采用，对消除或缓解焦虑有很好的效果。常用的放松技术有深呼吸放松法、想象放松法、意守丹田法、全身松弛法等。

（二）抑郁

抑郁，是一种以情绪异常低落为表现的不愉快的情绪反应，它是一种复合性负性情绪。在令人忧伤或悲痛的情境中，每个人都有过抑郁的体验，是日常生活的一部分。与一般的悲伤不同，抑郁的体验和反应比单一的负性情绪更为强烈、持久，带给人的痛苦更大。抑郁除包括悲伤外，还合并产生痛苦、愤怒、自罪感、羞愧等情绪，这种复合性是导致更强烈负性体验及长期持续的原因。

大学生抑郁情绪表现为强烈而持久的悲伤、忧虑、情绪低落，心境悲观冷漠；在自我认识评价方面表现为自我评价低、自卑、认为自己没有用处、生活毫无意义、未来没有希望、常自我责备甚至谴责，有自罪感；在生活方面，表现出对生活缺乏兴趣，没有喜欢或者主动想去做的事情、不愿与他人接近、回避社会生活。抑郁还伴有躯体方面的不适感觉、食欲下降、全身无力，失眠或者早醒。从外表上看，抑郁者面容忧虑、心事重重、常叹息或哭泣，言语动作迟缓。某些抑郁情绪患者仅仅表现为躯体不适。由于当事人不愿与人沟通，如果不加以关注，其消极的抑郁情绪体验可以不为外人所察觉。

 知识链接

情绪低落、心境恶劣和抑郁症

通常，我们说的抑郁其实包括了不同严重程度的情绪问题，以下介绍情绪低落、心境恶劣和抑郁症的常识。

情绪低落是所有人都体会过的闷闷不乐、百无聊赖、痛苦悲伤，但通常只持续一小段时间，通过自我调节或外部条件变化，情绪低落状态会好转。

心境恶劣是指持续地忧伤、悲观和沮丧，一般在两年以上，并伴有乏力、自责、自我评价过低、注意力不集中、难以做决定，而且认为自己的状态无法改变。

抑郁症是普通人群中很常见的心理障碍，抑郁症与一般的"不高兴""抑郁"有着本质区别，综合起来有四个方面的明显特征：情绪低落、思维迟缓、自我评价低和运动抑制。

患抑郁症的人常常高兴不起来，总是忧愁伤感甚至悲观绝望，度日如年，患有严重抑郁症的人还有结束自己生命的意念。思维迟缓就是自觉脑子不好使，记不住事，思考问题困难，觉得脑子空空的，感觉自己变笨了。自我评价低就是对自己事事不满意，将自己过去的一些小错误、小毛病都说成是滔天大罪，甚至认为自己罪该万死。运动抑制就是不爱活动、浑身发懒、走路缓慢、言语少等，患有严重抑郁症的人可能不吃不动，生活不能自理。

抑郁情绪虽然可能引起生活无意义感，但不到非常严重的时候，是不会导致自伤或自杀行为的，也没有任何研究发现抑郁与精神分裂症有因果关系。所以，如果你不符合抑郁症的标准，也未经专业医生诊断，请不要给自己贴上"抑郁症"的标签，这不仅无助于去除抑郁情绪，甚至会强化消极的情绪体验。

抑郁症严重威胁到人的身心健康。据世界卫生组织在其最新报告《疾病的全球负担》中指出：抑郁症是造成全球残疾类疾病的主要原因。有抑郁情绪的大学生性格往往内向孤僻、敏感多虑、不爱交往，当遇到一些负性事件时易陷入抑郁状态。所以，改变抑郁也需要从个性上予以调整。首先，要积极与人交往。可从事一些使人愉快的文体活动，培养活泼开朗乐观的性格。处在抑郁情绪状态的大学生往往过分关注自己的内心体验，而缺少对外界事物和他人的关心。因此，摆脱抑郁最好的办法是让自己动起来，忙起来。其次，要改善认知。反思引起抑郁的因素是否合理，努力朝着有建设性的积极方向思索，可以安排比较愉快的事情转移注意力。再次，要善待自己，热爱生活。享受生活是一种摆脱抑郁的良方，如吃顿美食、听音乐、逛街、旅游等。最后，要学会幽默。幽默能使生活充满情趣，活跃气氛，从而改善抑郁情绪。

（三）愤怒

愤怒，是喜、怒、悲、恐四大原始情绪或基本情绪之一。它是由于客观事物与主观愿望相违背，或愿望不能实现并一再受挫时所产生的激烈情绪反应。

处于情感丰富、精力充沛、血气方刚的青年时期的大学生，在情绪发展上往往容易产生好激动、易动怒的特点。如：有的大学生因一句刺耳的话或一件不顺心的小事而暴跳如雷；有的因人际协调受阻而怒不可遏、恶语伤人；有的因别人的观点或意见与自己相左而恼羞成怒；有的因一时的成功、得意而忘乎所以；有的因暂时的挫折或失败而悲观失望，痛不欲生。如此种种，遇事缺乏冷静的分析与思考，图一时之快，逞一时之勇的好激动、易动怒的不良情绪特点，在一些大学生身上时有体现。古希腊学者毕达哥拉斯曾说："愤怒是以愚蠢开始，以后悔结束"。所以大学生对愤怒这种消极情绪的危害性要有清楚的认识。

要想有效地缓解冲动，克制愤怒。首先，要学会尊重人、宽容人，可以做一些积极的心理暗示。如：心中默念"别生气，这不值得发火""发火是愚蠢的，解决不了任何问题"。其次，可以转移目标。当愤怒发生时，可以转移注意力或暂时离开现场，设法让自己冷静下来，给自己一点时间去反思自己的情绪状态，想一想如何适当地表达并解决问题。最后，是着眼未来，使之升华，变成成就事业的强大动力。

（四）嫉妒

嫉妒，是指他人在某些方面胜过自己引起的不快甚至是痛苦的情绪体验。嫉妒是一种复杂的情绪体验，是个体自尊心的一种异常表现。在日常生活中，嫉妒的存在是很普遍的。英国科学家培根说："在人类的一切情欲中，嫉妒之情恐怕要算作最顽强、最持久了。"当看到别人比自己强时，心里就酸溜溜的不是滋味，于是就产生一种包含着憎恶与羡慕、愤怒与怨恨、猜嫌与失望、屈辱与虚荣以及伤心与悲痛的复杂情感，这种情感就是嫉妒。嫉妒者不能容忍别人超过自己，害怕别人得到自己无法得到的名誉、地位等。在他看来，自己办不到的事别人也不要办成，自己得不到的东西，别人也不要得到。

嫉妒在大学生中普遍存在。具体表现为当看到他人学识能力、品行荣誉甚至穿着打扮超过自己时内心产生的不平、痛苦、愤怒等感觉；当别人身陷不幸或处于困境时则幸灾乐祸，甚至落井下石，在人后恶语中伤、诽谤。首先，嫉妒心强的大学生容易得心身疾病。长期处于不良的情绪状态中，产生压抑感，容易引起忧愁、消沉、怀疑、痛苦、自卑等消极情绪，会严重损害身心健康。其次，嫉妒心强影响大学生自我发展，降低学习的效率。最后，嫉妒心强的大学生结交不到知心朋友。嫉妒心强的人往往事事好胜，常想方设法阻止别人的发展，总想压倒别人。这可能使同学们想躲开你，不愿与你交往，从而给自己造成一个不良的人际关系氛围，感到孤独、寂寞。

首先，要用积极的方法，取他人之长，向对方学习，奋发向上，在自己的努力中逐步打消嫉妒的念头。其次，要磨炼意志，时常自我反省。再次，要以豁达的态度看待一切，舍弃无用的意念，尽量使自己面对现实。最后，可以分析自己嫉妒别人的原因，思考是否值得去嫉妒，抛开自己的立场，客观地去观察。并且要仔细想一想："嫉妒别人，使他失去了什么？又使自己得到了什么？"经过这样的比较分析，便会明白："与其嫉妒别人，不如完善自己。"

（五）冷漠

冷漠，是指人对外界刺激缺乏相应的情感反应，对生活中的悲欢离合都无动于衷。具体表现为：凡事漠不关心、冷淡、退让的消极情绪体验。日本心理学家松原达哉教授形容此情绪状态的学生是无欲望、无关心、无气力的"三无"学生。

冷漠，是压抑内心情感情绪的一种消极逃避反应。如：有的大学生对周围的人和事漠不关心，对集体和同学态度冷淡，对自己的前途命运、国家大事等漠然置之，似乎自己已看破红尘、超凡脱俗。于是，把自己游离于社会群体之外，独来独往，对各种刺激无动于衷。从表面上看，虽表现为平静、冷漠，但内心却往往有强烈的痛苦、孤寂和压抑感。如果大学生长时间地处于这种情绪状态下，巨大的心理能量无法释放，超过了一定限度时，就会以排山倒海的形式爆发出来，致使心理平衡遭到破坏，影响身心健康。

冷漠是在个体不堪承受挫折压力，攻击行为无效或无法实施，又看不到改变境遇的情况下产生的。因此，要克服冷漠最根本的是改变认知，发现生活的意义，发现自我的价值，改变长此以往形成的对人生消极的看法；从行为上，积极投身各种有意义的活动中，融入集体中，进行积极的自我暗示与自我提升；正确认识自我与他人、个体与社会，并不断矫正自己的非理性观念。

二、不良情绪的调适方法

大学生在感受负性情绪时，出现比较多的是从认识上加以忽视和从行为上加以抑制，在感受正性情绪时，出现比较多的是从认识上加以重视和从行为上给予宣泄，说明人们对负性情绪具有减弱倾向，对正性情绪具有增强倾向。给不良情绪找个出口，增加积极情绪体验，对情绪保持适当的控制，是保持良好心态的重要保证。

（一）认知调控法

情绪反应产生于主体认识到刺激的意义和价值之后，对同一刺激，不同的评价将会引起不同的情绪反应。所以可以用调整、改变认知的方法调控情绪反应和行为。例如，之所以出现考试紧张，是因为认识到考试很重要，考不好会被人看不起，担心不及格、补考等可怕的后果。这时可以自我言语暗示放松紧张情绪，如果认识到考差一点关系不大，紧张情绪就会缓解。

可见，认知调控方法是指当个人出现不适度、不恰当的情绪反应时，理智地分析和评价所处的情境，分析形势，理清思路，冷静地做出应对。认知调控的关键是控制与即时情绪反应同时出现的认知和想象。例如，当人非常愤怒时，常会做出过激行为，如果此时能够告诫自己冷静分析一下动怒的原因、可能的解决办法，可使过分的反应平静，找到恰当的方式解决问题。

认知调控方法在实际应用时可分为以下两步：首先，分析刺激的性质与程度。人类情绪反应是进化选择的结果，有利于种族的生存与发展，是驱动我们应付环境、即刻反应的本能冲动。虽然伴有认知过程和结果，但即刻的认知往往笼统、模糊，其诱发的反应往往强烈。冷静分析问题所在，可以即时调控过度的情绪反应。其次寻找多种解决问题的方案，比较选择后择优而行。情绪引发的即刻反应往往是冲动性本能反应，有时可以帮助我们脱离险境，如：室内失火时夺门而出以避险；有时则会导致灾难性后果，如高层建筑失火时从窗户往下跳。很多问题都有多种可能的解决方案，寻找最佳方法至关重要，而冷静思考是前提。

认知调控方法的原理在于认知对情绪有整合作用。认知和情绪分属于大脑不同部位控制，控制情绪的大脑是较原始的部分，控制认知的大脑是在情绪中枢之上发展起来的新皮质部分。大脑控制的情绪反应速度快，但内容较原始；皮质控制的认知反应稍迟于情绪反应，但其内容更显理智，能够整合情绪反应。

 知识链接

情绪 ABC 理论

情绪 ABC 理论也叫合理情绪疗法，是由美国心理学家艾尔伯特·艾利斯（Albert Ellis）在 20 世纪 50 年代创建的。在情绪 ABC 理论中，A 是指发生的事件，B 是指你所持有的观念，C 是指事件的结果，一般人认为，是事件发生（A）导致了某种结果（C），但实际上却是你的观念和想法（B）导致了你的情绪、行为的结果（C）。这一理论很具有革命性，如果客观环境或者你无法控制的事件导致了最后消极的情绪，那么你根本就无法改善和管理情绪，因为人永远无法如自己所愿地改变环境和别人的观念。而如果是我们的观念和认知导致了消极情绪，那么我们就可以通过调整和改变观念，最终达到管理情绪的目的。

一些典型的不合理观念会在你心里形成一种特殊的思维加工方式，外界信息被这种思维方式加工之后，你就会在不自觉中扭曲原事件信息，从而得出不理性的结论。

这些观念包括以下方面：

① 总想到最糟糕的情况或者草率得出负面结论；

② 只根据一两件事就谴责自己整个人；

③ 忽视自己的强项而只关注弱项；

④ 只关注了不利的一面，却忘记有利的一面；

⑤ 认为世界非黑即白；

⑥ 承担了不该承担的责任；

⑦ 根据有限的经历就得出整体的概括；

⑧ 习惯把事情结果恐怖化。

我们通过一个实例，看看这些习惯化的思维方式是如何干扰我们的内心的。

小李是个内向的男孩，他觉得自己永远没有同学有魅力，不仅在工作能力方面不如同学，在人际交往方面更是有很大差距。这让他在同学面前很没自信，时间长了，他越来越颓废和封闭。在和心理咨询老师的交流中，老师发现小李看待问题的视角与众不同，思想很有深度，为人也可靠友善，另外学习成绩也不错。为什么老师找到的优点小李却完全看不到呢？正是因为小李心目中将成功与失败的标准仅仅限定为"开朗外向、能说会道"上，他完全忽视了自己的优势，而将自己的劣势和别人的长处比较，从而产生心理落差。另外，小李也忽略了良好的社交技能要靠不断尝试、慢慢积累才能获得，如果只根据一两次失败的经历就认定自己在某一方面是失败的，那就很容易失去锻炼的机会，能力也就无从提高了。

用情绪 ABC 理论分析，在小李生活中发生的事件（A）是：进入大学后，不像有些同学那么能说会道、开朗外向；他自己的观念和思维方式（B）是："和同学相比，我没什么优点""我不如别人""我是个失败的人"；结果（C）是：越来越封闭，拒绝尝试新经验的机会，失去人际交往的经验。从小李的例子中，我们能清晰地看到，导致最后结果 C 的，并不是 A，而是 B。如果小李能改变观念和思维方式（B），即使事件（A）仍然存在，最后的结果也会不同。

（二）情绪宣泄法

宣泄是心理能量的急剧释放，是调节心理平衡的一种重要方式。当一个人的心理能量过度积累时，和风细雨的方式已不能达到快速释放的目的，而且也不是所有人在所有情况下都能做到按部就班地释放情感，这时情绪宣泄就是非常必要的。在接受调查的大学生中，感到情绪压抑时想找人倾诉的占 53.7%；"就想骂人"的占 23.6%；"悄悄流泪"的占 17.42%。

情绪宣泄方法，是指在青年人处于较激烈的情绪状态时，允许青年人直接或者间接表达其情绪体验与反应。简单而言，即高兴就笑，伤心就哭，"男儿有泪不轻弹"不符合情绪调控的宣泄方法，不值得提倡。坦率地表达内心强烈的情绪，如愤怒、苦闷、抑郁情绪，心情会舒畅些，压力会小些，与情绪体验同步产生的生理改变将较快地恢复正常。所以，为了心理健康，该哭就哭吧。

情绪宣泄方法可以分为直接宣泄法与间接宣泄法。直接宣泄法是在刺激引发情绪反应之后，及时表达自己的内心感受，如遭遇到不公平对待，可以马上提出来；被人伤害后，直接告诉对方自己很生气，要求赔礼道歉。间接宣泄法是在脱离引发强烈情绪的情境之后，向与情境无关的人表达当时的内心感受，发泄自己的愤怒、悲痛等体验。例如，在受到欺侮后，向家人或能够主持公道的人倾诉，以平息激烈的情绪活动。情绪宣泄的方法也有"度"的问题，不能把合理的情绪宣泄理解为激烈的情绪发泄。情绪发泄，是指在激情状态下，由于自我控制能力不强，以暴力或其他不恰当的方式发泄情绪，其后果往往很严重，不利于问题的解决，反而会引发新的问题。如：青年人之间发生矛盾，可能会出手打架伤人，一时的痛快招来事后的悔恨。所以情绪宣泄原则和方法都强调其合理性，而不是一味地发泄情绪。

（三）活动转移法

活动转移法，是指在处于情绪困境时，暂时将问题放下，从事所喜爱的活动以转变情绪体验的性质，达到调控情绪的目的。事实证明：音乐是调控情绪的最佳方式之一。欢快有力的节奏使情绪消沉者振奋，轻松优美的旋律让紧张不安者松弛，青年人可以学习乐器和音乐创作，把内心的体验转化成心灵的曲调，并从中体验成功。

体育活动也是转移调控情绪的良好方法。当情绪状态不佳时，游山玩水、打球下棋都是极好的情绪调控手段。体育活动既可以松弛紧张情绪，又可以消耗体力，使消沉者活跃、激愤者平静，达到平衡情绪的目的。

活动转移法按其转移的方向可分为两类：一是消极地转移，二是积极地转移。消极地转移是指情绪不佳时，转而去吸烟、酗酒，甚至自暴自弃。这是青年人应该努力避免的转移方向。积极地转移是指把时间、精力从消极情绪体验中转向有利于个人和人类幸福及未来发展的方向上，如勤奋学习、从事研究等。积极地转移是青年人调控情绪努力的方向。

活动转移法之所以有效，其原因有三：一是新的活动是青年人所喜爱的，从事该类活动，青年人马上可以感受愉悦；二是新的活动成功有利于帮助青年寻找自我价值所在，重获自尊；三是每个人的时间、精力有限，用于一件事多些，用于其他事自然就少些，无暇再深刻体验负性情绪。

（四）放松训练法

放松训练又称为松弛反应训练，是一种通过肌体的主动放松来增强人对自我情绪控制能力的有效方法。它的基本原理是通过训练放松所产生的躯体反应，如减轻肌肉紧张、减慢呼吸节律和使心律减慢等，达到缓解焦虑情绪的目的。

具体的操作步骤如下（此方法最好是在老师的指导下进行）。

在一个较为安静的环境中，舒适地坐（或仰卧）在沙发上或躺在床上。

步骤一：让自己初步体验肌肉的紧张。操作要领：

① 伸直并绷紧双臂，握拳；

② 绷紧双臂肌肉，握紧双拳，用力，并保持数秒钟；

③ 放松双臂，松拳，放松休息数分钟。

步骤二：在上一步骤的基础上进一步绷紧肌肉。操作要领：

① 伸直双臂，握拳；

② 伸直并绷紧双腿，双脚脚尖内勾，呈倒勾式；

③ 上述各部位肌肉同时用力，并保持数秒钟；

④ 放松上述各部位的肌肉，放松休息数分钟。

步骤三：在前两个步骤的基础上达到全身肌肉的紧张。操作要领：

① 伸直双臂，握拳；

② 伸直并绷紧双腿，双脚脚尖内勾，同时紧皱前额部肌肉，紧锁眉头，紧闭双眼，皱起鼻子和脸颊，咬紧牙关，紧收下颚，紧闭双唇，紧绷两腮，梗直脖子，胸部、腹部

肌肉绷紧，躯干用力挺起；

③ 全身各部分用力绷紧，并保持数秒钟；

④ 放松上述各部的肌肉，放松休息数分钟。

步骤四：在全身肌肉紧张的前提下，配合呼吸，加强对紧张的体验。操作要领：

① 深吸一口气（用腹式呼吸），憋住气；

② 伸直双臂，握拳，头向后梗，伸直并绷紧双腿，双脚脚尖内勾，胸部、腹部肌肉绷紧；

③ 屏住呼吸，全身各部分用力绷紧并保持，直至身体和呼吸的最后极限；

④ 放松呼吸，并放松上述各部的肌肉。

步骤五：紧接步骤四，指导语暗示全身的肌肉、呼吸乃至身心放松。操作要领：

① 肌肉放松指导语：头部肌肉放松，面部肌肉放松，脖子放松，双肩放松，双臂放松，双手放松，手指放松，腮帮放松，腹部放松，双腿放松，双脚放松，脚趾放松；

② 呼吸放松指导语：呼吸在放慢，变得越来越慢、越来越深、越来越沉；

③ 身心放松指导语：你会感到身体变得很沉、很重，全身感到越来越沉、越来越重，感到全身很累、很疲倦，好像有一种昏昏欲睡的感觉，自己什么都不去想、什么都不愿意想，感到心情很放松。

步骤六：让自己体验此时此地的放松感受。

放松训练结束。

（五）音乐调节法

对有烦恼的大学生来说，学会欣赏音乐，不但可以改善自己不好的心情与态度，还会提高自己的艺术修养、陶冶自己的情操。

历史上曾经有过韩信用"四面楚歌"瓦解项羽部队的佳话。国外有许多研究资料证明，不同情绪状态可选用不同乐曲，能起到改变情绪与环境的作用。如：忧郁时，可选用莫扎特的《第40交响曲》（B小调）或者格什文的《蓝色狂想曲》第二部等；急躁时，可选用韩德尔的组曲《焰火音乐》等；烦恼，甚至不想活了，不妨选用贝多芬的《第五"命运"交响曲》（D小调）第一乐章等。

当然，音乐调节的效果，还要受各人文化素养的制约。不同的个体因不同的个性特点、心情、时间和场合而对乐曲有所选择。如：节奏感强的乐曲适合忧郁、好静、少动的人；旋律优美的乐曲适合兴奋、多动、焦虑不安的人。总之，当你有心理烦恼时，听一首喜爱的音乐，会对你的心情起放松和愉悦的作用。

（六）寻求帮助法

青年人陷入较严重的情绪障碍时，有必要向社会支持系统寻求帮助。每个青年人都应该建立自己的社会支持系统，有能够在心理方面给予自己支持、帮助的社会网络，如：亲人、朋友，或者是专业的社会工作者、心理医生。社会支持系统的存在有多方面的意义：

① 是倾诉的对象，苦恼的人将苦恼向他人倾诉之后，会有轻松解脱的感觉，青年人应该经常利用这种情绪调控手段；

② 能提供新的看问题的视角和思路，帮助当事人走出个人习惯的思维模式，重新评价困境，寻找新的出路；

③ 社会工作者和心理医生可以提供专业意见、建议，运用心理学手段和方法帮助青年人更有效地解除情绪障碍。

（七）学会饮食调节

科学家们已经证实，食物和情绪有着密切的关系。食用碳水化合物能起到镇静作用。因为它可以刺激大脑产生一种神经递质，使人感到平静和松弛。相反，摄入浓茶和过多的咖啡，会引起入睡困难、情绪波动。过多的咖啡因，可使人产生抑郁、焦虑、烦躁不安的情绪。所以在情绪长期不稳定、心烦意乱时可通过选择食物进行调整，这样会起到一定的改善作用。

 本章要点

1. 了解情绪的含义、种类及功能，重视情绪管理。
2. 理解情绪对大学生的影响。
3. 掌握大学生常见情绪困扰与调适。

 **课程实践**

【心理训练】

一、心理测验

你的情绪稳定吗？

下面请你做一次情绪健康测验，每个问题有三种答案供你选择，选择一个与你实际情况最相近的答案。对测试题中出现与自己生活、身份不相符合的情况，可以不予选择。

1. 看到你最近一次拍摄的照片有何想法？

A. 不称心　　　　　B. 很好　　　　　　C. 可以

2. 你是否想到若干年后有什么能使自己极不安的事？

A. 常有　　　　　　B. 没有　　　　　　C. 偶尔

3. 你被朋友、同学起过绰号、挖苦过吗？

A. 常有　　　　　　B. 没有　　　　　　C. 偶尔

4. 你上床以后，是否经常再起来一次，看看门窗是否关好，炉子是否封好以及诸如此类的事情？

A. 经常　　　　　　B. 没有　　　　　　C. 偶尔

5. 你是否满意与你关系最密切的人？

A. 不满意　　　　　B. 非常满意　　　　C. 还算满意

119

6. 你在半夜的时候，经常觉得有什么值得害怕吗？

A. 经常　　　　　　B. 没有　　　　　　C. 偶尔

7. 你梦见什么可怕的事而惊醒吗？

A. 常有发生　　　　B. 没有　　　　　　C. 极少

8. 你有没有一个梦，曾经做了许多次？

A. 有　　　　　　　B. 没有　　　　　　C. 记不清

9. 有没有一种食物，使你吃后要呕吐？

A. 有　　　　　　　B. 没有　　　　　　C. 不清楚

10. 除去看见的世界外，你心里面有没有另外一种世界呢？

A. 有　　　　　　　B. 没有　　　　　　C. 不清楚

11. 你心里面是否时常觉得你不是现在的父母所生的呢？

A. 时常　　　　　　B. 没有　　　　　　C. 偶尔

12. 你曾经觉得一个人爱你或尊重你吗？

A. 是的　　　　　　B. 不曾　　　　　　C. 说不清

13. 你是否常常觉得你的家庭对你不好，但是你又确知他们的确对你好呢？

A. 是的　　　　　　B. 不是　　　　　　C. 偶尔

14. 你觉得没有人十分了解你吗？

A. 是的　　　　　　B. 不是　　　　　　C. 讲不清楚

15. 你在早晨起来的时候，最经常的感觉是什么？

A. 忧郁　　　　　　B. 快乐　　　　　　C. 讲不清楚

16. 每到秋天，你经常的感受是什么？

A. 秋雨霏霏或枯叶遍地　　　　　　B. 秋高气爽或艳阳天

C. 不清楚

17. 你在高处的时候，觉得站不稳当吗？

A. 是的　　　　　　B. 不是　　　　　　C. 偶尔

18. 你平常觉得自己强健吗？

A. 不　　　　　　　B. 是的　　　　　　C. 说不准

19. 你一回家就立刻把房门关上吗？

A. 是的　　　　　　B. 不是　　　　　　C. 不清楚

20. 你坐在小房间里把门关上后，觉得心里不安吗？

A. 是的　　　　　　B. 不是　　　　　　C. 偶尔

21. 你在要决定一件事的时候，觉得很难决定吗？

A. 是的　　　　　　B. 不是　　　　　　C. 偶尔

22. 你常常用抛硬币、抽签这类游戏测吉凶吗？

A. 常常　　　　　　B. 没有　　　　　　C. 偶尔

23. 你常常因为碰东西而跌倒吗？

A. 常常　　　　　　B. 没有　　　　　　C. 偶尔

24. 你是否要一个多小时才能入睡，或醒得比你希望的早一个小时？

A. 经常　　　　　　B. 从不　　　　　　C. 偶尔

25. 你是否看到、听到或感觉到别人觉察不到的东西？

A. 经常　　　　　　　B. 从不　　　　　　　C. 偶尔

26. 你是否认为自己有超越常人的能力？

A. 是的　　　　　　　B. 没有　　　　　　　C. 在某些方面

27. 你曾经觉得有人跟你走，因而心里不安吗？

A. 是的　　　　　　　B. 没有　　　　　　　C. 不清楚

28. 你是否觉得有人在注意你的言行？

A. 是的　　　　　　　B. 没有　　　　　　　C. 不清楚

29. 当你一个人走夜路时，你觉得前面潜藏着危险吗？

A. 是的　　　　　　　B. 没有　　　　　　　C. 偶尔

30. 你对别人自杀的想法是什么？

A. 可以体验到　　　　B. 不可思议　　　　　C. 不清楚

用 A＝2，B＝0，C＝1 的换分方式，将你所测结果统计出来，看一看所得分数是多少。

若得分少于 20 分，表明你情绪稳定饱满，自信心强；你有一定的社会活动能力，能理解周围人们的心情，顾全大局；你一定是个性情爽朗，受人欢迎的人。

若得分在 20～40 分之间，表明你情绪基本稳定，但较为低沉，对事物的考虑过于冷静，处事淡漠消极，丧失发挥自己个性的良机；你的自信心受到压抑，干事热情忽高忽低，瞻前顾后，踌躇不前。

若得分在 40 分以上，表明你的情绪极不稳定，日常烦恼太多，以致使自己的心情处于紧张和矛盾之中。如果得分在 50 分以上，则是一种危险信号，需要寻求心理咨询医生的帮助。

二、体验拓展

（一）体验一：我的心理支持网

1. 取一张 A4 白纸，用彩笔在白纸的中间位置画一个代表自己的图形或符号。什么样的图形或符号都可以，只要你认为它能代表你自己即可。

2. 请认真回忆自己的日常生活情景，以及在这些情景中可能会出现的人。把他们写在白纸空白处你认为合适的位置，并让他们与你自己发生连接。

3. 当你遇到挫折时，可以让你倾诉的人有（　　　）。

4. 当你遇到困难需要帮助时，可以让你依靠求助的人有（　　　）。

5. 当你感到喜悦时，可以与你共同分享的人有（　　　）。

（二）体验二：管理情绪——情绪 ABC

学习情绪 ABC 理论，请你就最近某一事件做出分析，具体分析如下。

找 A（事件）：

找 B（情绪）：

找 C（认知）：

合理信念成分：

不合理信念成分：

找 D（辩论）：

效果（E）。

【新媒体导学】

一、推荐视频

1. 情绪管理：《如何保持情绪健康》

2. 央视心理访谈：《大学生心理访谈——我的情绪我控制》

二、推荐图书

1. 《让你快乐起来的心理自助法》（阿尔伯特·艾利斯）

推荐理由：你有一些与生俱来的让你陷入严重焦虑、抑郁、愤怒、自我憎恨和自我怜悯的倾向性，你是如此毫无必要但又荒谬无知地让这些倾向性一直伴你左右的？你能够改变导致你烦恼的思想、情感和行为，让烦恼远离你，也让你不再那么轻易就自我攻击吗？这样，当生活中的消极因素出现时，或者说你让它们出现时，你就能从这些消极因素中跳出来、远离烦恼。

2. 《情绪心理学：从日常生活到理论》（斯托曼）

推荐理由：情绪，是人类生活中不可缺少的一个重要组成部分。《情绪心理学》囊括了 150 余种情绪理论，并尽可能纳入了更多最新的实证研究资料。不论何种理论，也不管它来自何种学科，如果不能在日常生活中得到反应和揭示，那么这一理论的有用性就值得推敲，情绪研究也是一样。作者有意识地将大量生活实例引入书中，探讨这些生活实例的理论基础，将读者带入一个生动的情绪世界。

三、推荐电影

1. 《心灵的七种兵器》

推荐理由：这是首部网络心理科普短片，可以了解我们的情绪为什么失控？是掌握管理情绪的秘密武器。

2. 《头脑特工队》

推荐理由：影片介绍了小女孩莱利快乐、害怕、愤怒、讨厌、担忧生活的故事，影片以幽默风趣的方式介绍了五种情绪在人类生活中的作用，展现了五彩缤纷的情绪世界。

3. 《愤怒管理》

推荐理由：看看电影中的主人公是如何处理自己的愤怒情绪的。

【思考与练习】

1. 情绪对大学生的影响有哪些？你是如何管理和控制自己的情绪的？

2. 抑郁情绪是如何产生的？怎样进行有效的调控？

3. 简述 ABC 理论的内容以及你对该理论的认识。

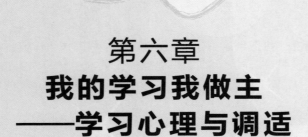

第六章
我的学习我做主
——学习心理与调适

知识有如人体血液一样宝贵。人缺了血液，身体就会衰弱；人缺少知识，头脑就要枯竭。

——高士其

培育能力的事必须继续不断地去做，又必须随时改善学习方法，提高学习效率，才会成功。

——叶圣陶

未来的文盲不再是不识字的人，而是没有学会怎样学习的人。

——埃德加·富尔

学习是学生的主要任务，也是大学生活的主旋律。在今天科技飞速发展的现代社会里，学习是一个人成为合格公民的基本功；在明天知识化和学习化的未来世界中，学习是一个人终身未尽的必修课程。无论过去、现在还是将来，学习都是一个人人生中一道最长、最美、最亮丽的风景。

然而几年来，许多学生在学习上存在着负性的或消极的情绪体验，如学习疲劳、紧张、焦虑、烦躁、自卑、压抑、厌倦等，所以正确地认识大学生学习中的心理困扰，正确地对待大学生学习中的心理矛盾和冲突，对于大学生提高学习效率，保持身心健康是十分重要的。

案例导入

学习动机不足引发的挂科

王某，女，20岁，大二学生。她自幼聪明活泼，学习成绩在班上总是名列前茅，父母对她寄予了很高的期望。刚上大学时，她立志一定要在大学里出类拔萃，让父母为自己感到骄傲。但她的志向比较模糊、笼统，没有具体的计划。她虽然选择了自己喜欢的专业，但仍然对大学学习很失望，甚至有些气馁。她原来憧憬的大学课堂是充满知识、智慧和艺术气息的，教材博大精深、新颖独特，教师才华横溢、幽默风趣。而现在，她发现教材陈旧乏味，教师讲课呆板枯燥，毫无激情更谈不上睿智深刻；课堂上还有个别同学逃课，有的人即使在教室，也在看课外书、玩手机、打瞌睡。她很无奈，自己喜欢的专业就是这个样子，她不知道该追求什么，心里有一种难以用语言表达的苦闷和空虚，觉得很没劲。她没有学习热情，后来就无所事事，经常在宿舍里睡觉，期末考试中她有两科未及格。

【智慧点拨】王某在学习上的懒惰，是学习动机不足者惰性的明显表现之一。学习动机不足的诱因是她憧憬的大学与现实的大学存在巨大反差，再加上学习目标不明确，陈旧的教材和教师枯燥的讲授，让她觉得学习越来越没劲。王某应明确自己的学习目标，把自己的学习同社会的需要联系起来，培养学习兴趣。只有保持对所学知识浓厚而持久的兴趣，才能充满热情地学习，保证良好的学习效果。

第一节　大学生学习心理概述

一、学习及学习心理概述

（一）学习的概念

许多心理学家、教育学家和哲学家从不同的角度定义学习。桑代克（1931）说："人类的学习就是人类本性和行为的改变，本性的改变只有在行为的变化上表现出来。"加涅（1977）说："学习是人类倾向或才能的一种变化，这种变化要持续一段时间，而且不能把这种变化简单地归之为成长过程。"希尔加德（1987）说："学习是指一个主体在某个现实情境中的重复经验引起的，对那个情景的行为或行为潜能变化。不过，这种行为的变化不能根据主体的先天反应倾向、成熟或暂时状态（如疲劳、醉酒、内趋力）来解释的。"联合国教科文组织在《学习，财富蕴藏其中》（1987）的报告中指出：学习是指个体终身发展、终身教育的理念。

学习的概念有广义与狭义之分。从广义上讲，学习是人和动物在生活过程中由经验引起的通过实践训练而获得的相对持久的适应性的心理变化，即有机体以经验方式引起的对环境相对持久的适应性的心理变化。在这个定义里，体现了四个论点。一是学习是动物和人所共有的心理现象。虽然人的学习是相当复杂的，与动物的学习有本质的区别，但不能否认动物也有学习（现代比较心理学实验证明，无脊椎动物也有学习）。二是学习不是本能活动，而是后天的习得性活动。虽然由于物种进化的不同，学习水平差异很大，但一切个体的学习活动都是后天由于经验或实践引起的，而不是由于成熟或损伤、药物等暂时状态引起的。三是任何水平的学习都将引起适应性的行为变化，不仅有外显行为的变化（有时并不显著），也有内隐行为或内部过程的变化，即个体内部经验的改组和重建。这种变化不是短暂的，而是相对持久的。四是不能把个体一切变化都归之为学习，例如，由于疲劳、生长、机体损伤以及其他生理变化所产生的变化，就不属于学习，只有通过学习活动所产生的变化才能称为学习。

狭义学习是指在各类学校环境中，在教师的指导下，学生在较短的时间内系统地接受前人积累的文化经验，以发展个人的知识技能，形成符合社会期望的道德品质的过程。学生的学习过程有其本身的特点。一是学生的学习是一种特殊的认识活动，这种认识活动主要是掌握前人所积累的文化、科学知识，即间接的知识，它和科学家探索尚未发现的客观真理的认识活动是不同的。学生在学习中有时也可能有新的发现，但主要还是学习前人已经积累起来的知识经验。二是学生的学习是在教师指导下，有目的、有计划、有组织地进行的，是以掌握一定的系统的科学知识为任务的。三是学生的学习是在比较短的时间内接受前人的知识经验，用前人的知识经验武装自己，因此，不可能事事从头实践，重复原有的研究路线去掌握前人积累的间接经验。在学习过程中，虽然也要通过一定的实践活动或进行科学实验，以便获得直接经验，那只是为了更好地理解、巩固和运用所学的知识。学生的实践活动是服从于学习目的的。四是学生的学习不但要掌握知识经验和技能，而且还要发展智能，培养品德以及促进健康个性的发展，形成科学的世界观，这种双重任务是不可偏废的。可见，学生的学习不仅同人类发展中历史经验的形成过程和科学家探索客观真理过程有区别，而且和一般条件下人们进行的学习也不同。

 知识链接

班杜拉的自我效能理论

自我效能指人们对自己是否能够成功地进行某一成就行为的主观判断。这一概念是班杜拉最早提出的，在 20 世纪 80 年代得到了大量实证研究的支持。关于学习，自我效能理论能够给予很好的诠释。

班杜拉在其动机理论中指出，人的行为受行为的结果因素与先行因素的影响。行为的结果因素就是通常所说的强化，他认为在学习中没有强化也能获得有关的信息，形成新的行为。而强化能激发和维持行为的动机以控制和调节人的行为。因此，他认为行为的出现不是由于随后强化，而是由于人认识到行为与强化之间的依赖关系后对下一步强化有所期望。在期望中，不仅有对结果的期望，还有对效能的期望。对结果的期望指的是人对自己的某种行为会导致某一结果的推测。如果人预测到某一特定行为将会导致特定的结果，那么这一行为就可能被激活和被选择。例如，大学生认识到上课注意听讲就会获得他所希望取得的好成绩，他就有可能认真听课。对效能的期望指的则是人对自己能否进行某种行为的实施能力的推测或判断，即人对自己行为能力的推测。它意味着人是否确信自己能够成功地进行带来某一结果的行为。当人确信自己有能力进行某一活动，他就会产生高度的"自我效能"，并会去进行那一活动。班杜拉等人的研究指出，影响自我效能形成的最主要因素是个人自身行为的成败经验。一般来说，成功经验会提高效能期望，反复的失败会降低效能期望。

（二）学习心理

1. 学习心理的概念

了解大学生学习中的心理特征和心理障碍对于培养其健康的学习心理，提高学习水平，使他们成为学有专长的人才具有十分重要的意义。那么什么是学习心理呢？学习心理就是学生在学习过程中由于受到各种内在与外在因素的影响或刺激而形成的各种心理反应。对大学生学习心理的研究主要是从学习目的、学习动机、学习兴趣、学习策略、常见的学习心理问题等方面来展开。

2. 大学生学习心理的特点

大学学习阶段是人才成长由"求学期"进入"创造期"的过渡阶段，因此，大学生入学后,在学习上不仅有这阶段的特点,也有特有的学习心理,这主要表现在两个不同的阶段。

(1)适应阶段的学习心理 学生在大学期间的活动,要完成两个心理过渡的任务:一个是从中学学习习惯向适应大学学习过渡,另一个是做好从学生走向社会的心理准备。

学生进入高等学校,面临新的学习环境,与中学的学习环境和方法的不同会使学生表现出多方面心理不适应。首先,学习动因不适应。升入大学后,对学生最直接、激励作用最大的动机成分,都因阶段性愿望实现而失去了动力的作用,加之现实的大学生活与原来理想中美好憧憬产生了矛盾,造成了大学生在入学后的第一、二个学期中出现学习成绩普遍有所下降的现象。第二个不适应就是对大学学习方式的不适应。自学能力不足,不会自学,不会主动学习,找不出学习中的关键,学习兴趣逐渐变弱,心理处于无可奈何之中。

(2)发展创造阶段的学习心理 在适应了大学的学习后,大学生主要从基础理论学习转向高级专业技能的学习。这时期他们的学习主要集中在科研选题和创造性思维的发展上。这一阶段他们的学习心理特点主要有:首先,学习意识基本成熟。随着主体意识萌芽,大学生自我意识和学习意识也基本成熟。学习的自我意识形成是学会学习的关键,这种意识的增强主要表现为更强的学习独立性、自主性和可控性。如对学习内容主动选择程度的提高,对学习时间安排上较大的自主支配,尤其是自学能力已成为他们学习效果好坏的主要因素。其次,学习动机发展到了核心层。大学生学习动机的一般发展进程是直接性学习动机随学习年级的升高而逐渐减弱,而以学习的社会责任感为主导的学习动机则随学习年级的升高而加强,专业性的学习动机也随着学习年级的升高而日益巩固和发展,这表明,大学生的学习动机是不断向以学习的社会意义、人生意义为内容的深层动力的核心层发展的。最后,学习的自我评定力日益增强。随着知识的丰富提高,大学生的自我评定力也不断增强,他们能对自己的学习效果进行合理评价,包括对学习动机的性质、内容、方向、动力大小的自我评定,对智力、能力活动及效率的自我评定,以及对知识、技能掌握程度的评定,并据此制定出一套适合自己智力和能力发展的计划,对学习活动进行调节和控制。

二、大学生学习的特点

大学生眼中的大学学习是不同的,或是枯燥的、高深的,或是简单的、没有实用价值的,或是基础理论性的、前沿的。不论你怎么定位大学学习,只有真正认识并把握了大学学习的特点和规律,才能探寻适合自己的学习方法,从而取得良好的学习效果。

(一)学习内容上的特点

1. 专业化程度较高,职业定向性强

大学教育的任务是为社会培养各类高级专门人才。绝大多数大学生毕业后都要在社

会各个实践领域从事与自己专业相关的职业活动，为社会服务。因此，学生一进入大学就要开始分系、分专业，在某一领域进行深入的学习和提高。他们学习的专业化程度较高，职业定向性较强。大学生的学习活动实质上是一种学习-职业活动。大学生要掌握专业基础知识、基础理论，掌握从事各类专业活动的基本技能，为毕业后参加职业活动做准备。

2. 实践知识丰富，对动手能力要求高

由于大学学习的职业定向性较强，因此在大学学习中，实践知识的掌握和动手能力的培养具有特别重要的意义，学校教学计划中安排的实验、实习、社会调查、野外考察等内容就是为了达到这一目的。为了掌握本专业所需的实践知识和动手能力，单靠几个星期或两三个月的教育实习、临床实习是不够的，还应在平时学习中理论联系实际广泛参与社会实践。

3. 学科内容的层次性和争议性

大学生在专业学习中，不但要掌握本专业各学科的基础知识和基本理论，还要了解这些学科的最新研究成果及其发展趋势。同时，大学学习的内容中还包含一些有争议的、没有定论的学术问题，教师在阐述某一学科内容时经常向学生介绍一系列互不相同的理论和观点，其中没有一种观点和理论目前已被证明是完全正确的。把这样一些有争论的问题引入大学学习内容之中，可以开拓学生的专业视野，激发学生智力活动的积极性，培养学生的科研动机，帮助学生认识发现真理的过程。

（二）学习方法上的特点

1. 自学方式日益占有重要地位

在高中阶段，学生学习是在教师的直接组织和指导下进行的。进入大学后，自学在学生学习中日益占有重要地位。在大学高年级，自学甚至成了学生学习的主要方式。这表现在以下几个方面：第一，大学生的课程不是安排得满满的，而是留有较多的自学时间，这使学生有可能把精力投入自己认为必要的或感兴趣的方面；第二，即使在课堂教学中，教师也不可能教授相关学科的所有内容，而是要布置各种参考书供学生课后自学；第三，大学生撰写学年论文、毕业论文，参加科研工作，都是在教师指导下依靠自己的力量独立完成的。所有这些，都要求大学生注意培养自学能力，学会自己确定学习目标，自己安排时间，学会迅速地查找和阅读各种专业资料，学会做笔记、写摘要、做综述，学会独立自主地获取知识。

2. 学习的独立性、批判性和自觉性应不断增强

大学学习要求学生具有较强的独立性、批判性，能以批判的态度对待学习。大学生不应轻信教师讲课的内容和书本上现成的理论，不应迷信专家、学者的有关论述，而应该通过自己独立思考、探索得到结论。大学生讨论问题、争辩问题，向教师提问，和教师辩论，表达自己独到的想法、见解和观点等都是独立性的体现，但要避免盲目自信和认识上的片面性。

大学学习对学生自觉性的要求也较高。大学生应清醒地认识到自己肩负的责任和学习的意义、价值，明确学习目的，端正学习态度。现实情况中多数大学生不需要教师的监督，就能自觉地、孜孜不倦地学习和思考。

3. 课堂学习与课外、校外学习相结合

课堂学习虽然还是大学生学习的主要途径，但已不像中学生那样几乎是唯一的途径。除了课堂学习以外，他们还要按照教学大纲的要求完成实验作业，在图书馆和资料室查阅文献，参加或协助教师开展科研活动，听各种学术报告和讲座，参加学生会和社团协会的工作。除了校内的多种学习途径外，大学生还应不断地参与社会实践活动，从社会实践中学习。各种学习和实践活动不仅能极大地调动大学生学习的积极性，而且能有效地提高大学生独立学习和独立工作的能力，从而为他们成功走向社会、未来职业发展打下坚实的基础。

（三）大学生学习动机的特点

大学生的学习动机随着社会生活条件、教育实践影响和个人生活经历的不同而发生变化，表现出自身的发展特点。

1. 学习动机的多元性

大学生的学习动机是多种多样的。有关研究表明，大学生的学习动机主要有四类：第一类是报答性和附属性学习动机。如为了报答父母的养育之恩，为了不辜负老师的教诲，为了取得其他同学的认可和获得朋友的支持等。第二类属于自我实现和自我提高的学习动机。如为了满足荣誉感、维持自尊心、发展认知兴趣、满足求知欲等而努力学习。第三类属于谋求职业和保证生活的学习动机。如为了获得一个理想的职业，为了获得满意的物质生活而学习。第四类属于事业成就的学习动机。如希望自己在专业上有所建树，希望自己能对社会有所贡献，感到自己负有振兴中华的使命感、责任感和义务感等。

大学生四种类型的学习动机实际上是不同层次和水平的动机。在同一个大学生身上，其学习动机也是多种多样的，大学生并非受其中单一的动机所支配，但这些动机有主有从。

2. 学习动机的间接性

有调查表明，大学生的直接性学习动机，如分数、赞赏、奖励、避免受到惩罚等，随年级的升高而逐渐减弱；而间接性学习动机，如求知、探索、成就、创造、贡献等，随年级的升高而逐渐加强。教育实践的经验也表明，低年级大学生对考试分数很重视，常常因不能取得高分而苦恼。随着年级的升高，学生对分数虽然仍旧重视，但重视的程度减弱了。相当多的高年级学生在某些课程上只要求通过考试，在另一些课程上则特别注重广泛吸取知识，参与创造性的探索工作，掌握现代化的科学研究方法。这也说明随着年级的升高，大学生的直接性学习动机逐渐减弱，而间接性学习动机逐渐增强。

3. 学习动机的社会性

有调查表明，大一新生认为自己高中时的学习动机是"报答父母恩情""争口气"的占91.3％；而对大学一二年级学生的调查则显示，有89.5％的学生认为"做一个对社会有更多贡献的人""在某专业领域有所建树"等是自己学习的动力源泉。这说明，随着大学生年级的升高，其学习动机的社会性意义也在日益提升。

4. 学习动机的职业化

我国大学生虽然绝大多数是按其报考志愿录取的，但学生的高考志愿往往并非出自其个人的意愿，而是带有相当大的盲目性。因此，不少大学低年级学生都存在专业认同感较低的问题。但是随着年级的升高，学生对所学专业的了解日益加深，对自己所学专业的喜爱程度也逐年加深，职业化的学习动机开始逐渐巩固。

三、影响大学生学习心理的因素

（一）智力因素

智力因素是学习的必要心理条件，也是成才的必要条件。中国心理学家普遍认为，智力因素包括观察力、注意力、记忆力、思维能力和想象力五种因素，并以思维能力为核心。学习过程是以一定的智力发展水平为前提的心智活动过程。

1. 观察力对学习心理的影响

观察力是大学生学习的基本智力条件。大学生以观察作为学习的基本手段，以获得基本的、丰富的感性材料，从而有助于大学生更好地理解和掌握理论知识，满足大学生自我发展的需要。观察力不仅是智力活动的门户，也是进行科研探索的重要心理因素。良好的观察力能使大学生从学习中积累经验，促使他们产生强烈的探索欲望。大学生从细致的观察中发现问题、提出问题、解决问题，弄懂其中的道理，从而加深所学知识。国外心理学家和教育学家根据对学习成绩较差的大学生的长期研究，认为他们普遍缺乏观察力，因此也就缺乏探索进取心。观察力还是决定大学生成才的关键条件。是否有创造力是大学生能否成才的关键，而较强的观察力则是富有创造性学习能力的大学生的重要心理特征。因为观察力强的大学生在观察过程中把注意力集中在最关键的地方，善于提出问题并寻找解决问题的方法。反之观察力差的大学生则不善于提出问题和解决问题，在学习中处于被动位置。

2. 注意力对学习心理的影响

大学的学习丰富多彩，图书馆是大学生学习的最佳场所。大学生在随意浏览中获得许多知识，这种无意注意所获得的知识是比较零散的，不成体系的。所以，在大学的学习中，专业课程和科研创新都要依靠有意注意和有意后注意。有意注意可以帮助大学生获得系统的知识。在大学的课程中，理论课和一些专业课比较枯燥，大学生必须全神贯注地学习，以应付繁重的学习任务，所以必须依靠有意注意。但有意注意也会消耗大学生过多的精力，造成大脑紧张，学习过程中的心理压力加大。有意后注意是一种更高级的注意形态，是大学生进行创造性学习的必要条件。有意后注意，就是事前有预定目的，不需意志努力的注意。这种注意的形成有两个条件，一是要对活动有浓厚的兴趣，二是活动的自动化，因为它是由有意注意通过努力学习转化而来的。

3. 记忆力对学习心理的影响

记忆是人们最熟悉的心理现象，每个人都能随时体验到。记忆力与大学生的学习更是有着十分密切的关系。记忆力好的大学生，学习和工作的效率就高；反之，学习过程中就会出现许多麻烦，学习成绩也不会理想，工作中也会出现差错。就大学教师对"聪明大学生"特点的看法做调查，其中43.8％的大学教师认为记忆力强是"聪明大学生"的智力特征之一。

4. 思维能力对学习心理的影响

思维也就是我们常说的思考、思索，是一种高级的心理活动，即反映客观事物一般属性和内在联系的心理活动。比如，人们遇到问题时，常说"我要想一想"，这里的"想一想"指的就是思维。思维能力是智能结构的核心，是学习成功的智力要素。我国的教育家孔子曾说过："学而不思则罔，思而不学则殆"，可见思维能力在学习活动中的重要意义。人们要得到对于客观事物的理性认识，必须通过思维才能实现。随着社会对新类型人才需求的增加，对大学生而言，良好的个人思维能力是获得好的工作职位和高收入的保证。

5. 想象力对学习心理的影响

想象力是在表象基础上创造新形象的能力或本领。想象力是智力结构的动力因素，是智力活动的翅膀。人的认识活动要富有创造性，就离不开丰富的想象力。想象和思维是相互交叉、相互渗透的，如果没有想象能力的支持，是不可能产生创造性思维的。

（二）非智力因素

美国心理学家特曼等人曾对1500名学生进行了长达50年的追踪研究，结果发现150名最成功者与150名最不成功者之间在智力发展上并没有什么大的不同，主要是进取心、自信心、兴趣等非智力因素起着重要的作用。非智力因素指人在智力活动中，不直接参与认知过程的心理因素。

1. 兴趣与学习

学习兴趣历来为教育工作者所重视，古人说："兴趣是最好的老师"，充分说明了兴趣与学习的关系。浓厚的兴趣能推动个体进行探索性的学习，对某一学科有着强烈而稳定兴趣的大学生，会将此学科作为自己的主攻方向，学习中主动克服困难，排除干扰。兴趣是大学生成才的重要方面，大学生有学习兴趣后，能够刻苦钻研，向着更高目标迈进。

2. 情感与学习

情感分为情绪和情操两种形式。情绪具有情景性、激动性、短暂性以及表现明显等特性，与生理性需要相联系。其主要表现形式有心境、激情、应激、挫折，统称为情绪状态。而情操则是习得的、比较高级、比较复杂的情感，与人的社会需要相联系。其主要表现形式有理智感、道德感和审美感，统称为高级社会情感。在学习活动中，适当的激情、良好的心境、饱满的热情是学习的重要心理品质；而情操则是推动学习的强大动力，是一个人取得学业成就大小的先决条件。人是自己情感的主人，在学习过程中，学生既要通过学习活动形成和发展自己的情操，又要保持和激发积极的情绪状态，满腔热情地投入学习中去，要学会用理智支配情感，做情感的主人，以克服消极的情感，防止它们对学习活动产生阻抑作用。

3. 态度与学习

学生的学习态度是指学生在学习情境中表现出来的比较稳定的心理倾向。大学生的学习态度直接影响其学习行为和学习成绩。教师的人格魅力与教学水平直接影响学生的学习兴趣。很多情况下，学生会有意或无意地吸取或模仿教师的某些行为，把教师作为自己心目中的楷模，有利于学生端正自己的学习态度。

4. 意志与学习

有人对大学生的学习曾做了这样的描述，大学生差别最小的是智力，差别最大的是毅力，因此，意志在大学生的学习中起着重要作用。在学习活动中，学生要下定决心，明确学习目的；要树立信心，相信自己的力量；要持之以恒，百折不挠，才能取得优异的成绩。

在学习过程中，必须通过具体的学习来培养自己的意志，必须通过攻克难关、迎战困难来锻炼自己的意志。总之，要利用一切机会和环境培养自己良好的意志品质。只有那些在学习上克服重重困难、勇于攀登高峰者才能称为意志坚强的人。

5. 性格与学习

陶行知先生从教育实践中得出，良好的性格特征主要有以下四个方面：一是努力奋斗；二是实事求是；三是独立意识；四是创造精神。一个具有优良性格特征的大学生，可以保证其具有正确的学习动机、稳定的学习情绪、持久的学习举动和顽强的学习意志。良好的性格特征能提高大学生心智活动的水平，使之获得学业上的成功。

第二节　大学生常见的学习心理障碍及调适

上了大学，学习是什么呢？联合国国际 21 世纪教育委员会提出了四大教育支柱——学会求知、学会做事、学会共处、学会做人。之所以称其为"四大支柱"，因为它们是能支持现代人在信息社会有效地工作、学习和生活，并能有效地应对各种危机的四种最基本的能力。其中学会求知就是学会学习。在谈到学会学习时，国际21世纪教育委员会指出："这种学习更多的是掌握获得知识的手段，而不是经过分类的系统知识。"因此大学生在大学期间的学习不仅是知识的学习，更要注重自己能力的提高。然而，很多大学生并没有切实认识到这一点，在学习上表现出诸如上面案例中存在的许多问题。作为一名现代的大学生，该如何面对并进行自己在大学期间的学习呢？

每个大学生都是怀着梦想走进大学的，然而进入大学以后，突然发现置身于一个自身难以应对的学习环境之中，原本自己在中学阶段引以为傲的成绩优势不存在了，曾经的雄心壮志磨灭了，驾轻就熟的学习方法失效了……那么，大学生在学习上面临的主要问题有哪些呢？

一、大学生常见的学习心理障碍

（一）学习与心理健康的关系

学习是大学生最主要的任务，而学习又是一个非常复杂的心理现象。因此，一方面大学生的心理健康状况，心理发展水平对大学生产生直接作用，而另一方面大学生的学习活动也对他们的心理健康有很大的影响，二者是相互影响、相互制约的。

1. 学习对心理健康的影响

（1）学习对心理健康的积极影响　学习可以使大学生发展智力，开发潜能，任何一个人的智力水平都是在学习过程中不断发展的。即使大学生的智力再好，智商再高，如果不学习，不会学习，智能也得不到开发和利用。一定的智力水平是心理健康的基础，而大学生的潜能也会在学习中得到表现。大学生的表达能力、创造能力和实践能力都只有在实际学习中才能得到开发利用和提高。学习能促进大学生认知水平和自我概念的发展，大学生只有通过学习，才能提高理论水平，并发展学习能力，逐步掌握科学的认知方法。同时也只有在学习过程中，才能发现自身的不足，正确认识、评价自己和他人，才能根据社会的发展进行自我调节。学习能够调节大学生的情绪和情感，并能够给人带来身心上的愉悦和满足。如果大学生利用自己的智慧最终发明了新事物，取得创新科研成果时，按照美国人本主义心理学家马斯洛的说法，这时创造者的主观情感是一种神秘的"高峰体验"。

（2）学习对心理健康的消极影响　学习不仅是复杂的心理现象，也是一项艰苦的脑力活动。如果学习的内容不健康，就会给人生观和价值观还不成熟的大学生带来心理污染。如果学习负担过重，就容易产生心理压力，造成精神高度紧张，对身心造成伤害。如果学习方式不当，学习难度过大，长期不能提高成绩，也会打击大学生的自信心，产生自卑心理。这些都会对心理健康造成危害。

2. 心理健康对学习的影响

学习是非常复杂的心理现象，它涉及注意力、观察力等认知过程因素，也涉及动机、情绪、个性等非智力性因素。因此不能简单把学习成绩的好坏与智商的高低等同起来。在大学里，可以说每个学生的智力起点都比较高，个体的智力水平差距较小。可是为什么同一专业甚至是同一班级学生的学习成绩差距会比较大呢？有的学生学习起来毫不费力，而有的同学却感到被学习压得喘不过气来，甚至无法完成学业，其原因就是受个人的心理健康状况的影响。心理学研究表明，心理健康状况对大学生的学习有着很大的影响。那些心理健康，尤其是非智力因素好的学生，他们的学习比较轻松，学习成绩也比较优异。而心理健康状况不良，则会对学习产生妨碍，甚至使大学生无法完成学业。学习与心理健康状况是互为基础、互相促进的。

（二）大学生常见心理困扰

1. 厌学

厌学是一种典型的心理疲倦反应。目前，厌学现象在大学生中较为普遍，主要表现为：学习不主动，课前不认真预习，课后不及时复习；情绪消极，作业拖拖拉拉，敷衍了事；注意力分散，上课不认真听讲；作息不正常，经常上课迟到，甚至逃课。伴随而来的是学习效率降低，考试成绩下降。学生厌学情绪产生的原因比较复杂，包括学习内容枯燥，教学方法呆板，学生所承受的压力较大，学习的时间太长等。

2. 懒惰

懒惰是一种怕苦怕累的心理现象。这类学生以为考上大学就万事大吉，学习上不肯用功，不求上进，学习任务难以完成，常常表现为怕动脑筋、懒于思考，平时"玩"字当头，"混"字当先，只图一时安逸。究其根源，是缺乏远大理想和抱负。他们学习目的不明确，学习动机不纯，未能树立起正确的人生价值观。

3. 自卑

自卑是羞于落伍的自尊心和学习成绩低下的客观事实，在长期的矛盾冲突中得不到解决而造成的心理创伤所致，是后进生中普遍存在的心理现象。这类学生有的虽经一再努力，但成绩总是提不高，丧失了进取心；有的由于学习成绩太差，主观上又不努力，在学习上一再受挫，像泄了气的皮球，再也鼓不起学习的勇气；有的觉得考研无望，竞争无资本，因而自甘落后，自我轻视。自卑心理产生的原因是多方面的，有的与家庭教育方法不当、社会影响不良有关；有的是由于学校教育失误造成的；有的因个人智力和非智力因素影响所致。自卑是学生健康成长的严重障碍，对学生的整个学习过程影响极大。

4. 兴趣狭窄

兴趣狭窄是指这类学生兴趣比较单调，把自己局限于狭小的圈子之内。其原因有的属于学生本身的认识问题，兴趣不广泛；有的因教师教学方法陈旧，不能激发学生的学习兴趣。兴趣偏狭不仅影响学生个性的全面发展，也影响他们生活内容的丰富性。就学习而言，兴趣偏狭很难获取丰富的知识，也很难发展多方面的能力。

❀ 5. 消极归因

消极归因指人们对别人或自己的行为原因加以解释或推论。消极归因者往往不能正确认识问题。如学习成绩低下的学生，不从学习动机、学习态度、学习意志、学习方法上去找原因，而往往把责任推给教师，认为教师教得不好，或认为学习环境不理想，影响了自己学习的进步，以此来消极地保护自己的自尊心和虚荣心。当他们因学习上的问题受到老师的批评时，没有勇气做自我批评，总是设法找一些理由来为自己辩护，或以他人类似的行为来为自己开脱。消极归因是缺乏自我意识的表现，不利于健康心理品质的形成，同时，对自己学习的进步也有不良影响，甚至产生习得性无助。

 知识链接

习得性无助

"习得性无助"由美国心理学家塞利格曼 1967 年在研究动物时提出。实验是这样的：把狗关在笼子里，只要蜂音器一响，就给狗难受的电击。关在笼子里的狗无处躲避，只得忍受电击。多次实验后，先把笼门打开，只要蜂音器一响，此时的狗不是去逃跑，而是先倒在地上开始呻吟和颤抖，等待再次的电击。本来可以主动逃避，却因为重复的惩罚和失败，而听任摆布，绝望地等待痛苦的来临，这就是著名的"习得性无助"经典实验。

在对人类的观察实验中，心理学家也得到了与习得性无助类似的结果。细心观察，我们会发现：正如实验中那条绝望的狗一样，如果一个人总是在学习上失败，他就会在学习上放弃努力。甚至还会因此对自身产生怀疑，觉得自己"这也不行，那也不行"，无可救药。而事实上，此时此刻的我们并不是"真的不行"。而是陷入了"习得性无助"的心理状态中，这种心理让人们自设樊篱，把失败的原因归结为自身不可改变的因素，放弃继续尝试的勇气和信心。破罐子破摔，比如，认为学习成绩差是因为自己智力不好。

❀ 6. 逆反心理

逆反心理是指行为主体按照特定标准或社会规范对人们进行引导和控制时，作为客体产生的反向心理活动。具体来说，是一种"你要我这样我偏不这样"的情绪。这类学生常常表现为上课时对老师的教育置若罔闻或明听暗顶；对老师和学校采取的许多教育措施无动于衷；对老师教给的知识毫无兴趣；对同学的热心帮助不予理睬；对家长的教诲加以排斥。学生一旦产生逆反心理，必将对其学习成绩产生不良影响。

（三）大学生常见心理障碍

❀ 1. 大学生学习动机障碍

面对新的环境，一些大学生在经历了高中的刻苦学习之后，产生了松劲的念头，加上大学学习的竞争有着"隐性"的特点，所以在具有强烈学习愿望的同时，推动这一愿望变成行动的动力强度又往往不足，"想法多行动少"是大学新生普遍存在的心态，不少学生热衷于课外兼职或其他社团活动，对待学习消极马虎。有一位学业成绩优异但家庭贫困的大学生曾经在心理咨询的过程中说道：上大学后，忽然感到心中茫然，学习没有动力，生活没有目标，有时候想到辍学在家的妹妹和年迈的父母，我也恨自己不争气，可我的确找不到奋斗的目标与学习的动力，学习上得过且过，生活上马马虎虎，漫无目的，上课打不起精神，我不是喜欢上网，而是因为实在没劲才去上网聊天打游戏。这位大学生的困惑就是典型的学习动机不足。大学生的学习动力不足，是指学习没有内在的驱动力量，没有明确的学习方向，无知识需求，更无学习兴趣，厌倦学习，尽力逃避学习，这也是某些学生常说的"学习没劲头"。

（1）学习动机不足的表现

① 懒惰行为。表现为不愿意上课，不愿意动脑筋，不完成作业。学习上拖拉、散漫，怕苦怕累，并经常为自己的懒惰行为找借口。

② 容易分心。动机不足的学生注意力差，不能专心听课，不能集中思考，兴趣容易转移。行动忽冷忽热，情绪忽高忽低。

③ 厌倦情绪。动机缺乏的学生对学习冷漠、畏缩，常感到厌倦，对学校与班级生活感到无聊。

④ 缺乏方法。动机不足的学生把学习堪称是奉命的、被迫的苦差事，因此不愿积极寻求一些适合自己的学习方法，满足于死记硬背，应付考试。因为缺乏正确灵活的学习策略和方法，所以往往不能适应新的学习情景。

⑤ 独立性差。动机缺乏的学生，在学习上没有明确的目标，学习行为往往表现出从众与依附性。随大流，极少有独立性和创造性。

（2）学习动机过强的主要表现

① 容易自责，在学习上追求成功，要求完美，对自己的要求严格而苛刻，不敢接受学习失败的现实，易产生挫败感，争强好胜，看重分数名次。

② 过于勤奋，几乎把所有心思和时间都用在学习上。

③ 情绪紧张，伴随学习焦虑和考试焦虑而常感到紧张不安。学习压力过大，情绪难以松弛，导致学习过程中注意力不集中，记忆下降，思维迟钝，学习效率低下。

2. 大学生注意力障碍

大学生在学习中都曾遇到过这样令人苦恼的事情，看书的时候头脑中会冒出许多与书本无关的东西，比如曾经听过的歌曲，一次偶然的经历等。上课的时候也总是走神，一会儿想起电视情节，一会儿想起曾经做过的事情。精力不集中，学习效率就大大降低，尽管内心十分想要克服，但总是不能取得很好的效果，很多学生为此痛苦不已。

注意力不集中的主要表现如下。

① 上课不能专心听讲，大脑常常开小差，盯着黑板却心猿意马，自己不能控制思维飘逸。

② 易受环境的干扰，教室外的小小动静都能引起注意力的转移，而且长时间不能静心。

③ 参加活动如体育运动或看一场电影后，久久沉浸在情节的回忆之中。

3. 学习疲劳

学习疲劳是指学习者由于学习过度或学习方法不当而产生的学习效率逐渐降低，并伴有渴望停止学习活动的生理和心理现象。学习心理研究表明，凡是需要紧张注意、积极思维和加强记忆的学习活动，都容易产生疲劳。

学习疲劳的主要表现：学习疲劳的产生是一个由浅入深的积累过程，最初的阶段总是先感觉到身体上的种种不适，然后转化为心理上的各种障碍，通常分为三个阶段：第一阶段——早期疲劳。这一阶段的特点是原来的兴奋过程受到抑制，而原来的抑制过程却因减弱或解除而变得兴奋起来。具体表现为学习精力不集中，听课走神，记性差，学习效率明显降低。第二阶段——显著疲劳。这一阶段的特点是兴奋和抑制过程全部减弱，大脑皮质的保护性抑制加深和扩散。具体表现为哈欠连天、瞌睡不止、思维缓慢、反应迟钝，学习失误率增高，学习速度明显减慢。第三阶段——过度疲劳。这一阶段的特点是大脑皮质呈高度抑制状态，且出现了明显的病理现象。具体表现为心理功能下降，思维停滞，精神萎靡；生理上出现头昏、头痛、失眠、嗜睡、食欲减退和消化不良等症状。

4. 考试焦虑

考试是一种复杂的智力劳动，是一种非常状态，要求考生头脑清醒、情绪稳定。考试焦虑是一种严重影响考试水平发挥的情绪反应。考试是滋生紧张情绪的土壤，有的学生因考试紧张，不能正常发挥自己的水平，主要是由于求胜心切，加重了心理负担，求胜动机在大脑皮层的某一区域形成了占主导地位的兴奋中心，致使其附近区域处于抑制状态，这会破坏知识之间的联系，妨碍了对知识的调动与提取，而记忆的暂时中断往往会加重焦虑情绪，从而加深考生对考试成绩得失的忧虑，于是导致恶性循环，容易造成错答、漏答或不知如何应答，在焦虑的状态下，学生的分析、综合、抽象、概括等具体思维能力无法正常发挥，从而导致考试失败。

考试焦虑的具体表现：情绪上表现出担忧、焦虑、烦躁不安；认知上表现为注意力不集中，记忆力下降，看书效率低，思维僵化；行为上表现为坐立不安，手足无措；身体上表现为头痛、食欲下降、恶心、心慌、睡眠不好等。严重的还会出现具有高度考试焦虑的学生在考前出现明显的生理心理反应，如：过分担忧、恐惧、失眠健忘、食欲减退、腹泻等症状；在临考时心慌气短，呼吸急促，手足出汗，发抖，频频上厕所，思维浮浅，判断力下降，大脑一片空白；个别学生在考场上出现视障碍，如：看不清题目，看错题目，漏题丢题，动作僵硬，手不听使唤，出现笔误等。

二、大学生学习心理障碍的成因

根据调查，目前大学生学习心理障碍主要表现为厌学、焦虑、懒惰、自卑、兴趣偏狭、消极归因、逆反心理等。大学生的学习比中学生的学习更为自觉，更为独立，因此，学习心理障碍对大学生的学生有着极大的影响。研究发现，造成大学生学习心理障碍的主要原因来自三个方面。

1. 缺乏中等强度的学习动机，上大学前后有"动机落差"

心理学家在大量实验的基础上得出结论，学习效率与动机强度之间，可以描绘成一条倒"U"形曲线，即中等强度的动机最有利于学习的进行。动机过强或缺乏动机都会影响学习效果，并带来一系列心理问题。在高中阶段，很多同学以考上大学为唯一的学习目标，一旦目标实现，极易产生松懈心理，希望在大学好好享乐一番，没有及时树立起学习的目标，造成了考上大学前后的"动机落差"。此外，高中阶段很多同学兴趣狭窄，爱好很少，一门心思考大学，没有形成特长。一旦进入大学，就迫切地想发展自己的爱好特长，把主要精力放在"玩这玩那""练这练那"上，而对学习逐渐失去了兴趣。

2. 意志薄弱，自我控制能力较差

有的大学生心理脆弱，意志薄弱，不能经受失败和挫折的考验。学习顺利时，兴趣高，信心足，但稍有不如意，就消沉自卑，长期下去极易产生焦虑紧张的不良心理，丧失进取心和学习兴趣。大学新生一般自我控制能力较差，容易受别人影响，有时会有意无意地模仿高年级学生的做法，诸如"他们玩我也玩""他们谈恋爱我也谈恋爱"，久而久之便失去了自我控制的能力。

3. 不良的社会环境及家庭环境的影响

社会环境所包括的范围很广，如各种社会关系、社会风气、习惯势力、文化设施、家庭条件、亲友关系等。随着社会的发展，社会环境也越来越复杂，由此，它对人类活动的影响也越来越大。受到不良社会环境的影响，例如，社会上的所谓"知识贬值"现象，便觉得读书无用，滋生厌学情绪，并进而引发一系列的学习心理障碍。另外，家庭缺乏父爱和母爱的孩子，也可能会有一些异常的表现，导致学习心理障碍。

 知识链接

高原现象

相当多的大学生在学习过程中会出现一段时间学习成绩和学习效率停滞不前，甚至学过的知识感觉模糊的现象，心理学上把这种现象称为"高原现象"。

大学生在学习进程中常会有这样一个阶段，即学习成绩到一定程度时，继续提高的速度减慢，有人甚至停滞不前或倒退。例如，在总复习的初期，每位大学生都很有信心，学习效果也较明显，但过了一个阶段，即在经历了一段时间的复习之后，成绩就再难有较大提高，甚至忽高忽低，沉浮不定；有的大学生的复习效果逐步减退，甚至停滞不前，头脑昏昏沉沉，什么事都不想干，看不进书，也记不住内容，出现急躁烦闷的状况。

这是正常现象，也是有规律性的现象，在学习每一个新知识时都会发生，在各个年龄段的学习者中也都会发生。这种现象和学习者的年龄、学习内容、心理品质等诸多因素都有关系，而且会循环出现。只是有时周期短些，有时周期长些；有时

持续时间短些，有时持续时间长些。

那么怎么克服"高原现象"呢？

第一，合理调整大脑中存储的知识，使之条理化，以便在进行新知识的学习时，可以顺利地把它们提取出来加以运用，并可迁移到其他方面。

第二，克服生理上的障碍，调节精神，保持乐观向上的态度。

第三，及时进行反馈，使自己知道学习结果和进程，并适当地调整学习过程，使学习得以进一步深入。

第四，经过审慎、仔细的考察之后，可以科学地转换学习目标，既可以暂时转移过于狭窄的注意力，又可以避免钻入死胡同。

三、大学生学习心理障碍的调适

（一）采取积极的预防措施

1. 进行正确的人生价值取向教育，唤起其学习欲望

人生价值的要义在于对社会、对他人的责任和贡献。大学生要明白，如果今天不打下扎实的专业知识基础，就不能在明天为社会创造更多的劳动价值。创造的劳动价值越少，其人生价值就越低。可用科学家忘我工作、无私奉献的精神鼓舞学生；用学习上的榜样激励学生。帮他们克服怕苦怕累的思想，克服学习上的种种困难，引导他们把学习当作一种需要，使他们如饥似渴地汲取知识养料，为将来创造更多的劳动价值而努力。

2. 满足情感需要，改变其学习行为

教师对学生的爱，可以缩短师生间的心理距离，可以使学生由爱老师，进而爱学习；老师对学生的信赖，会使学生产生强大的精神动力和自信心，进而努力学习；教师对学生的宽容，可以消除学生学习上的紧张、焦虑心理。因此，教师必须关心、了解学生，尊重、信任学生，公平对待学生，以自己热诚的感情去满足学生的情感需要，激励学生好好学习，不断进取。

3. 确立目标，树立信心，增强学习动机

学习动机的培养是家庭、学校、社会及个体本身共同作用的结果，作为专业课教师要把动机的培养、激发、强化贯穿于教学过程的始终，如果教师介绍的内容与学生的需求结合恰当，就会使学生产生兴趣，有助于学生慢慢地养成良好的学习习惯，激发学生学习的积极性、主动性。同时，教师要辅导学生制定学习近期和远期目标，经常检查学习结果，督促其目标的完成。心理学家沃尔伯格等人于1979年研究了动机水平与学习成就的关系，结果表明：在一定强度范围内，学习动机越强烈的被试者，其学习成绩越好，这种正相关达98%的显著水平。

（二）加强健康的学习心理教育

健康的学习心理一般包括正确的学习动机，浓厚的学习兴趣，顽强的学习意志，良

好的学习行为等。教师应加强对学生进行健康的学习心理教育，提高学习心理健康水平。

1. 加强学习动机教育

学生是学习的主人，必须对自己的学习负责，教师应担负激发学生学习动机、发掘学生潜能的责任。首先，教师应使学生获得成功的体验，了解每位学生的兴趣、需要与目标，掌握学生的认知基础，设置学生通过努力可以完成的教育目标和活动，从而促使学生获得成功的体验。其次，教师要创设和谐的学习氛围。教师要掌握自己的教育目标和学生的学习目标，注重和谐的学习氛围的创设，应将注意力集中在学生个人的成绩、个人的独特方法和能力上，而不要强调与别人进行比较，应突出强调学习过程和学习任务的价值，而不要过分关注学习的结果。再次，教师要树立有进步就是成功的新理念。教师要及时发现学生的点滴进步和成绩，对学生取得的成绩给予表扬和鼓励。在教学过程中要训练学生对自己的学习结果进行评价，即使有点滴进步也要自我奖励，这样有助于营造良好的心理氛围。

2. 培养广博、稳固、持久的学习兴趣

兴趣对丰富知识、开发智力有重要意义。教师应根据学生不同的兴趣特点，安排不同的教学内容，采取不同的教学方法，激发学生的学习兴趣。要在了解学生已有兴趣情况的基础上，有针对性地培养他们的兴趣，促进他们的兴趣向着有社会价值、广博、稳定而有中心的方向转化，从而增强其学习兴趣的广泛性、稳固性和持久性，提高其学习的积极性、主动性和自觉性。

3. 加强学习方法指导，提高学习能力

在教学过程中要有机渗透学习方法指导，如在预习指导中可传授一些查阅工具书，运用学习迁移规律，圈点、评注等方法；在讲课中可传授一些阅读、分析、比较、概括、归纳等方法；在课后练习中可传授一些审题、运算、检验、修改等方法。努力使学生掌握一定的学习方法，学会学习，不断提高学习能力。

4. 培养学生顽强的学习意志

要培养学生顽强的学习意志，指导学生认识挫折产生的自然因素、社会因素、生理因素和心理因素，使他们在学习中遇到挫折时全面地分析挫折的情境，选择恰当的应对方式。要有意识地训练学生的学习意志力，使他们对挫折能采取积极的心理防御机制，对其挫折后产生的攻击行为、退化行为、固执行为、冷漠行为等要进行疏导，帮助他们分析不良行为的危害，指导他们采取正确的适应方式。

5. 加强学习行为教育

教育学生养成良好的学习习惯，学会支配学习时间，学会选择恰当的学习方法，学会分析自己的学习情况，做到有目的、有计划、有步骤、有重点地学习，努力提高学习效率。

（三）创设良好的学习环境

学校要加强与家长、社会的联系，形成合力，创设"隐性课程"，帮助学生共同解决学习心理障碍，促进学生的学业进步。

1. 构建和谐校园，优化学校环境

首先，学校尽可能地改善学生的学习条件。其次，学校应致力于建设符合国家教育方针政策的、符合学生身心发展的和符合学校自身特点的校园文化。最后，教师应主动自觉地改变传统的角色，真心诚意与学生平等交流与合作，建立良好的师生关系，优化人际环境。

2. 搞好社区教育，优化社会环境

社区教育在本质上是学校教育功能在时间和空间上向社会的延伸与发展，是教育的社会化与社会的教育化的统一。学校要利用好社区的一切优势资源，如建立德育基地、实习基地、学习基地、体育活动基地等，使学校的办学条件得以改善，为学生提供良好的德育社会环境，为学生接触社会、了解社会、参与社会开辟实践途径。同时，社区可以动员社区居民治理脏、乱环境，种植花草树木，绿化、美化社区，消除环境污染，为学生的成长创造有利的外部社会环境。而且，还要通过社会力量消除影响学生健康成长的各种设施和场所，减少诱发学生违法犯罪的消极因素，净化社区育人环境。另外，随着社会的高速发展，大众媒体（特别是互联网的发展）的影响日益增强，社区要加强监督和管理，给学生创造一个健康、向上、温暖的学习环境。

3. 注重家庭教育，优化家庭环境

家庭教育是人生的第一篇章，是个体社会化的奠基教育。孩子从出生的第一个生活环境就是家庭，父母就是孩子的第一任教师。但由于种种原因，我国的家庭教育的发展不够理想，仍然存在许多不容忽视的问题。因此，创设民主和谐的家庭环境，不仅需要融洽的家庭人际关系，还应该加强家庭文化建设，这不仅使家庭充满快乐，而且还能提高家庭成员的文化修养，为孩子成长创造良好的家庭环境条件。

第三节 大学生学习能力的培养及潜能开发

一、大学生学习能力的培养

许多大学生可能会有这样的困惑：为什么我和邻桌的同学每天上课学习的内容是一样的，下课复习的时间也差不多，我在各科上花费的时间与精力都不比他少，甚至还会偶尔开开夜车，但为什么他的成绩总是比我高，他的专业知识总是比我扎实呢？既然大

家都能以不错的成绩考入大学，那么大家的智商不会相差很大，难道真是我的学习能力不如别人吗？学习能力如何进行培养、潜能如何开发是很多大学生关注的问题。

（一）大学生学习的信息能力培养

教材对于高校大学生来说，就是一种最为重要的图书资源，但是很多大学生却不知道怎样正确使用教材以及如何从教材中汲取自己需要的知识。从对大学生的学习调查情况来看，教材只是到了考试前突击复习时"被利用"，教材作为图书资源还远没有充分发挥其作用。大学生应尽快熟悉教材，了解教材的设置和主要内容以及在这门课程中的作用，最大效率地利用好教材。

在高校，还有一种重要的图书信息资源，就是图书馆。美国耶鲁大学校长理查德曾主张在现代教学课程中，学生们的学习方法应该倾向或了解获取信息的方法和过程，如各种形式的文献检索途径，各类学科文摘、索引及参考文献等，包含大量综合性信息和学科文献资料性知识，因为这些文献信息资料能帮助学生在步入社会前获得一些解决问题的经验和方法。图书馆无疑起到了这样的作用，大学生在校期间利用好图书馆也是一种学习能力的培养。

对高校大学生来说，获取信息的另一途径是网络，大学生要正确使用网络，提高获取网络信息能力。从理论知识方面，主要是使高校学生掌握信息学概论、现代信息技术、信息检索基础等理论知识，了解国内外主要信息系统和数据库。从实践能力方面，提高大学生上机或上网进行信息检索、处理、交流的能力；培养大学生熟练利用计算机进行信息检索，包括二次检索和全文检索的能力；使大学生学会建立各种数据库，存储和处理信息，熟练使用局域网上的共享资源；熟练地使用各种信息服务功能，通过上机和上网增强大学生信息处理能力。

（二）大学生理解知识及应用知识的能力培养

1. 大学生理解知识的能力

大学生从课堂上、图书上及网络上获取的知识，都是前人科学实践经验的总结，最终通过书本文字形式呈现出来。大学生要学习科学知识，就必须理解这些通过文字概括和表达的科学概念和原理。但是仅仅通过死记硬背定义和有关原理的文字叙述，不可能达到理解知识的目的，而必须通过联系有关感性材料与感性经验，进行比较、分析、概括等逻辑思维的活动才能实现，所以理解所学知识的过程就是理论联系实际，进行逻辑思维的过程。

2. 大学生应用知识的实践能力

学生是否真正学到了知识，不能只看他是否从字面上理解了知识，是否能说出某些概念的定义及相关数据，而要看他是否能应用知识解决实际问题。只有把知识转化为自己的实际能力，才是真正理解了知识，否则一切只是"纸上谈兵"。当代大学生培养自己应用知识的实践能力，就必须学会应用知识的技能并掌握知识技能迁移的规律。传统的教育中，重视理论学习，轻实践技能操作训练，这就使得大学生的动手操作能力不足。应用知识的实践能力是在实践中反复练习而形成的，大学生可以在实践中有意识地加强理论与实践的联系。当人们学习新知识或应用新知识时，总是会同已有的知识技能发生联系。旧的知识技能既可能对新知识技能产生促进作用，也可能产生妨碍作用，这就要求学生在应用知识解决问题时必须具体情况具体分析，随着问题的性质与产生条件的变化而变化。

（三）大学生思维能力的培养

1. 思维态度的培养

一个人在任何领域要成为专家都需要大量的、有意识的认知工作，对此必须有充分的思想准备。研究也表明，许多情况下学习中错误的出现不是因为学生不能进行思维，而是因为他们没这么做或不愿意这么做，这也是优生和差生的一个主要区别。因此，培养学生正确进行思维的愿望和态度是十分重要的。教师可以从增强学习兴趣、思考问题时的灵活性入手。

2. 思维技能的培养

心理学认为，人们是在现有知识基础之上理解信息并进行知识创新的。但问题的解决和创新能力发展的关键不是获得信息，而是如何处理大量的信息。思维技能在处理信息的过程中就起核心作用。它是思维能力的基础，要培养大学生的思维能力，思维技能的教学是一个关键的问题。思维技能主要包括：语言推理技能、论题分析技能、假设检验技能、概率和统计技能、决策和问题解决的技能。教师可以根据不同的教学内容对以上几种技能进行培养。

3. 思维技能的迁移训练

仅使学生掌握一些思维技能或策略是不够的，还要让他们能在新情境下恰当地运用这些技能。如果所学的思维技能只能在教室运用或只能运用于与课堂情境类似的情境，那么思维技能也就失去了它应有的价值。掌握思维技能是能够解决生活中、研究中遇到的实际问题。从已有的一些研究来看，促进思维技能迁移的最好方法是有意识地在多种情境中运用所学到的思维技能。

（四）大学生学习方法的改善

"工欲善其事，必先利其器"。学生学习方法是否正确、科学和优化直接关系到学习效率的高低。笛卡尔也曾说："最有价值的知识是关于方法的知识。"有些学生进入了大学校门仍采用中学时期的学习方法，虽然花费了相当多的时间和精力，但仍事倍功半。根据调查，大学生的许多学习心理障碍的产生与方法的不当有直接的关系。所以，大学生除了要有刻苦钻研、坚忍不拔的精神外，还需要掌握科学的学习方法。

1. 大学生宏观学习方法的改善

古人云："凡事预则立，不预则废。"这就是说不管做什么，先有了宏观规划，那么就会取得成功，否则就会失败。当代大学生为了更好地完成学业，切实培养创新素质，就需要适时不断地改善自己的学习方法，那么首先要做的就是要把自己的学习生活更好地规划一下。

（1）学生学习应合理制订计划　学习计划要宏观、微观俱到，长期、短期结合，并且根据自己的学习、生活情况来制订，切忌效仿他人。制订长期计划要统筹安排，目标合理。短期计划，主要是指一周安排、一天计划或是临考前的复习计划等。只有长短期结合，才能达到最佳效果。

① 学习计划要定时定量。定时学习主要是指每天必须保证必要的学习时间，而且到了学习的时候就马上学习。学习需要细水长流，只有日积月累才能武装出聪明的头脑。定量学习是指在计划的指导下，当知识的量达到一定程度时，便达到了目标。知识积累的总量是由每日、每时的分量累加起来的，不可能一蹴而就。

② 坚持把计划落到实处。在计划制订后，要循序渐进，一步步去完成，每日一小步的累加也就是在无形中完成了"远大目标"的一大步。

（2）科学地利用时间　有的大学生常常抱怨学习的时间不够，常牺牲自己的休息时间来学习，可是却不见成绩的提高，反而使自己身心俱疲。事实上每个人的时间都是一样的，关键是如何科学、合理地利用它。

① 了解自己的生物钟。只有清楚地知道自己的最佳学习时间、最差学习时间和最有效的学习时段，才能集中精力，更有效率地学习。

② 注意劳逸结合。学习效果是效率与时间的乘积。因此，单纯地延长学习时间并不是一个好办法。只有在该学习时集中注意力学习，休息时使身心处于一种完全放松的状态，这样才能使繁重的学习得到调节与缓冲。

③ 合理利用琐碎的时间。合理利用预定外的闲暇时间来做些琐碎的事情，不仅能节约时间，还可以利用这些事情转移一下注意力，改变一下心境，从而提高学习效率。

2. 大学生自习与预习方法的改善

（1）大学生自习方法的改善　在大学期间，从宏观上来说，就是在完成学校规定的学习任务的同时，根据社会发展和自己的实际，确定自己的发展方向。从微观上来看，就是在学习的过程中体现自己的主动性。自习的方法改善首先要识别自己的风格，根据老师介绍的方法和自己的特点进行自我选择。并在学习过程中不断地进行总结，把学习方法的可行性进一步完善。只有通过这样的过程才能逐步形成符合自己特点的学习方法。

（2）大学生预习方法的改善　通过实践，可以看出大学生预习情况并不乐观。从心理学角度来看，预习可以为大学生上课创造有利心理准备。这是听好课的前提，能增强大学生学习的自信心，并有利于培养大学生探索精神。大学的预习要增强自己的分析和综合能力。预习可以使大学生了解教材较完整的概貌，形成较完整的思路，能将有关内容串联起来，找出新旧知识点的联系，并提出疑问。大学预习有课前预习、阶段预习和学期预习。大学生可以根据自己的特点进行预习。

3. 大学生听课方法的改善

（1）明确学习目的，调整好听课的状态　课堂上经常看到，教师在课堂上"津津乐道"，而有的学生却在下面"呼呼睡觉"。这不仅与大学生的学习疲劳有关，而且与其态度有关。许多大学生抱着无所谓或是不得不听的态度来听课，这样学习效果自然不会好。而优秀大学生的共同之处就是，听课时精神饱满，全神贯注，只有以这种积极的心态才能收到良好的效果。

（2）激发思维活力，积极参与课堂讨论　大学生在听课过程中要主动参与到教学活动中去，而不是过多地依赖教师的帮助。首先，大学生在听课的过程中不要钻"牛角尖"，如遇到没有听懂的问题，可以先记下来，以免破坏听课的连贯性。其次，理清思路，积极思考。学生上课时的思维要追随教师言行的延伸，当有课堂讨论时要积极思考，大胆地回答问题，把回答问题看作是一个锻炼自己独立思维，分析、解决与表达问题能力的绝好机会。

（3）正确处理听课与记笔记的关系　学生听教师讲课，关键是听，其次才是笔记，可是在传统的观念中，几乎所有的成功学习经验都把记笔记作为重点，一些教师也常以检查笔记来衡量学生的学习态度是否认真。但是记笔记的目的是为了更好地学习，学习才是目标，记笔记只是达到这一目的的手段。如果把笔记当成目标，就会反客为主，而且这一方法也并不适用所有的学生。

4. 课后复习方法的改善

（1）听课以后必须及时复习　通过对大学生的研究发现，大学生能做到这一点的并不多。复习不只是简单的重复，而是听课的深化与巩固。大学生可以采用一些新的方法进行复习。

（2）尝试回忆　课后复习时可先不看书和笔记，对在课堂上所听的内容进行几分钟的回忆，在回忆过程中列出重点。这是一种积极主动的学习方法，需要高度集中注意力，这种方法可以使知识在头脑中再现，从而达到巩固的目的。

（3）思考性的阅读　大学对记忆的要求不高，关键是理解与运用，复习阅读时要抓住中心内容，尤其是课上没有听懂的内容反复阅读。只有理解得透彻，才能掌握得牢。大学生在阅读时可以从多个角度思考同一内容。

（4）整理笔记　课堂听讲的时间是有限的，难免会漏记一些内容。课后整理笔记，把笔记整理成适合自己特点的复习资料，其实质也就是把知识深化与系统化。

（5）查阅参考书　一般来说，具有某种专长的人，仅能对一两门知识进行深入的研究。不"博"就谈不上深，大学生阅读参考书，可以开拓视野，优化思路，博采众家之长为我所用。

 **知识链接**

PQ4R 学习方法

一个最有效的能帮助学生理解和记忆的学习技术是 PQ4R 方法，即预览（preview）、设问（question）、阅读（read）、反思（reflect）、背诵（recite）、回顾（review）。

（1）预览　即对材料的基本组织、内容有初步的了解，找出学习信息。

（2）设问　即自己问自己一些问题。根据文章标题用"谁""什么""为什么""哪里""怎样"等疑问词分段提问。

（3）阅读　即仔细阅读材料，回答自己提出的问题。

（4）反思　即把信息和你已知的事物联系起来，力图理解主要概念及原理，试图用这些材料去解决联想到的类似的问题。

（5）背诵　即尝试回忆其中所包含的知识，力图回答自己对分段所提出的问题。如果不能充分回忆，就重新阅读记忆困难的部分。

（6）回顾　即学完全部材料后，默默回忆其中的要点，再次尝试去回答自己所提出的各个问题。

PQ4R 程序可使学生集中注意力组织信息。使用其他有效的策略，诸如产生疑问，精细加工，过一段时间后复习等。

二、大学生潜能开发的路径

任何人都有成功的潜质，并且成功的种子就埋藏在人自己体内，等待着被唤醒。古今中外许多成功人士之所以能成功的奥秘不是他们具有超凡脱俗的本领，而是他们能够探求并开发自己的潜能。人的潜意识深处有着无限的智慧、力量。因此，大学生应努力开发潜能，不断提高自己的学习能力。

1. 潜能的变化性要求把握学习的关键期

大学生的有效学习、潜能的实现都要抓住机遇，充分利用资源，在学习的关键期内尽可能掌握最多的知识。学生本身在确定关键期时起着核心作用；教师也有着举足轻重的地位，主要是正确认识不同学生的"最近发展区"，准确定位学生的学习关键期，从而适时地帮助学生构建合理有效的知识框架，从而导航学生的学习方向，增强学生学习的有效性，提高学生的学习效率。

2. 潜能的能动性要求增加学生学习的自主性

潜能的能动性概念强调，行动者自己的主动性是保证某一结果实现的关键。如何培养大学生的自我监控能力，增加学习的自主性成了大学教育的关键。首先，培养大学生的独立性。独立学习是大学教育的核心。因此，大学教师必须尊重学生的独立性，积极鼓励学生独立学习，并创造各种机会发挥学生的独立性，培养学生的独立学习能力。其次，增强大学生的自控能力。潜能的能动性要求学生规划各阶段能否学习、学习什么、怎么学习等问题，它突出表现为学生对学习的自我计划、自我调整、自我指导、自我强化，即在进行学习活动之前能确立明确的学习目标，选择正确的学习方法，安排合理的学习步骤，以及树立应达到的学习目标。最后，注重学习的内化。大学教师在传授知识的同时，还要注重理论联系实际，让大学生在实践中反复练习所接受的信息。

3. 潜能的社会性要求大学生正确认识自我

潜能具有社会性，即学生潜能的发挥受到各种因素的制约，因此正确认识自我，充分利用外部条件是促进学习的重要途径。在这个世界上，认识自己才是最难的事情，这是因为自我是多层次的，受到各种外在条件的制约，并且在不同时期有不同的表现，所以，客观地、正确地认识自我，对学习是很有帮助的。要正确地认识自我，就要恰当利用各种社会关系，经常和朋友或他人交流，了解别人对自己的看法，了解别人对自己所作所为的评价，从而认识客观的自我。在学习中，如不能正确认识自我，明确自己的学习目标，就容易陷入迷惑之中。此外，通过与别人的比较，认清自己的优缺点，有利于明确自己的定位，保持现有的优势，集中弥补自己的不足和缺陷，从而提升自我。

人的潜能随着人自身的发展及外部条件的变化而变化。大学阶段是大学生完善知识结构、学习专业特长、完善自我的重要阶段，因此，大学生应抓住机遇开发潜能，不断提高学习能力。

本章要点

1. 了解学习的概念。
2. 理解大学生学习心理的影响因素、大学生学习的特点。
3. 掌握常见的学习障碍及调适、学习培养的方法及潜能开发途径。

课程实践

【心理训练】

一、心理测验

学习动机调查问卷

这里为大家提供的测验，主要是了解学生在学习动机、学习兴趣、学习目标制定上是否存在行为困扰。该问卷共 20 道题目，测验时请在与自己情况相符的题前填"Y"，不相符合的题前填"N"。

1. 如果别人不督促你，你极少主动地学习。

2. 当你读书时，需要很长的时间才能提起精神。

3. 你一读书就觉得疲劳与厌烦，直想睡觉。

4. 除了老师指定的作业外，你不想再多看书。

5. 如有不懂的，你根本不想设法弄懂它。

6. 你常想自己不用花太多的时间成绩也会超过别人。

7. 你迫切希望自己不用花太多的时间成绩也会超过别人。

8. 你常为短时间内成绩没能提高而烦恼不已。

9. 为了及时完成某项作业，你宁愿废寝忘食、通宵达旦。

10. 为了把功课学好，你放弃了许多你感兴趣的活动，如体育锻炼、看电影与郊游等。

11. 你觉得读书没意思，想去找个工作做。

12. 你常认为课本上的基础知识没啥好学的，只有看高深的理论、读大部头作品才带劲。

13. 只在你喜欢的科目上狠下功夫，而对不喜欢的科目放任自流。

14. 你花在课外读物上的时间比在教科书上的时间要多得多。

15. 你把自己的时间平均分配在各科上。

16. 你给自己定下的学习目标，多数因做不到而不得不放弃。

17. 你几乎毫不费力就实现你的学习目标。

18. 你总是同时为实现几个学习目标忙得焦头烂额。

19. 为了对付每天的学习任务，已经感到力不从心。

20. 为了实现一个大目标，你不再给自己制定循序渐进的小目标。

上述 20 个题目可分成 4 组，它们分别测查学生在学习欲望上 4 个方面的困扰程度：

1～5 题测查学习动机是不是太弱；

6～10 题测查学习动机是不是太强；

11～15 题测查学习兴趣是否存在困扰；

16～20 题测查学习目标上是否存在困扰。

假如你对某组（每组 5 题）中的大多数题目持认同的态度，则一般说明你在相应的学习欲望上存在一些不够正确的认识，或存在一定程度的困扰。

二、体验拓展

（一）体验一：找到大学里最主要的学习目标

活动过程：

1. 请每人在纸上写出你大学四年所要完成的五件大事。

2. 你发现这些大事与学习相关吗？请满怀信心地体验和分享你对这五件事情的期望与喜悦。

3. 现在有特殊事件发生，你必须在五件大事中抹掉两项，请用笔把它们划掉。抹掉就意味着完全地失去了，这两项你永远也不能接触了。体验一下你现在的心情如何。

4. 现在又有特殊事件发生了，请你再抹掉一件。这一件你也是永远不可能再接触，与你永远无关了，这时你的心情如何。

5. 残酷的现实再一次降临，你还要在剩下的两件中抹掉一件，永远地失去，这时你的心情又如何。

6. 现在只剩下一件了，看着你剩下的最后一件事情，这就是你四年内最想干的，对你来说也是最重要的一件大事，这就是你当前为之奋斗的目标。

（二）体验二：管理学习时间

1. 准备一张长 24 厘米、宽 1 厘米的纸条。

2. 这张纸条代表的是一天 24 小时，每个人想一想，自己平时的一天是怎样度过的。

3. 把其他活动的时间撕下，留下学习的时间，如睡觉用了多少时间，把它撕去；早晚洗刷、吃饭、看电视、聊天、打游戏等，所有活动分别用去多少时间，把它们一一撕去，最后剩下的是学习的时间。

【新媒体导学】

一、推荐视频

1. 华生的实验：《普通心理学研究：华生的小阿尔伯特实验》

2. 强化的应用：《生活大爆炸》第三季第 3 集

二、推荐图书

1. 《史蒂夫·乔布斯传》（沃尔特·艾萨克森）

推荐理由：有人说，"苹果改变了世界"，而他的主人正是乔布斯——一个标准的美国式个人英雄主义者，一个以"改变世界"为自己理想的人！在乔布斯的生活中，学习是一件充满了乐趣和挑战的事情，是跟随自己内心的声音不断前行，是不断实现自己梦想的通途。打开这本书，去了解一下乔布斯的学习，去了解一下这个改变了世界的人！

2. 《自控力》（凯利·麦格尼格尔）

推荐理由：斯坦福大学最受欢迎的心理学课程用书，不同于市面上流行的励志书籍一味鼓励自我超越。本书作者把有关自控力、意志力和专注力的心理学、社会学和经济学研究与改变人们实际的日常生活结合起来，帮助我们认清楚自控力其实非常有限，让我们能够认清自己的目标，锻炼并且合理利用自控力，缓解压力，克服拖延症。

三、推荐电影

1. 《风雨哈佛路》

推荐理由：美国一部催人警醒的电影，被评选为最励志的电影。这部影片中的女主人公对学习热情、勇往直前的精神给身处迷茫的大学生以极大的鼓舞和动力，你感受到了吗？

2. 《奔腾年代》

推荐理由：为什么一匹身有缺陷的矮小赛马能够无数次赢得比赛的胜利？这部超级励志人生的故事告诉人们，人生意义本不在于那个终点，而在于奔腾过程中去体验战胜挫折的信心。

【思考与练习】

1. 影响大学生学习的非智力因素有哪些？

2. 你认为大学的学习与中学的学习有什么区别？你是如何适应这种区别的？

3. 你的学习能力是怎样的？经过本章的学习你认为可以从哪些方面进行改进呢？

第七章
来而不往非礼也
——人际交往

名人寄语

　　人在本质上是社会性动物，那些生来就缺乏社会性的个体，要么是低级动物，要么就是超人。社会实际上是先于个体而存在的。不能在社会中生活的个体，或者因为自我满足而无须参与社会生活的个体，不是野兽就是上帝。

——亚里士多德

　　君子敬而无失，与人恭而有礼，四海之内皆兄弟也。

——孔子

　　一个人的成功，85％靠人际关系及处世技巧，15％靠专业技术。

——卡耐基

　　一位哲人说过，人生的美好是人情的美好，人生的丰富是人际交往的丰富。无论你是在享受美好人情的温馨、甜蜜，还是在饱经人际冲突的烦恼、茫然、愤怒，你都不会怀疑，人不能没有他人，人不能不与他人交往。设想你一个人长期留居南极，你一个人迷失在大森林里，多日不能与别人相逢，或者你一个人被长期囚禁于单身牢房。那么，生活将会变得怎样？古人云："独学而无友，则孤陋而寡闻。"现代人则认为"财富不是永久的朋友，而朋友才是永久的财富"。可以说，人类社会的任何活动都是在人际交往中完成的。

案例导入

他为什么脸红

　　小强，一名刚入校的大学新生。他来访的原因是与人交往时有一种恐惧感，尤其是与陌生人在一起时，便会莫名其妙地紧张，脸红心跳。当与别人并肩而坐的时候，心里总是想要看别人，且这种欲望很强，但又因为恐惧而不敢转过脸去看，如有事必须与他人接触，不论对方是男是女，他一走近对方，便感到心慌，精神紧张，面部发热，不敢抬头正视对方。而与陌生人相距两米左右时，他就开始感到焦虑不安，手心出汗，神情也极不自然。因此，他很害怕与别人接触，进而害怕参加班级的集体活动，这影响了他的学习和正常生活，内心感到非常痛苦。

　　【智慧点拨】初入大学的新生没有了原来朝夕相处的同学，同一个班级的人都来自不同的地方，地域文化差异使一些大学新生无所适从。小强是人际羞怯的典型例子。羞怯心理每个人都有，只是轻重不同而已。羞怯会使人消极保守，沉溺在自我的小圈子里，影响人际关系发展，不利于个人成功，甚至可能引发心理障碍。

第一节 人际交往概述

一位哲人说过，人生的美好是人情的美好，人生的丰富是人际交往的丰富。无论你是在享受美好人情的温馨、甜蜜，还是在饱经人际冲突的烦恼、茫然、愤怒，你都不会怀疑，人不能没有他人，人不能不与他人交往。设想你一个人长期留居南极，你一个人迷失在大森林里，多日不能与别人相逢，或者你一个人被长期囚禁于单身牢房。那么，生活将会变得怎样？古人云："独学而无友，则孤陋而寡闻。"现代人则认为"财富不是永久的朋友，而朋友才是永久的财富"。可以说，人类社会的任何活动都是在人际交往中完成的。

一、人际交往的内涵

社会心理学中所使用的"人际交往"，一般是指在社会活动中人与人之间进行信息交流和沟通情感的联系过程。人际交往是群体成员共同活动的特殊形式，也是人们交流思想情感、传递信息的重要手段，而且还是人们表达思想情感、解除内心紧张、获得对方理解和同情的主要途径。在人际交往的过程中，建立和发展起来的人与人之间的关系就是人际关系。

人际交往的心理因素包括认知、动机、情感、态度等。认知是个体对人际关系的知觉状态，是人际关系的前提。人与人的交往首先是从感知、识别、理解开始的，彼此之间不相识、不相知，就不可能建立人际关系。认知包括个体对自己与他人、他人与自己关系的了解与把握，它使个体能够在交往中更好地、更有针对性地调节与他人的关系。动机在人际关系中有着引发、指向和强化功能，人与人的交往总是缘于某种需要、愿望。情感是人际关系的重要调节因素，人们在交往过程中，总是伴随着一定的情感体验，如满意与不满意、喜爱与厌恶等。人们总是根据自身情感体验不断调整人际关系；情感直接关系着交往双方在情感需要方面的满足程度，可以说，情感是人际关系中最重要的部分，它往往被当作判断人际关系状态的决定性指标。态度是人际交往的重要变量，人们每时每刻都在表现某种态度，态度直接影响着人际关系的建立、形成与发展，最终影响着人们的人际交往。

二、人际交往的作用

怀斯认为，个体可以从良好的人际关系中得到六种重要的收益：

① 依恋，拥有亲密关系让人们获得一种安全感和舒适感；

② 社会融合，良好的关系会使人们产生一种具有相同利益和态度的感觉；

③ 价值确定，亲密关系可以帮助个体提升自我价值感；

④ 形成稳定联盟感，良好的关系能使人们相信，需要时会有人给予我们帮助；

⑤ 信息指引，在与人交往中，他人能够提供给我们一些必要的生活信息；

⑥ 让我们获得照顾他人的机会，照顾他人可以让我们切实体验到一种被需要的感觉。

1. 人际交往深化自我意识

"人贵有自知之明""知人者智，自知者明"。传统文化中的智慧一再告诉我们"自知"对于一个人来说是多么重要。自我认识一般都是通过别人的评论和态度转化而获得的。良好的人际交往有助于人们弄清"我是谁"和"在别人心中我是谁"等问题，找准自己在人际交往中的正确角色。如果在交往过程中，交往的对象能够帮助自己建立和强化自我认识，人们就会由此增强交往的主动性。

2. 人际交往有助于增进交流，协调关系

人生的每一个阶段必然与一定的人际关系相联系。人生是在与人交往中度过的，那些生活在缺乏友好、合作、融洽的人际关系中的个体，常常会表现出压抑、敏感、自我防卫、难以合作的特点，情绪的满意程度低。而生活在融洽的人际关系里的人们，往往拥有积极的心态，积极进取，乐于与人交往，帮助他人。从这个意义上讲，良好的人际关系是集体和个人生存与发展的有利条件。它可以产生合力，使人团结协作，充分发挥群体的效能；形成互补和激励，使人们互相学习，取长补短，产生积极向上的情绪；促进信息交流，使人们增长知识和能力，不断发展和完善自身，从而促进社会安定，推动精神文明建设。不良的人际关系则会阻碍人的发展。

3. 人际交往对人的发展有深远的意义

曾任美国总统的西奥多·罗斯福曾说："成功的第一要素是懂得如何搞好人际关系。"在美国，曾有人向 2000 多位雇主做过这样一个问卷调查："请查阅贵公司最近解雇的 3 名员工的资料，然后回答：解雇的理由是什么。"结果是无论什么地区、什么行业的雇主，2/3 的答案都是："他们是因为与别人相处不来而被解雇的。"现代社会分工越来越精细，个人的社交能力也越来越重要。大学生必须具有较强的团结合作精神和良好的人际交往能力，才能为以后事业的发展和生活的幸福打下基础。

4. 良好的人际关系有助于身心健康

在实际生活中，大部分人的心理问题往往与缺乏正常人际交往有关。能否形成良好的人际关系，对大学生的身心健康和个人发展有着重要的影响，能够建立和拥有和谐的人际关系是当代大学生人际交往能力的重要标志。如果大学生在学校里能与同学、老师和朋友保持良好关系，他们便会感到被人接纳、尊重、理解，不仅有助于提升自我价值感，而且能保持积极愉快的情绪，有助于保持思维的活跃，从而使人积极投入学习当中。如果人际关系失调，大学生会产生负面的情绪体验，挫折感加剧，心情抑郁、沮丧，时间久了会患有心理疾病，影响身体健康和学业发展。从心理卫生学的角度看，良好的人际交往可以满足人们的下列心理需要：获得安全感；满足归属感；提高自尊心；增强力量感；获得友谊和帮助等；减少孤独、寂寞、空虚、恐惧、痛苦；宣泄愤怒和压抑等。

5. 良好的人际关系有助于提高个体环境适应能力

释迦牟尼问他的弟子们："一滴水怎么才能不干涸？"弟子们面面相觑，谁也没有答出来。释迦牟尼说："把它放到大海中去。"一滴水放到大海里才不会干涸，一个人融入社会里才会活出生命的本真。人的社会性决定了人必须生活于广泛的人际关系网中，从中获得物质需要和精神需要。人不是孤立的个体，人天生有一种归属感，都有获得他人接纳和支持的愿望。

三、良好人际交往的重要性

（一）人际交往是维护大学生身心健康的重要途径

1. 人际关系影响大学生的生理和心理状况

处于青年期的大学生，思想活跃，感情丰富，人际交往的需要极为强烈，人人都渴望真诚友爱，大家都力图通过人际交往获得友谊，满足自己精神上的需要。但新的环境、新的交往对象和紧张的学习生活使得一部分学生心理矛盾加剧。一般说来，具有良好人际关系的学生，大都能保持开朗的性格、热情乐观的品质，从而正确认识、对待各种现实问题，化解学习、生活中的各种矛盾，形成积极向上的优秀品质，迅速适应大学生活。相反，如果缺乏积极的人际交往，将不能正确地对待自己和他人的关系，容易遭受巨大的精神、心理压力，形成难以化解的心理矛盾。严重的还可能导致病态心理，如果得不到及时的疏导，可能形成恶性循环从而严重影响身心健康。

2. 人际交往影响大学生的情绪和情感变化

处于青年发展期的大学生，正处在人生的黄金时代，在心理、生理和社会化方面逐步走向成熟。但在这个过程中，一旦遇到不良因素的影响，就容易焦虑、紧张、恐惧、愤怒等，影响学习和生活。实践证明，友好、和谐的人际交往，有利于大学生不良情绪和情感的控制和发泄。

3. 人际交往影响大学生的精神生活

大学生情感丰富，在紧张的学习之余，需要进行彼此之间的情感交流，讨论理想、人生，诉说喜怒哀乐，人际交往正是满足这些需求的最好方式。通过人际交往，可以满足大学生对友谊、归属、安全的需要，使大学生可以更深刻、更生动地体会到自己在集体中的价值，并产生对集体和他人的亲密感和依恋之情，从而获得充实的、愉快的精神生活，促进身心健康。

（二）人际交往是大学生成长成才的重要保证

1. 人际交往是交流信息、获取知识的重要途径

现代社会是信息社会，信息数量之大、价值之高是前所未有的。随着信息量的扩

大，人们对拥有各种信息和利用信息的要求也在不断地增长。通过人际交往，可以相互传递、交流信息和成果，从而丰富经验、增长见识、开阔视野、活跃思维、启迪思想。

2. 人际交往是个体认识自我、完善自我的重要手段

人际交往，可以帮助我们提高对自己的认识以及自己对别人的认识。在人际交往的过程中，彼此从对方的言谈举止中认识了对方。同时，又从对方对自己的反应和评价中认识了自己。交往面越宽，交往越深，对对方的认识越完整，对自己的认识也就越深刻。只有对他人的认识全面，对自己认识深刻，才能得到别人的理解、关怀和帮助，自我完善才可能实现。

3. 人际交往是集体成长和社会发展的需要

人际交往是协调集体关系、形成集体合力的纽带。而良好的集体能促进青年学生优良个性品质的形成。如正义感、同情心、乐观向上等都是在民主、和睦、友爱的人际关系中发展起来的。良好的人际关系还能够增进学生集体的凝聚力，成为集体中重要的教育力量。人际交往是人与人之间的一种互动，缺乏人际交往能力不利于个体的全面健康发展。

 知识链接

一个人可以待多久

美国心理学家沙林特斯坦利曾经做过一个实验，证明了人际交往对人们生存的重要性。在实验中，他以每小时 15 美元的酬金聘人待在一个封闭的小房间里。房间里只有一桌、一椅、一床、一马桶、一灯，除此之外没有其他物品。一日三餐有人送至房门底下的小洞口，住在里面的人只要伸手就可以拿到食物，送餐的人不和里面的人接触。一共有五个大学生参加了这个实验。结果有人在房间里只待了两小时就受不了要求放弃实验，而时间最长的人待了八天。这个待了八天的人出来以后说："如果让我在里面再多待一分钟，我就要发疯了。"由此实验可见，一个正常的人不能独处太久。可见，人际交往不仅是必需的，而且是非常重要的。

 **第二节　大学生人际交往特点及影响因素**

人际关系问题确实无处不在，每个人从小就开始学着处理人际关系问题了。我们能一步一步走到现在，每个人都有自己对人际关系问题独特的理解、各自成功的经验以及教训。我们需要不断挖掘、发扬自己在人际交往方面的成功之处，寻找和弥补自己的不足之处，从而进一步提高我们的人际交往能力。大学生要知道人际交往能力的重要性，学会恰当地处理人际关系问题，将来走向社会能发挥更大的作用。

一、大学生人际交往的类型和特点

（一）大学生人际交往的类型

1. 师生交往

大学里师生之间的交往相对轻松，大学生接触最多的是自己的辅导员、班主任，他们与学生的关系平等，会像朋友一样与学生交流思想，促膝谈心，并参与班级组织的各项文体活动。任课教师，他们面对不同班级的学生，数量多，时间短，流动性大。一般情况下，这些任课教师上课来，下课走，接触机会相对较少，只在其授课时间与学生接触，切磋学问、探讨问题，和学生的人际交往相对较少。学校的行政管理人员等也是大学生经常要面对的人际交往对象，比如宿舍、食堂、图书馆的工作人员等。与师生关系不同，这些交往的顺利进行必须建立在自觉遵守相应规章制度的基础上，否则大学生的行为就会受到批评和制约。

2. 与同学的交往

大学生远离了家人的呵护，独立地生活，许多人际交往不能太过任性、随意，特别是同宿舍的同学，朝夕相处，低头不见抬头见，必须学会彼此尊重、宽容、忍让。一方面，大多数学生是从中学校园直接走进大学校园，社会阅历浅，思想单纯，相互之间能够自然地产生纯朴的"同窗"情谊，形成友好的同学关系。另一方面，随着相互交往和了解的深入，不同的地域、家庭背景、个性特点、生活习惯，甚至不同的方言，都有可能成为继续交往的障碍，而大学生在学习上、课余活动等的激烈竞争中，往往存在着利益冲突，容易影响相互间的正常交往。

3. 与父母的交往

进入大学后大多数的大学生觉得自己长大了，会有意识地积极地调整心态以适应新的环境。他们能体谅父母对自己的思念之情，因此，会通过网络或电话及时主动地向父母汇报自己的学习、生活等情况，和父母加强思想感情的交流。也有少数学生完全相反，他们自认为是"象牙塔"里的"天之骄子"，随着知识的增加，和父母越来越没有共同语言，因而不再经常与父母联系，只有缺钱了才想起父母。作为一名合格的大学生，应该与父母保持良好的感情沟通和联系。

4. 社会交往

在大学阶段，对人际沟通能力提出了更高的要求。就业压力日益增大的大学生，要想在激烈的竞争中脱颖而出，找到理想的工作，较强的社会交往能力是必不可少的。扩大社会交往的方式多种多样，如加入学生社团，参加社会公益活动，勤工助学等。积极健康的社会实践活动是扩大社会交往面的一个必不可少的途径。通过各种社会实践活动，大学生既可以加深对社会的了解，也可以扩大社会交往的范围，还能够提高自己独立谋生的本领。但需要注意的是，在如何对待社会交往的问题上，应注意避免两种倾向：一种是社会交往活动太多，对象太杂，频率太高，认为"多一个朋友多一条路"

"关系也是生产力",抱着这样的心态,盲目交往。结果,毫无选择的社会交往严重影响了学习,甚至使自己染上了不良嗜好。另一种是社会活动、社会交往过少,"两耳不闻窗外事",只管埋头读书,注重了书本知识的积累,却忽视了实践能力的培养。

5. 网络交往

网络拓展了人类交往的空间,网络交往已经成为一种重要的新型人际交往方式。人们通过微信、QQ、微博、电子邮箱等手段在网络虚拟社区中聊天、交友、游戏等。一般来说,网络人际交往对大学生来说具有双重效应:一方面是积极影响,有的大学生通过网络交往结交了许多朋友,获取了很多有价值的信息,开拓了思路,使自己受益匪浅;另一方面是消极影响,有的大学生患上了网络人际依赖症,他们将虚拟当作了现实,过度热衷于网络交往,过分迷恋在网络上产生的友谊或爱情,并幻想用这些虚拟的人际关系取代现实的人际关系。他们与周围的人没有共同语言,缺乏社会沟通和人际交流,容易产生孤独不安、情绪低落、思维迟钝、自我评价降低等心理问题,严重的甚至出现自杀意念和行为。还有的大学生在进行网络交往时受到不良影响,在网络空间里肆无忌惮地放纵自己的思想、言语和行为,责任意识淡薄,全然丧失了道德良知。

(二)大学生人际交往的特点

1. 人际交往的迫切性

大学生随着知识的增长、心理的逐步成熟,成人感也日益增强,加之进入了一个全新的人际环境,他们迫切希望别人了解自己,渴望得到他人的尊重和承认,也急于了解他人和社会。因此,大学生对于人际关系的建立抱有积极良好的愿望。

2. 人际交往的平等性

大学生的交往对象主要是同龄人,人际关系主要是同学关系,是一种横向的关系。由于大学生个人阅历、社会经验、认知能力、思想观念等都大致相同,因而就不会像上下级之间,父子之间那样形成服从和依赖的关系,而是比较容易产生平等的心理和意识,从而在一种平等条件下进行交往。

3. 人际交往的理想性

大学生还处于幻想的年龄,心理尚未完全成熟,社会阅历有限,也由于家庭、社会及客观环境的限制,因而不可能全面地接触社会、了解现实的"人",易产生理想化的思维定式。因而,大学生在交往的过程中,往往是先在自己的头脑中塑好一个"模型",然后根据这个"模型",到现实中寻找知己,因此大学生的人际交往有时过于理想性。

4. 人际交往对象的易变性

大学生由于心理发展不完善,情绪不稳定,做事易冲动,加之生活领域的不断拓宽,因而在选择交往对象上也就表现出明显的易变性。这种易变性当然与大学生人际交往的理想性有关,同时这种易变性也使得大学生有可能在较短的时间内接触大量的新人新事,从而在人际交往的挫折中不断地反省和提高。

5. 人际交往的不成熟性

大学生人际交往的不成熟性主要表现在行为和心理两个方面。在行为上往往表现出不善交往、不会交往、缺乏交往技巧以及交往过程庸俗化等，而在心理上往往因为过分关注自我需要和形象表现出不敢交往、不愿交往和害怕交往等。据调查，26.7%的大学生能正常交往，73.3%的大学生有这样那样的交往障碍。交往障碍一般分为两种，一是技术障碍；二是心理障碍，主要表现为自卑、害羞等。

6. 对异性交往的好奇和敏感

大学生在生理发展上正处于青春期，由于性的成熟，很自然地在心理上产生对异性交往的渴望与兴趣。异性相吸是自然界的一种现象。对于大学生来说，青年期特有的生理、心理特点，使得异性同学之间更易于产生思想、感情上的交流，这在同性朋友身上往往无法做到。女生喜欢男生的豁达、有主见和力量；男生则喜欢女生的贤惠、温柔和细腻。男女生之间的正当交往不仅是自然、平常的，而且是有益的，异性之间纯真友谊的建立同样有益于生理健康和心理健康，可以丰富大学生的生活，加强团结，优化大学生的性格，也有助于大学生学业的顺利完成。关键问题是要把握好交往的"度"。

二、大学生人际交往心理的影响因素

（一）晕轮效应

晕轮效应是指人们常从对方所具有的某个或某些特征而泛化到其他各个方面。在人际交往中，特别是交往刚开始的时候，人在不知不觉中会自动利用少量的信息来得出广泛的结论。这是一种以偏概全的判断方式，容易出现认知上的偏差。

关于晕轮效应，一个经典而有趣的实验是美国社会心理学家柯莱于1950年用现场实验法进行的。他以经济学系的大学生为被试对象，宣布经济学教授因事请假，由一位研究生代课，同时，给每位被试者发一份有关该研究生的资料，并要求课后填写一份问卷，描述对代课教师的印象。所发资料有两种：一种是"伯兰克先生是本校经济研究所的研究生，曾有一年半的教学经验，现年26岁，服过兵役，已婚；认识他的人都说他是一个热忱、勤奋、敏锐、实际而又果断的人。"另一种资料，只是把"热忱"二字换成"冷淡"，其他文字完全一样。

调查结果表明：凡是看过前一种资料的学生，答卷上多选用"体谅人""不拘小节""富幽默感""好脾气"等字眼儿，而且在课堂上也愿意主动参加问题讨论，与教师合作；而看到后一种资料的大学生，所做的回答与前面的结果差别很大，多选用带贬义的词汇。

（二）刻板效应

刻板效应是人在长期的认知过程中形成的关于某类人的概括而笼统的固定印象。有些人总是习惯于把人进行机械的归类，把某个具体的人看作是某类人的典型代表，把对某类人的评价视为对某个人的评价，因而影响正确的判断。刻板印象常常是一种偏见，人们不仅对接触过的人会产生刻板印象，还会根据一些不是十分真实的间接资料对接触过的人产生刻板印象。例如，老年人是保守的，年轻人是爱冲动的；北方人是豪爽的，南方人是善于经商的等。

苏联社会心理学家包达列夫做过这样的实验，将一个人的照片分别给两组被试者看，照片上人的特征是眼睛深凹，下巴外翘。对两组被试者分别介绍情况，给甲组介绍情况时说"此人是个罪犯"；给乙组介绍情况时说"此人是位著名学者"。然后，请两组被试者分别对此人的照片特征进行评价。评价的结果，甲组被试者认为：此人眼睛深凹表明他凶狠、狡猾，下巴外翘反映其顽固不化的性格；乙组被试者认为：此人眼睛深凹，表明他具有深邃的思想，下巴外翘反映他具有探索真理的顽强精神。

为什么两组被试者对同一个人同一照片的面部特征做出的评价竟有如此之大的差异？原因很简单，是人们对社会上各类的人有着一定的定型认知。把他当罪犯来看时，自然就把其眼睛、下巴的特征归类为凶狠、狡猾和顽固不化；而把他当学者来看时，便把相同的特征归为思想的深邃性和意志的坚忍性。由此可见，刻板效应实际就是一种心理定式。

（三）首因效应

首因效应就是我们常说的第一印象，第一印象往往是深刻而牢固的，对以后的人际交往过程会产生指导性的作用。第一印象之所以影响比较大，是因为在它形成之前还没有什么印象，所以，它一出现就在人的大脑中刻下了较为深刻的痕迹，后来输入的信息容易受到它的干扰。后来的信息与第一印象相一致的，就会得到强化；与第一印象不一致的，就会本能地加以拒绝，以免引起内心的矛盾和冲突。只有在后来的信息形成知觉的力量足够强的时候，才会打破原来由第一印象所形成的心理定式，产生新的印象。对于首因效应的作用，我们应该辩证地看，要善于利用它的积极作用，尽量减少它的消极作用。

（四）近因效应

近因效应是指在人际交往过程中新获得的信息起优势作用，也就是说，最近的信息对认知的影响相对比较大，所留下的印象也相对比较深刻。

心理学家洛钦斯做了这样的实验：分别向两组被试者介绍一个人的性格特点。对甲组先介绍这个人的外倾特点，后介绍内倾特点；对乙组则相反，先介绍内倾特点，后介绍外倾特点。最后考察这两组被试者留下的印象，结果与首因效应相同。洛钦斯把上述实验方式加以改变，在向两组被试者介绍完第一部分后，插入其他作业，如做一些数字演算、听历史故事之类不相干的事，之后再介绍第二部分。实验结果表明，两个组的被试者，都是第二部分的材料留下的印象深刻，近因效应明显。

首因效应和近因效应看似矛盾，实际上并不矛盾。这两个心理活动的规律告诉我们一个很简单但很有价值的道理：在一般情况下，第一印象和最近印象对人际认知的影响比较大。所以，我们既要重视好的开始，也要重视好的结尾。心理学的研究还表明，在人与人的交往中，交往的初期，即在彼此生疏阶段，首因效应的影响重要；而在交往的后期，就是在彼此已经相当熟悉时期，近因效应的影响也同样重要。

 知识链接

生活中的近因效应

1. 到饭店去吃饭，点了丰盛的酒水菜肴，酒足饭饱、快要结账的时候，服务员会给你免费送上一盘水果，这时你会感到很愉快。

2. 到市场去买东西，比如买糖果之类小粒儿的散装物品，讨价还价时双方毫不客气，但在谈定价格、称好分量的时候，商贩还会随手给你添上几颗，把秤杆挑得高高的，让你感到额外的满足。这都为的是拉住你做他的"回头客"，下次再来光顾。

3. 美国的航空公司服务精良，一路上让乘客都很满意，但下了飞机，乘客却要在行李处等候6分钟才能取到自己的东西，于是人们就抱怨，说航空公司服务质量差，运送行李的速度慢得令人难以忍受。后来有个心理学家出了个主意，他让航空公司派人在乘客下机以后，马上就热情地招呼他们跟随着去取行李，绕了一圈，走了7分钟的路，一到行李处，人们马上就拿到了行李，于是他们纷纷称赞航空公司的高效率。

（五）投射效应

投射效应指以己度人，认为自己具有某种特性，他人也一定会有与自己相同的特性，把自己的感情、意志、特性投射到他人身上并强加于人的一种认知障碍。

由于投射效应的存在，我们常常可以从一个人对别人的看法中来推测这个人的真正意图或心理特征。宋代著名学者苏东坡和佛印和尚是好朋友，一天，苏东坡去拜访佛印，与佛印相对而坐，苏东坡对佛印开玩笑说："我看见你是一堆狗屎。"而佛印则微笑着说："我看你是一尊金佛。"苏东坡觉得自己占了便宜，很是得意。回家以后，苏东坡得意地向妹妹提起这件事，苏小妹说："哥哥你错了。佛家说'佛心自现'，你看别人是什么，就表示你看自己是什么。"

（六）超限效应

在心理学中，将因为刺激过多、过强和作用时间过久而引起极不耐烦或反抗的心理现象称之为"超限效应"。超限效应在人际交往中的启示是，凡事都要掌握适度原则，万不可过分。关于这个效应，有个小故事可以很好地表达其核心：马克·吐温有一次在教堂听牧师的募捐演讲。刚开始，他觉得牧师讲得很吸引人，已经准备捐款了。可过了一刻钟后，牧师还没有讲完，他有些厌倦，便决定只捐一些零钱。又过了一刻钟，牧师还是没有讲完，这激起了马克·吐温的反抗心理，于是他决定1分钱也不捐。等到牧师终于结束冗长的演讲后，开始募捐时，马克·吐温因为过度郁闷，不仅一分钱都没有捐，还恶作剧式地从盘子里偷拿了2元钱。

第三节　大学生人际交往中的心理问题与应对

人生需要友情，人生需要交往，人生需要自我形象的推销与展示。不论从事什么工作，都必须学会处理各种人际关系，学会人生的公关。如何克服大学生常见的人际关系障碍，进行有效的人际交往，对于大学生的成长是非常重要的。大学生要了解人际交往中的常见心理问题及调适方法，认真学习人际交往技巧，从而建立和谐、融洽的人际关系。

一、常见心理问题及调适

（一）自卑心理

1. 自卑心理的表现

自卑心理是大学生人际交往中常见的心理问题，有自卑心理的大学生常常缺乏自信心，处事过分小心谨慎，在交往中畏首畏尾、多思虑、敏感、多疑，性格孤僻。有自卑心理的人性格多为内向，感情脆弱，常常自惭形秽，感到各方面不如别人，总感觉别人瞧不起自己。这种人在公共场合一般不是积极主动的，而是消极被动的，过于警觉，极易受挫。严重的自卑心理会造成心理变态，加重自己精神上的负担。

2. 自卑心理的调适方法

（1）学会积极的自我暗示、自我鼓励　在公共场合要有积极的心理暗示，别人能做到的事，我也能做到。不能暗示自己不行。

（2）学会正确认识自己　善于发现自己的优点，同时要正确对待他人，学会比较，扬长避短。

（3）积极与他人交往　只有这样才能使自己得到锻炼，增强自己的自信心，尤其要有意识地同性格开朗、乐观的人进行交往，这样更有助于克服自卑心理。

（二）嫉妒心理

1. 嫉妒心理的表现

嫉妒心理是在人际交往中与他人比较，发现自己在才能、名誉、地位与境遇等方面不如别人而产生的不悦、羞愧、怨恨、恼怒甚至带有破坏性的复杂情绪状态。有嫉妒心理的大学生在交往中往往会出现强烈的排他性，经常会有诸如中伤、怨恨、诋毁等嫉妒行为的发生。主要表现为对他人的成绩和长处不服气甚至嫉恨；看到别人处于劣势时感到特别高兴，总希望别人不如自己；没有竞争的勇气，总是讽刺、挖苦甚至采取不正当的行为对他人或集体造成伤害。嫉妒心理在大学生中，特别是女生当中较为普遍。

2. 嫉妒心理的调适方法

（1）接纳"积极"嫉妒　每个人不仅要看到别人的优点和自己的缺点，而且也要看到自己优于对方的方面。在学习和生活中，每个人都要在具有竞争气氛的学习和生活中客观地对待自己，认清自己的位置，摆正学习态度。不要把学习中最优秀的同学仅仅看成是与自己有竞争关系的对手，而要看成是促使自己进步的动力。因此，只有采取正确的比较方法，将人之长比己之短，而不是以己之长比人之短。比的方法正确，烦恼情绪才会少。

（2）充实自己　嫉妒心理往往是自信心不足的表现，要充实自己的生活，走出自我狭隘的圈子，做个豁达的人。嫉妒别人成功是从自我的视野中把别人的成功看成自己的障碍，因此其内心深处潜藏着一种自己不好，也不许别人好的自私心理。学生在成长的过程中，时时会发现自己周围的同学正在超越自己。如果你能为他们的进步而高兴，并能为此而感到骄傲和自豪，那么你就走出了自我狭隘的小圈子，就具有了一种宽广的胸怀。

（3）克服以自我为中心的心理　嫉妒心理是以自我为中心的产物，克服自我中心就会去接纳别人的进步和发展，就会使自己的心态不因嫉妒别人的进步和成绩而失衡，从而升华自己的情绪和情感。

（4）保持良好的心态　无论在什么群体里都会有比较优秀的人，也都会有较落后的人，要有一个良好的心态，明白落后是可以通过努力改变的。虽不能从根本上克服嫉妒心理，但却能中断这种发泄性情绪的恶化。如有一定的爱好，则可借助各种业余爱好来宣泄和疏导。

（5）化消极的嫉妒为积极的动力　嫉妒者在别人比自己强时，应当把不服气的心理引导到积极的方面，化嫉妒为求上进的力量，赶上甚至超过对方。在学习、体育运动和社会活动中，当看到与自己条件相仿的人超过自己获得荣誉时，强烈的嫉妒心可能会使一些人内心十分不快，理智却又不容许他们表露这种情绪。于是，可以奋发努力，争取超过对手，或者即使不能通过努力超过对手，还可以扬长避短，以自己之优势对对方之不足，以获取总的平衡。

（三）自傲心理

1. 自傲心理的表现

自傲心理和自卑心理一样，是大学生人际交往中常见的心理问题。自傲心理是指过高地评价自我，在交往中总是拿自己的长处和别人的短处相比，表现出盛气凌人、自命不凡、自视清高等，常使交往对象难堪、窘迫，形成心理压力，不能平等地与人交往。自傲心理非常不利于大学生人际交往，必须加以克服。

2. 自傲心理的调适方法

（1）提高自我的期望值　才能与学识的高低是相对的，对才能和学识的评价也是有条件的，有不同的自我期望值要求，也就有不同的奋斗目标，所以说，自傲者只要提高自我期望值，就会发现自己才能和学识的不足，从而自觉地克服自傲心理。

（2）认识自傲心理的危害　每个人都有自尊的需要，如果过分苛求于人，傲视别人，得到的就是别人的鄙视和疏远，会导致人际关系紧张。

（3）全面认识自己　自傲者多数只看到自己的长处，看不到自己的短处，总拿自己的长处与别人的短处相比较。但是应当明确人不能总陶醉于自己有限的才能中，人外有人，天外有天。

（四）羞怯心理

1. 羞怯心理的表现

羞怯心理是大学生当中常见的一种心理现象，有羞怯心理的人在社交中、在他人面前特别是在同陌生人、同异性交往中，常常表现为腼腆、不自然，严重者表现为见人脸色绯红、语无伦次、手足无措等。有严重羞怯心理的人常常不愿与人接触、怯于交往，对交往采取回避态度。严重羞怯心理会导致社交恐惧症，这是心理疾病的一种表现。有羞怯心理的人过多约束自己的言行，无法充分表达自己的情感，所以说不利于人际交往的开展，应当努力克服。

2. 羞怯心理的调适方法

（1）学会正确地评价自我 应该认识到每个人都有自己的长处和短处，应积极肯定自己的长处。善于发现自己的长处，提高自己在交往中的自信心。

（2）加强心理训练和实践锻炼 积极参加各种实践活动，在实践活动中锻炼自己，发挥自己的潜能，提高自己的交往能力，增强自己的自信心。

（3）放下精神负担 应认识到失败是成功之母，要从失败中吸取经验教训，争取更好的成功，不要因为一时的失败和挫折而背上沉重的思想包袱和精神负担。

（4）努力丰富自身的知识 艺高人胆大，有了丰富的知识储备，娴熟的交往技巧，在交往中自然就会应对自如。知识可以让人开阔眼界，增加人的风度，提高人的气质，也是克服羞怯心理的良药。要勤奋学习，努力拓宽知识面，掌握一些社交知识和技巧，通过知识的积累增强交往的勇气。

（5）锻炼交往能力 大学生身处校园，要努力增加表现自己的机会，多与他人交往，使自己的交往力得到进一步的提升。要为自己多创造一些交往的机会，在各种场合下鼓励自己大胆讲话，勇于发言。

（五）闭锁心理

1. 闭锁心理的表现

闭锁心理又称为自我封闭心理，其表现为把自己的真实思想、情感、欲望掩盖起来。闭锁心理严重的人不信任任何人，还有很强的戒备心理。有闭锁心理的大学生在交往中或者少言寡语，或者不着边际，从不与人推心置腹，往往给人不可捉摸的感觉，让人无法接近，很少有知心朋友。人际交往中的闭锁心理实际上是人为地在自己与他人或社会之间建起了一道心理屏障，妨碍个人的全面发展，应当积极加以克服。

2. 闭锁心理的调适方法

（1）更新观念 应该认识到独立、自由、开放是现代人的基本特征，在信息化时代，大学生要适应社会发展的要求，必须不断地更新观念，积极融入社会当中。

（2）积极与人交往 如果要克服闭锁心理，就要与人交往，让别人了解自己，避免独来独往、自命清高，只有这样别人才会亲近你、理解你。人际交往是个互动的过程，打开闭锁心理的关键就是要解除心理顾虑，多与人交流、接触，以坦率的心态与别人交流，以情换情，只有这样别人才会欣赏你、接纳你。

（3）多参与集体活动 为参与而参与，不必希望要求立即获得回报，参与集体活动的主要意义在于学习与人交流和相处，并寻找机会让别人认识并了解你。

（六）猜疑心理

1. 猜疑心理的表现

猜疑心理是由主观推测而产生的不信任的复杂情感体验。表现为对他人的言行过于敏感，总是认为别人看不起自己，当面或背后议论自己。经常把无中生有的事强加给别人，甚至把别人的好意曲解为恶意。猜疑心理是一种非常消极的心理反应，严重的猜疑心理是产生心理疾病的先兆，猜疑心理会影响同学之间的关系，而且长期下去会使自己的心态扭曲，产生严重的心理问题。

2. 猜疑心理的调适方法

（1）培养理智的心态　对人、对物的认知要力求客观全面，不可以只凭简单的几次交往就做出以点带面、以偏概全的结论。当发现自己开始怀疑别人时，应当立即寻找产生怀疑的原因，要督促自己去寻找证据，不可以轻率地乱猜疑。

（2）及时沟通，解除疑惑　最好同你"怀疑"的对象开诚布公地谈一谈，以便弄清真相，解除误会。生疑之后，冷静的思索是很重要的，但冷静思索后如果疑惑依然存在，那就该通过适当方式，同被疑者进行推心置腹的交谈。

（3）学会自我安慰　人际交往中出现误会是客观存在的现象，应学会解脱，学会积极地自我暗示。当遭到别人的非议和流言、与他人产生误会时，要暗示自己：人生在世没有不被别人议论的，走自己的路，让别人说去吧。

（4）培养自信心　每个人都应当看到自己的长处，树立起自信心，相信自己会处理好人际关系，会给别人留下良好的印象。这样，当我们充满信心地工作和生活时，就不用担心自己的行为是否妥当，也不会随便怀疑别人是否会挑剔、为难自己了。

（七）社交恐惧心理

1. 社交恐惧心理的表现

社交恐惧症也叫社交焦虑障碍，是一种过分的境遇性害怕。害怕在社交场合被众人注视，害怕自己会在众目睽睽之下丢人现眼，因此会努力回避社交性的场合。

2. 社交恐惧心理的调适方法

（1）悦纳自己树立自信　很多社交紧张者就是因为不悦纳自己，对自己不自信，所以要想改变自己，首先就得在心里接受和悦纳自己，树立起自信心。过于追求完美，对自己要求过高，就容易患得患失，太在意别人对自己的看法，一心想要得到别人的承认，容易迷失自己。

（2）不要太在意自己的身体反应　紧张总是伴随着一系列生理上的不适，根据"强化理论"，如果紧张时我们太注意自己身体某些部位的反应，就相当于是在强化自己的紧张行为。而当我们不去管自己的紧张反应后，由于紧张得不到注意和强化，紧张反应就会随着时间的推移而逐渐消退。

（3）勇敢地去面对　克服紧张的最好办法就是勇敢地去面对紧张。就像一位心理学专家指出的那样：我们害怕的其实并不是事物的本身，而是我们自己！关键就看你能不能战胜自己，勇敢地迈出第一步，勇敢地去面对。

二、掌握人际交往技巧，建立健康交往模式

（一）让人喜欢的技巧

每个大学生都希望自己能够有好人缘，不指望一定人见人爱，但至少也要比较受欢迎，而这一点，并非强求可得。

1. 修炼自己良好的个性

说起个性与交往的关系，不少人认为性格外向者其个性利于交往，而内向则于交往无益。一些个性文静的女大学生，认为自己腼腆少语，不如别人洒脱自如，侃侃而谈，因此确信自己难有好人缘。其实，对于人际交往而言，良好的个性不在于内向还是外向，活泼还是沉静，这些于交往而言仅仅是特点而非优缺点。在人际交往中有积极影响的个性主要有两个：积极、自信。个性积极者乐观开朗，豁达大度，与之相处，如沐阳光，自然令人感到愉悦畅快；个性消极者悲观阴沉，多疑狭隘，与之相处，如顶乌云，必定令人感到忐忑压抑。自信的人宽容大度，容易相处。自大者令人反感，自卑者易受伤害的脆弱自尊令人无所适从，且容易导致摩擦。有的女大学生容貌出众或家境优裕，因此滋生优越感，为人傲慢自大，必令人生厌；而有的女生因自卑太过敏感，常耍"小性子"，与之相处动辄得咎，也会令人敬而远之，这都是应该避免的。

2. 遵循"三 A"原则

"三 A"原则就是接受（accept）、赞同（agree）和赞美（admire），因三个词的英文首字母都是 a，故称"三 A"原则。

（1）接受（accept）　任何人都没有力量改变另一个人，但如果乐于按照一个人的本来面目去接纳他，你就给了他一种改变他自己的力量。因此，要学会认可他人，过于挑剔会让人失去朋友。

（2）赞同（agree）　对别人引起你共鸣的观点表示赞同，可以拉近彼此的距离。一句简单的"是呀，我也这样想""我和你有很多相似之处"就足够让对方如获知音，认为自己的意见得到了尊重，从而更主动地与你交往；若是回答"废话，那还用说吗"或"本来就是，你才知道呀"，明明你是同意对方观点的，但却以伤害对方自尊的方式告诉他，这会激起对方的反感，产生不必要的矛盾。

（3）赞美（admire）　真诚的赞美会使别人行为发生自己所期待的改变，指责和批评则让他人表现更坏。

3. 尽可能满足他人自尊的需要

（1）记住别人的名字和一些私人信息　美国当代著名演讲学家和人际关系学家戴尔·卡耐基发现，人对自己的名字看得惊人的重要，所以他曾说："记住人们的名字，而且很轻易就能叫出来，等于给予别人一个很巧妙而又有效的赞美。"反过来，

如果你把别人的名字忘掉或者记错，在交往中就会处于非常不利的地位。记住别人的私人信息包括记住对方的身体状况、性格特点、兴趣、爱好、职业、职位等，不仅是对别人的尊重，也表示你对别人的重视，同时也可以给别人留下更好的印象。

（2）谈论对方感兴趣的话题　谈话是否能够起到增进感情、密切关系的作用，就要看谈话过程是否令人愉快了。如果想掌控谈话过程，让谈话有令人满意的氛围，就要抛开自己潜在的"自我中心"意识。许多人会有意无意地将谈话作为表现自己的舞台，如果你想要取悦对方的话，就要让对方成为舞台的主角。要做到这一点最简单的方法就是谈论对方感兴趣的话题，并积极参与到这个话题当中。

（3）学会做一个好的听众　聆听他人谈话对搞好人际关系具有重要的作用。因为聆听本身就是褒奖对方谈话的一种方式，你能耐心倾听对方的谈话，等于告诉对方"你是一个值得我倾听你讲话的人"，这在无形之中就能提高对方的自尊心，加深彼此的感情。反之，对方还没有把要对你讲的话讲完，你就听不下去了，就容易使对方的自尊心受挫。事实也说明，越是善于倾听他人意见的人，人际关系就越融洽。

做好"聆听"，就是要注意倾听他人谈话的方式。

① 耐心聆听。即使有些普通的话题，对你来讲已相当熟悉，可是对方却眉飞色舞，谈兴正浓，此时，出于礼貌你应保持耐心，不能表现出不耐烦的神色。在听他人说话时，应精神集中，表情专注不要东张西望，心不在焉；不要看书看报，更不要修指甲、剔牙、掏鼻孔、挖耳朵等，这类举止不仅是不礼貌的表现，也无异告诉对方你不想听了。

② 虚心聆听。切忌得理不让人和不必要的争辩，这样会打乱亲切和谐的交往气氛。

③ 会心聆听。听人谈话，不只是在被动地接受，还应该主动地反馈，积极地回应。在交谈时，要注意与对方经常交流目光，可时而赞许性地点头，或不时地用"哦""是这样的"等来表示你在注意倾听，以鼓励对方继续讲下去。

 知识链接

梅奥的访谈实验

梅奥的访谈实验是霍桑实验的一部分。从梅奥介入后，霍桑工厂的访谈实验开始有了显著的进步。按照梅奥的建议，研究人员在访谈时应遵从五条指导性原则：第一，对访谈对象要全神贯注，而且要使访谈对象明确感受到你在注意着他；第二，只需倾听，不需说话，尤其是要避免引导式提问；第三，绝不同访谈对象辩论，绝不能给访谈对象出主意；第四，倾听什么是他要说的，什么是他不要说的，什么是不加帮助他说不出来的；第五，注意核实你的理解是否同访谈对象的想法真实一致，要捉摸访谈对象的真实想法，而且要小心地加以验证，这种验证可以询问，但绝不能添油加醋或牵强附会。最后，还要注意替对方保密。总之，访谈实验的基本思路是以工人为主导，把"问"改变为"谈"。为此，实验小组专门对访谈者进行了训练。

为时两年多的访谈实验，先后倾听了两万以上人次的谈话。在交谈中，不限于公司的工作，题材多种多样，不论是家务还是工作，或者是教会与信仰，以及工人之间的人际关系、情感纠纷等，工人都可以无所顾忌地畅所欲言。只要工人认为同自己有关的而且想说的，都可以说。这种访谈，收到了意想不到的效果。几次访谈过后，工人们心情舒畅，士气提高，使产量得到提高。

4. 密切与他人的人际关系

（1）给对方"特殊对待"　受到"惯例对待"会让人认为自己的地位和价值受到了贬低，从而也将对方的好意贬值；而受到"特殊对待"则让人感到自己受到重视，于是对对方也会抱有特殊的好感和态度。给对方"特殊对待"，让你所欲深交的人感觉到他在你心中独一无二的地位，是密切关系的很好技巧。

（2）适度的自我暴露　当我们想让人际关系升温时，适度的自我暴露不失为一种十分有效的方法，尤其对女性而言。倾诉一点自己内心深处的烦恼，吐露一点不为人知的小秘密，能让对方感到深受信任。出于感动和交往中的对等原则，对方也会向你倾吐心声。当然，这一技巧的关键在于"适度"。对关系尚处一般的人吐露自己的秘密，在一定程度上要冒点风险，所以，说什么、说多少、说到什么程度，就得把握好，否则弄巧成拙。同时，逢人便说自己的"隐私"，搞得自己没隐私，不但不会获得朋友，还会被人看作傻瓜。

（3）请对方帮小忙　按人际关系的公平理论，一方过分受损或过度受益都会破坏人际关系的平衡和稳定。如此看来，麻烦别人为自己做事应该无益于人际关系。但是如果请对方帮的忙并不大，而对方又是帮这个忙最合适的人选，且对他来讲是举手之劳，并且在小忙帮到后以合适的方式表示感谢的话，这个忙就会推动人际关系更进一步。请人帮这样的忙，对别人而言并没有什么压力，还能给对方一种成就感，让对方感到自己的长处得到了承认，是件令人愉快的事情。受人之托的一方往往在帮助别人的过程中找到了自己的价值，不但不会厌烦，还会很满足。在这种心理氛围中，两人关系便会很快亲密起来。

（4）善于运用非语言信息　根据沟通专家梅拉宾（Mehrabian）的研究，人际沟通只有约 7% 是借助语言来进行的，另外 93% 是通过非语言信息来进行的，其中 38% 取决于声调等，55% 依赖肢体动作。而且非语言沟通比语言沟通更能反映一个人的真实情况。由此可见，人与人之间的沟通是否成功不仅取决于语言的表达，更取决于彼此能否准确接收、回应非语言信息的意义。我们在日常生活中不仅要留心观察和总结别人的声音、面部表情和身体语言等非语言信息的意义，还要了解自己的非语言信息的特点。在人际交往中如此"明察秋毫"，我们的沟通会更顺畅、有效。

5. 注意交谈的艺术

交谈对话是最普遍、最经常的交往形式，交谈对话的成功不仅取决于说话的内容，而且与交谈的方式方法关系极大。俗话说："一样话，十样说""一句话让人笑，一句话让人跳"，可见说话方式的重要。当你与别人谈话时，必须始终能意识到双方同时兼有叙述者和聆听者的双重角色，意识到交流的双向性，既要意识到自己的责任不仅是把自己的思想表达清楚，还应考虑怎样才能使对方产生兴趣，易于理解，并根据对方的各种反馈信息来调整自己的谈话内容。

在交谈中，要注意有一些交谈方式是不受欢迎的，因为会严重影响交谈的效率。其主要包括：

① 随便打断对方的谈话或抢接对方的话头；

② 口若悬河，只顾自己一个劲地讲，而不管对方的反应；

③ 注意力不集中，迫使对方再次重复说过的内容；

④ 像倾泻炮弹似的连续发问，使人穷于应付；

⑤ 在与别人谈话时漫不经心，不感兴趣，表现出不耐烦；

⑥ 言谈空洞，不着边际；

⑦ 不注意语言的分量和连续性，语无伦次，使对方难以接受或不知所云；

⑧ 目光老是从头到脚地打量对方像审查什么似的，让人感到不自在；

⑨ 喜欢盯着异性看；

⑩ 随便解释某种现象，妄下断理，充作内行；

⑪ 避实就虚，含而不露，使人迷惑不解；

⑫ 短话长说或长话短说，不考虑交谈的时限、主题和氛围；

⑬ 不同对方商量就戛然而止，单方面结束会谈，使人感到没礼貌、不愉快等。

6. 树立恰当的自我意识

马克思很欣赏这样一句格言："你所以感到巨人高不可攀，只是因为跪着。"大量心理学实践表明，许多人际关系不协调往往是由于自我意识不健全或不正确造成的，如果一个人对生理的自我、心理的自我和社会的自我认识、体验不正确，尤其是在自我评价上与客观的现实差距太大时，就可能形成人际关系障碍，从而影响人的心理健康。树立恰当的自我意识通过正确的自我评价产生合理的理想自我，并且通过正确认识自己与他人、个体与群体双方不同的地位和需要，采取不同的策略，主动调节人际关系。

（二）化解矛盾、避免冲突的交往技巧

1. 争辩的艺术

避免无谓的争辩，没有人能在争辩中获胜。卡耐基的忠告：天下只有一种方法能得到辩论的最大胜利，那就是像避开毒蛇和地震一样，尽量去避免辩论。如果无法避开，必须要争辩，要清楚说服对方才是争辩的主要目的，同时，在争辩过程中要懂得尊重对方，认真倾听对方的陈述，接受、承认别人合理的观点。自己在进行叙述时要保持风度，能够温和而准确地进行表达，在一定的范围内适当地让步，切忌进行人身攻击。

2. 批评的艺术

一定要先表扬后批评，批评别人之前先做自我检讨，以便消除对立情绪。同时批评应点到为止，给人台阶。

3. 拒绝的艺术

在日常生活中，我们不可能也没有必要做到"有求必应"，有时候必须要懂得拒绝，要知道一味地逢迎、妥协、逆来顺受并不会得到别人的尊重，反而会让别人看轻你自己。如果你拒绝得有艺术，拒绝得有理，你不但不会得罪对方，还会让对方尊重你，对你刮目相看。在拒绝过程中，要懂得在说"不"前，认真倾听别人的诉求；如果无法帮助人，要懂得说出自己苦衷并温和坚定地说"不"；如果有可能，提供其他帮助的途

径。在整个过程中要体现出个人品德和修养，使别人觉得虽然被你拒绝了但一样能感觉到你是真诚的、善意的、可信的。

4. 适度运用幽默

（1）一语双关　这是指在说话时，故意使某些词语在特定的环境中具有双重意义。在人际交往中有时触景生情，互相抒发感情，有时赋诗言志，聊以自慰。这种方法能使人扬起理想的风帆，激励人奋发上进。

（2）巧借反语　就是使用与本意相反的话来表达本意的一种方法。它的特点是正话反说，或反话正说，表面上是一层意思，骨子里又是另一层意思。有时在夸夸其谈中推出一个荒唐可笑的结论，有时在逆耳的语言中领悟到人生的真谛。耐人寻味，既幽默又深刻。

（3）巧借谐音　口语是用声音表达的，利用谐音，音义结合，可以制造幽默的效果。当今流行的"妻管严"，一般都称作"气管炎"。春节"福"字一般倒着贴，谈起来就是"福到，福到。"这些都是巧借谐音。在人际交往的言谈之中，都可以借谐音使气氛生动活泼，使人宽慰愉快。

（4）假戏真做　就是明知对方说的不是真实的话，却当真话来回答，从而产生幽默的效果。在人际交往中，一句幽默的戏剧性语言或一个幽默的戏剧性行为，其效果总比那些正的说教好得多。

三、解决人际冲突的策略

在大学生的人际交往中，由于交往对象的特点影响，常存在一些冲突。而如何解决人际交往中的冲突，需要运用一些策略来缓和人际矛盾，完善人际关系。

（一）冲突发展阶段

冲突不是一蹴而就的，而是逐渐发展的，一般来说经历以下五个阶段：

1. 潜伏阶段

潜伏阶段是冲突的萌芽期，这时候冲突还属于次要矛盾，冲突的存在还没有觉醒。在这个阶段，冲突产生的温床已经存在，随着环境的变化，潜伏的冲突可能会消失，也可能被激化。

2. 被认识阶段

在这个阶段，已经感觉到了冲突的存在，但是这时还没有意识到冲突的重要性，冲突还没有对当事人造成实际的危害。如果这时及时采取措施，可以缓解未来可能爆发的冲突。

3. 被感觉阶段

在这个阶段，冲突已经造成了情绪上的影响。可能会对不公的待遇感到气愤，也可能对需要进行的选择感到困惑。不同的个人对冲突的感觉是不同的，这与当事人的个性、价值观等因素有关。

4. 处理阶段

需要对冲突做出处理，处理的方式是多种多样的，比如逃避、妥协、合作等。对于不同的冲突有不同的处理方式，即便是同样的冲突，不同的人采取的措施也不尽相同。对冲突的处理，集中体现了个人的处世方式和处世能力，也体现了个人的价值体系和对自己的认识。

5. 结局阶段

冲突的处理总会有结果。不同的处理方式会产生不同的结果。结果有可能是有利于当事人的，也有可能不利于当事人。当冲突被彻底解决时，该结果的作用将会持续下去。但很多情况下，冲突并没有被彻底解决，该结果只是阶段性的结果。有时甚至处理了一个冲突，又会带来其他几个冲突。

（二）冲突处理的模式

冲突的解决涉及各方，要在各方的利益之间做出权衡和调节，同时采取的方式也是因人而异的。一般来说，大致有五种类型。

1. 竞争型

只追求自己的目标获益，而不顾及对方的影响，非输即赢。

2. 合作型

双方都希望满足对方的需要，合作寻求对双方都有利的解决方法，求同存异。

3. 妥协型

双方都必须放弃部分利益以便在一定程度上能满足目标。双方都付出代价，但是均有所得。

4. 回避型

漠不关心或者逃避争执和对抗行为。一般内向型的人较容易出现这种情况。

5. 顺应型

自我牺牲以满足对方要求。

上述方式没有好坏之分，它只是不同的沟通方式而已，只有适合与否，能否解决或者缓解矛盾冲突。在某些情况下，适时、适当引入中立的第三方，也能起到调节、解决冲突的效果。总而言之，解决冲突是维护良好人际关系的一个重要保障。

（三）冲突处理的普适策略

在处理人际冲突方面，塞利格曼（Seligman M.）提出了普适策略，即 ABCDE 记录法。该策略主要介绍的方法是：在一件不愉快的事件发生后，仔细听你自己的念头、想法，观察这个想法带来的后果，然后无情地反驳你的想法，观察自己成功处理悲观念头后所获得的激励,最后把它们记录下来。具体步骤如下。

(1)不愉快事件 好朋友"出卖"了自己。

(2)念头 为什么是我最好的朋友出卖了我呢?为什么我总是遇到这样倒霉的事情呢?人世间还有值得信赖的人吗?这是一个尔虞我诈的社会,不可能有人会真诚待人,我不再相信任何人了。

(3)后果 我不想再与人真诚交往了,情绪压抑,做任何事都提不起精神。

(4)反驳 以一个好朋友"出卖"来衡量这个社会是否会有真诚是片面的,好朋友"出卖"我是可憎的,但我相信一定是有原因的,我为什么不去找他沟通,弄清楚事实真相再做判断呢?我只是听别人说好朋友"出卖"了我,但并没有认真了解事实的真相,也许其中有误会呢?如果好朋友是情不得已,或是无意伤害我的,那我可以用宽容的态度去面对我的好朋友,也许我的宽容会让好朋友进一步认识到我的价值,主动向我道歉,也许我们可以继续做好朋友;即使"出卖"是真的,那也不是我的错误,我为什么要用别人的错误来惩罚我自己呢?我相信世界是美好的,大多数人的心地是善良的。因此,我会继续与人为善,我的其他朋友对我不是挺真诚的吗?我现在抱怨和郁闷有什么用呢?错的不是我。

(5)激励 我重新建立人际交往的信心,吸取经验教训,在今后的人际交往中会更成熟。

正如一句瑞典格言所说:"我们老得太快,却聪明得太迟。"不管你是否察觉,生命都一直在前进。人生并未出售双程票,失去的便永远失去。将希望寄予"等到方便的时间才享受",我们不知道要失去多少可能的幸福。不要再等待有一天你"可以松口气"或是"麻烦都过去了"。生命中大部分的美好事物都是短暂易逝的,享受它们、品尝它们,善待你周围的每一个人,别把时间浪费在等待所有难题的"完满结局"上。

(四)其他的冲突应对之道

❋ 1. 让第三者适时介入

在产生隔阂或冲突等交往障碍时,需要有个"第三者"——消除阻碍的中介。这个中介可以是人,也可以是物,或者一件事情、一个动作、一种情感。

比如说,你与一个朋友之间产生了矛盾冲突,但又不想断交,这时就不妨请个第三者从中说和。第三者的任务就是将双方的歉意及希望保持交往的愿望准确而真实地进行传递。当然第三者说话一定要委婉、含蓄、有艺术性,否则,会起到相反的作用。

❋ 2. 道歉是一种艺术

有一次,一个女孩子住在朋友家,点着蜡烛就睡着了,结果把主人家的一床被子烧了一个洞,她心里非常过意不去。假如她问主人:"我赔钱行吗?"这对主人几乎毫无意义,因为答案肯定是:"哎呀,不必了,别把这当回事。"但是她解决的办法是,给朋友买了一床新的被子托人送去,还随附了一张小纸条写上自己的内疚和歉意,表明自己不是故意的,并且随附了一个小礼物,真心诚意地道歉。物质的道歉并非意味着要做精确的等价赔偿,而是真心实意。

真正的道歉不只是认错,它承认你的言行破坏了彼此的关系,而且你对这个关系十分在乎，所以希望重归于好。诚恳道歉不但可以弥补破裂的关系，而且能增进感情。人孰无过，这里有几种道歉的艺术，我们应该学习一下。

（1）不同方式的道歉　如果你觉得道歉说不出口，可以用别的方式替代。吵架后，一束鲜花、一本书、一件小礼物都可以表明悔意。

（2）道歉不丢脸　切记道歉并非耻辱，而是真挚和诚恳的表现。丘吉尔起初对杜鲁门的印象很坏，但后来他告诉杜鲁门，说自己以前低估了他。这是一种以赞誉形式道歉的方法。另外，道歉要堂堂正正，不必低声下气。你想纠正错误，这是值得尊敬的事情。

（3）争取别人的道歉　假如有人得罪你了，而又没有表示歉意，你不必发火或者生闷气。可以写一封短笺或者请一位友人传话，向对方说明你不愉快的原因，表明你很想排除这个烦恼。你如果能减少对方道歉时的难堪，他往往就会向你表示歉意。

此外，接受道歉与向人道歉一样是一种社交技巧。有一位母亲，在孩子们向她道歉后，她总是要搂抱和亲吻他们。她说："我要我的孩子明白，他们不必为得到爱而隐瞒做过的错事，相爱的人是能够相互谅解的。"由于多数人发现向人赔礼道歉是一件很困难的事，因此接受者应承认对方的努力，"我知道你道歉不轻松"或"我真的佩服你说的那番话"。一个小小象征性的手势也许会加强谅解的效果，还有如邀请道歉的朋友吃饭等形式，你会感到自己比以往更加宽宏大量。

3. 帮对方找个台阶下

人人都难免犯错误，而犯错之后，有人一味拉不下脸，放不下身段，就只好将错就错，一错到底。然而，要是在冲突或者争执中，如若好面子的人遇到了一个懂得"觅船送客"的对手，结果可能就会不一样。所谓的"觅船送客"是指为对方的错误找出某种借口，给人台阶，顺利化解难关。

当对方已经宣布了一种坚定的立场和见解，又不能为了讨人欢心而改变自己的立场时，要改变他的想法，缓解气氛。首先要顾全他的面子，因此可以假定对方在一开始没有掌握全部的事实，然后对他说"当然，我完全能理解你为什么会这样设想的，因为当时你不知道那回事""在这种情况下，任何人都会这样做的""最初，我也是这样想的。但后来当我了解了全部情况后，我就知道自己错了"。

一般人总是缺乏正视自己谎言的勇气，你想戳穿这种雕虫小技，不仅要使他相信你，还必须懂得如何帮他从自我矛盾中解救出来，说得他心服口服，体面结束。

矛盾冲突的解决、人际关系的维护是需要付出努力的，同时也是需要一定的策略的。利用好的方法加上一颗诚挚的心就能轻松维护和拓展良好的人际关系。

本章要点

1. 了解人际交往的内涵、作用及重要性。
2. 理解大学生人际交往特点及影响因素。
3. 掌握大学生人际交往中的心理问题及应对策略。

课程实践

【心理训练】

一、心理测验

大学生人际关系综合诊断量表

指导语：这是一份人际关系行为困扰的诊断量表，共 28 个问题，在每个问题上，选"是"的打"√"，选"非"的打"×"。请你认真完成，然后看后面的评分办法和对测验结果做出的解释。

1. 关于自己的烦恼有口难言。

2. 和生人见面感觉不自然。

3. 过分地羡慕和妒忌别人。

4. 与异性交往太少。

5. 对连续不断的会谈感到困难。

6. 在社交场合感到紧张。

7. 常伤害别人。

8. 与异性来往感觉不自然。

9. 与一大群朋友在一起，常感到孤寂或失落。

10. 极易受窘。

11. 不能与别人和睦相处。

12. 不知道与异性相处如何适可而止。

13. 当不熟悉的人对自己倾诉他的生平遭遇以求同情时，自己常感到不自在。

14. 担心别人对自己有什么坏印象。

15. 总是尽力使别人赏识自己。

16. 暗自思慕异性。

17. 时常避免表达自己的感受。

18. 对自己的仪表（容貌）缺乏信心。

19. 讨厌某人或被某人所讨厌。

20. 瞧不起异性。

21. 不能专注地倾听。

22. 自己的烦恼无人可倾诉。

23. 受别人排斥与冷漠。

24. 被异性瞧不起。

25. 不能广泛地听取各种意见、看法。

26. 自己常因受伤害而暗自伤心。

27. 常被别人谈论、愚弄。

28. 与异性交往不知如何更好地相处。

测查结果的解释：

打"√"的给1分，打"×"的给0分。

如果你得到的总分是在0～8分，那么说明你在与朋友相处上的困扰较少。你善于交谈，性格比较开朗，主动关心别人，你对周围的朋友都比较好，愿意和他们在一起，他们也都喜欢你，你们相处得不错。而且，你能够从与朋友相处中得到许多乐趣。你的生活是比较充实且丰富多彩的，你与异性朋友相处得也很好。一句话，你不存在或较少存在交友方面的困扰，你善于与朋友相处，人缘很好，获得许多人的好感与赞同。

如果你得到的总分是在9～14分，那么你与朋友相处存在一定程度的困扰。你的人缘很一般，换句话说，你和朋友的关系并不牢固，时好时坏，经常处在一种起伏波动的状态之中。

如果你得到的总分是在15～28分，表明你与朋友相处上的行为困扰较严重；分数超过20分，则表明你的人际关系困扰程度很严重，而且在心理上出现较为明显的障碍。你可能不善于交谈，也可能是一个性格孤僻的人，不开朗，或者有明显的自高自大、讨人嫌的行为。

二、体验拓展

（一）体验一：有缘千里来相会

1. 分组

以课内小组为单位（10人/组），选出每组的组长。

2. 组内自我介绍

从第一个人开始，每人用一句话介绍自己。一句话里面必须包含四个内容：姓名、班级、生源地、与众不同的爱好。

规则是：当第1个人说完后，第2个人必须从第1个人开始讲起，第3个人一直到第10个人都必须从第1个人开始讲起，这样做使全组注意力集中，相互有协助他人表达完整正确的倾向，而且在多次重复中，不知不觉地记住了他人的信息。

介绍接龙：

例：

A：我是（班级）的（名字），来自（生源地），爱好（***）。

B：我是（班级）的（名字），来自（生源地），爱好（***）。左边或右边的是（班级）的（名字），来自（生源地），爱好（***）。

C：我是（班级）的（名字），来自（生源地），爱好（***）。左边或右边是（班级）的（名字），来自（生源地），爱好（***）。左边或右边的是（班级）的（名字），来自（生源地），爱好（***）。

（二）体验二：戴高帽子（优点大轰炸）

【目的】学习发现别人的优点并欣赏，促进相互肯定与接纳

【时间】40分钟

【操作】

（1）5～8人一组围圆圈坐。请一位成员坐或站在团体中央，戴上纸糊的高帽子。其他人轮流说出他的优点及欣赏之处（如性格、相貌、处事……）。

（2）被称赞的成员说明哪些优点是自己以前觉察的，哪些是不知道的。

（3）每个成员到中央戴一次高帽。

（4）规则是必须说优点，态度要真诚，努力去发现他人的长处，不能毫无根据地吹捧，这样反而伤害别人。

（5）参加者要注意体验被人称赞时的感受如何，怎样用心去发现他人的长处，怎样做一个乐于欣赏他人的人。

（6）小组交流体会并派代表在团体进行交流。

【新媒体导学】

一、推荐视频

1. 心理访谈：《宿舍你我他》
2. 依恋关系：《恒河猴母爱剥夺试验》

二、推荐图书

1.《快乐人际关系法》（帕洛特）

推荐理由：讲述在面对 15 种不容易相处的人群时不是要改变他们，而是要改变你们的关系，不是要改变环境而是要改变自己，谁也没有必要让那些性格怪僻的人来控制你的生活，影响你的情绪。此书罗列了十五种难以相处的人：吹毛求疵者、永远的受害者、工作狂、变色龙等，每一种类型作者都用生动的案例、富有哲理的言语以及圣经的观点和可以具体操作的方法来指导我们。

2.《爱的艺术》（埃里希·弗罗姆）

推荐理由：作者通过简洁的语言解释了爱这个深奥的话题，认为爱情不是一种与人的成熟程度无关只需要投入身心的感情。"爱"是可以通过耐心学习而得来的一门艺术，类似于对艺术的感受力，爱情、母子之爱、朋友之爱，都是走向完善人格、丰富灵魂的人生实践。要在爱中实现人与人之间的统一，如果不努力发展自己的全部人格，任何关于爱的企图和想法都会失败。

三、推荐电影

1.《玛丽和马克思》

推荐理由：电影是一部讲述笔友之间 20 多年友情的动画作品，同时这也是导演的半自传式的影片。讲述了两个古怪笔友长达 20 年的友情。

2.《爱·回家》

推荐理由：电影讲述了城里长大的小外孙被妈妈送到乡下，由外婆暂时照顾，小外孙从开始瞧不起又穷又哑的外婆，到逐渐与外婆产生浓厚感情的过程，是一个浓浓的亲情故事。

【思考与练习】

1. 人际关系和人际交往有什么区别和联系？
2. 影响人际交往的心理效应有哪些？
3. 常见的大学生人际交往障碍有哪些？应该怎样加以克服？

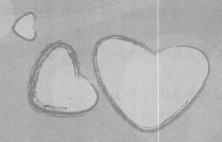

第八章
玫瑰花园　撷我所需
——恋爱心理及性心理

名人寄语

爱情的意义在于帮助对方提高，同时也提高自己。

——车尔尼雪夫斯基

真正的爱情不仅要求相爱，而且要求相互洞察对方的内心世界。

——苏霍姆林斯基

不能"只为了爱——盲目的爱，而将别的人生的要义全盘疏忽了"。

——鲁迅

爱情无疑是大学生最为关注的问题之一，同时也是他们最感困惑的问题之一，处理不好恋爱问题将会严重影响学习、生活乃至人格与心理的健康发展。因此，大学生要认真学习爱情的心理学理论，学会区分不同类型的情感，积极培养自己的恋爱能力，当真爱来临的时候要好好把握。当在恋爱中遇到问题的时候，要学会自我调节，不断成长。

案例导入

绽放的百合花

沈某是大一女生，美丽可爱。身边的很多男生都对她有好感，但是一直没有人敢表白，怕被拒绝。一天，一位男生送给沈某一支百合花，她非常高兴，同时又很羞涩。这位男生高大英俊，学习成绩优秀。最近沈某总是控制不住自己，目光总是离不开他，每当与他目光交汇的时候，她的心跳都会加快，但是他们没有过多的言语交流。沈某觉得自己刚上大一，认真学习才是要紧的事情，现在恋爱还太早，对这位男生也不够了解，所以经常躲避他炙热的目光。沈某向心理咨询师请教："老师，您说大学生能谈恋爱吗？"咨询师回答："你先说说你的看法。"

沈某："我觉得大学生应该以学习为主，但是我又觉得很多情侣学习、恋爱都没耽误，所以自己很矛盾。"咨询师回答："恋爱是大学生特别憧憬的。如果两者关系处理好了，恋爱与学习应该没有冲突。"于是，沈某答应了男孩的追求，他俩生活上彼此关心，在学业上也都有了进步，同学们对他俩表示祝福。

【智慧点拨】如今大学生恋爱在大学校园较为普遍，他们在思想上已趋于独立，对待爱情更是有自己独到的见解。如果大学生能够理智对待爱情，就能较好地处理爱情与学习、生活等各个方面的关系，就能获得学业、爱情双丰收。

第一节 大学生的恋爱心理

一、爱情概述

（一）爱情的定义

爱情，就是一对男女之间，基于一定的社会关系和共同的生活理想，在各自内心中形成的对对方最真挚的倾慕，并渴望对方成为自己终身伴侣的最强烈的感情。

总之，爱情应是两颗心相互向往、吸引、达到精神升华的产物，是人类特有的一种高尚的精神生活。一般而言，美好的爱情要经历一个萌芽、开花和结果的过程。男女双方培育爱情的过程，称为恋爱，按进程一般又可分为初恋期、热恋期、恋爱质变期（失恋或结合）。

（二）爱情的特征

第一，爱情具有自主性和互爱性。爱情是一种复杂、圣洁、崇高的感情活动，她是由两颗心灵弹拨出来的和弦，彼此互相倾慕，情投意合。真正的爱情是不可强求的，只能以当事人双方的互爱为前提，当事人既是爱者又是被爱者。在爱情发展中，男女双方必须始终处于平等互爱的地位。单恋虽然也是一种强烈的情感，但它却不是互爱意义上的爱情，它只能从内部消耗一个人的精神力量，从而造成心灵创伤，因而是不可取的。

第二，爱情具有专一性和排他性。爱情是两颗心相撞发出的共鸣，男女一旦相爱，就会要求相互忠贞，并且排斥任何第三者亲近双方中的一方。伟大的教育家陶行知曾经很形象地说过："爱情之酒甜而苦，两人喝是甘露，三人喝是酸醋，随便喝要中毒。"这话是很有道理的。

第三，爱情具有持久性和阶段性。爱情是一棵苍松而不是一枝昙花，爱情所包含的感情因素和义务因素，不仅存在于婚前的整个恋爱过程之中，而且延续到婚后的夫妻生活和家庭生活。爱情的持久性表现在爱情的不断深化、充实和提高上，恰如莎士比亚所说："真正的爱，非环境所能改变；真正的爱，非时间所能磨灭；真正的爱，给我们带来欢乐和生命。"事实上，爱情的持久性正是建立和保持婚姻关系的基础。真正的爱情不会随着年岁的增长而减弱，但人生的不同年龄阶段，爱情的表现会有所不同，具有阶段性。

第四，爱情具有社会性和道德性。爱情虽然是男女之间相互爱慕的私情，但具有丰富的社会内容。爱情的内涵、本质以及追求爱情的方式，必然要受到各种社会关系及社会因素的影响。爱情的道德性是指爱情中蕴含着对对方的强烈的义务感和责任心。

（三）爱情的三因素理论

20 世纪 90 年代，美国耶鲁大学的心理学教授斯滕伯格（Sternberg）提出了爱情的三因素理论，成为目前解释人类爱情最有影响力的观点。三因素理论认为：人类爱情的基本成分都是三个，即亲密（intimacy）、激情（passion）、承诺（commitment）。亲密是以彼此的信任为基础的情感表现，激情则必然伴随着彼此间的吸引，承诺是内化为个体心灵需求的一种责任和约定。斯滕伯格根据爱情的三种基本因素，将人类的两性关系划分为以下七种。

✿ 1. 喜欢：亲密因素

在爱情的三因素中，当两性之间的关系只有亲密因素时，相处的双方在交往中会感觉亲切、轻松，有很强的信赖感，表现在生活中就是两性之间真诚的友谊。严格地说，此种关系还不能纳入爱情之中。喜欢和爱的区别被现代男女严格区分，所以他们常常固执地要求明确的答复：你究竟是喜欢我还是爱我？当然，这种关系的稳定会因为二者间任何一方情感因素微妙的变化而发生改变，这也是人们常常怀疑男女之间是否有真正友谊的原因。

✿ 2. 迷恋：激情因素

当两性之间的关系只有激情因素时，双方有强烈的性的吸引，但彼此缺乏了解信任，更没有发展到承诺的阶段。处于迷恋中的个体相信：爱不需要理由。他们迷恋一见钟情，但这种刹那间绚烂如夏花的情绪是否有生命力，能否发展为稳定的情感，取决于是否会有亲密和承诺因素的形成。

✿ 3. 空洞的爱：承诺因素

当两性之间的关系只有承诺没有亲密和激情时，表明二者只有责任和义务，是高度道德化或价值高度异化的两性伙伴关系。就爱情而言，是没有爱情成分的空洞的爱。

✿ 4. 浪漫的爱：亲密和激情的结合

当两性之间的关系具有亲密和激情两个因素，双方的关系不需要承诺来维系时，被认为是一种最轻松最享受最唯美的浪漫之爱，所谓"没有承诺，却被你抓得更紧"。浪漫之爱若是缺乏承诺的意愿或能力，则与婚姻无缘，所谓"相爱容易相处难"。

✿ 5. 伴侣的爱：亲密与承诺的结合

当两性之间的关系有亲密也有承诺，而缺乏性爱吸引时，彼此的关系已经升华为亲情式的信任和依赖，仿佛携手走过漫漫人生的银发夫妇，虽没有青春时的激情，却具有难以描述的情感深度，是不离不弃的黄金伴侣。

✿ 6. 虚幻的爱：激情和承诺的结合

当爱情没有以信任为基础的亲密因素时，仿佛大厦没有坚实的地基，是虚幻的空中楼阁，随时有变异的可能。

✿ 7. 完美的爱：亲密、激情和承诺三者的结合

真正的完美的爱情应该以信任为基石，以性的吸引和欣赏为催化剂，以承诺为约束。既具有相对的稳定性，又充满激情和活力。

根据斯滕伯格的理论，爱情是人类心理的色彩世界，亲密（信任）、激情（性爱）、承诺（责任）是爱情的三原色，爱情的色彩之所以如此丰富，差异如此之大，完全在于个体所选择的原色的比例。每一个人，都是自己爱情色彩的调配师，调出的色彩，或淡雅，或灿烂，千姿百态，只需要自己评判和欣赏，当然也只有自己负责。

 知识链接

约翰·李的爱情彩虹

加拿大社会学家约翰·李经由文献收集及调查访谈两阶段的研究，将男女之间的爱情分成六种形态：情欲之爱（eros）、游戏之爱（ludus）、友谊之爱（storge）、依附之爱（mania）、现实之爱（pragama）及利他之爱（agape）。

（1）情欲之爱　建立在理想化的外在美基础上，是罗曼蒂克、激情的爱情。其特点是一见钟情，以貌取人，缺少心灵沟通，热烈而专一，靠激情维持。

（2）游戏之爱　视爱情为一场让异性青睐的游戏，并不会将真实的情感投入，常更换对象，且重视的是过程而非结果；不承担爱的责任，寻求刺激与新鲜感。

（3）友谊之爱　如青梅竹马般的感情，是一种细水长流的、稳定的爱。这种爱情以友谊为基础，建立在长久了解的基础上，能够协调一致解决分歧，是宁静、融洽、温馨和共同成长的爱情。

（4）依附之爱　对于情感的需求非常大，具有依附、占有、妒忌、猜疑、狂热、在恋爱中情绪不稳定等特点。依附之爱的一方控制对方情感的欲望特别强，希望将两人牢牢地捆在爱情这条绳索上。

（5）现实之爱　此种类型者常常会考虑对方的现实条件，以期让自己的酬赏增加且减少付出成本的爱情；这类爱情理性高于情感，是受市场调节的现实主义情感。

（6）利他之爱　此种类型者是带着一种牺牲、奉献的态度，追求爱情且不求对方回报。自我牺牲型爱情是无怨无悔，是纯洁高尚的。

（四）爱情的发展阶段

1. 选择追求阶段

被潜意识的需求推动着，大学生选择了让自己心动的那个人，并开始了追求的过程。处于这个阶段的大学生很敏感，对方的一言一行一颦一笑都会对自己有影响。同时，这个阶段的恋人也很受"晕轮效应"的影响，"情人眼里出西施"，认为对方所有的一切都是美的，这个时候常常忘记自我的存在，最大的愿望让对方高兴，甚至不惜委屈自己，只要对方因自己而高兴，就是最大的幸福。这个时候，情感的力量大于理智的力量。在这个阶段注意克制自己行动的冲动性，因为在这个时候激情维持强度很高，强烈希望对方和自己在一起，而双方的关系实际是处于生疏阶段，如果要求行为上的亲密，可能会将对方吓跑。

2. 热恋阶段

由于双方有了频繁且近距离的接触，感情迅速发展，几乎是"形影不离""一日不见如隔三秋"。这个阶段也是情感最不稳定的时候，随着交往的增多，双方的了解也日益加深，"晕轮效应"褪去，对方的缺点逐渐显现出来，开始有了争吵和冲突，双方也开始慎重思考两个人在一起是否真的合适。很多恋人在这个阶段分了手，有的是确实不合适，有的是因为语言艺术没有把握好，虽心有爱意，口头表达的却是愤怒与不满，刺伤了对方，从而一气之下分手了，导致多年后的追悔莫及。这个时候恋爱双方要懂得一些沟通的艺术，将"爱情"经营得更有"建设性"。

3. 现实阶段

经过热恋期的冲突和慎重思考，双方如果继续交往的话，就进入了现实阶段。爱情初期的激情褪去，新奇感消失，双方从天堂进入人间。彼此更多磨合，相互适应，也开始共同面对现实生活中的困难，接触双方的家庭等。经过这一现实阶段的考验后，双方更可能步入婚姻的殿堂。这个阶段认知维度的程度更高，高于激情的维度，相应的行为也不像第一阶段那么浪漫、有激情，恋爱一方，通常是女性往往会感到不满，认为"你不像以前那么爱我了，现在每天打电话的时间都少了……""你现在对我没有耐心了……"等，并要求对方保持追求阶段的激情，结果使对方疲惫不堪、无所适从。

（五）相爱要具备的心理因素

真正的爱情是"生命的火焰"，它不仅给我们带来无上的欢愉和幸福，而且赋予我们力量和智慧。真正的爱情具有特定的心理因素，需要恋爱双方共同努力。

1. 相同的人生观

思想感情的和谐交流是爱情的思想基础，而这种和谐交流，则取决于双方的人生观。一方图安逸，一方干事业，久而久之，就会造成隔阂、情感破裂，甚至离异。人类的爱情与动物性爱的根本区别就在于：人类的爱情具有社会性，它是在双方的思想感情、志向理想、人生态度统一而和谐的共鸣中产生和发展的，它是理性而崇高的。

2. 和谐与互补

和谐即心理相容，心理相容是爱情成功的心理背景。它是指在恋爱阶段，对对方的思想感情与心理特点方面的充分了解，同时也是保证婚前、婚后爱情美满的前提。在人生观一致、心理相容的基础上，互补则是融合双方性格、习惯、爱好、情趣的重要手段，互补心理意向是实现这种融合的自觉意识。互补，就是要自觉地用对方的长处弥补自己的不足，用自己的优点去影响对方；就是要适应对方的性格特点，并用自己的性格特点来提示对方，从而达到双方和谐的目的，因而，互补心理是爱情完善并升华的核心环节。

3. 忠贞的情感

忠贞是爱情心理结构的一个重要因素，是爱情成功的基础。爱情具有性爱的特点，性爱是排他的，但忠贞与爱人私有是有根本区别的。忠贞是炽热专一的情感要求，是人类的美德；爱人私有是把爱人作为附属品而把爱情私有化的剥削意识。而轻率地玩弄恋爱，更是卑劣、低下的，它只会使人堕落，甚至走向毁灭。

4. 理解和信任

理解和信任是爱情的基本前提。只有理解对方，才能真正爱对方。在理解的基础上要充分信任对方，猜疑、嫉妒是爱情的敌人。英国画家莱顿曾反复对自己提出一个问题："我该怎样恋爱呢？"最后他得出结论，那就是信任。

5. 尊重与自尊

在爱情心理结构中，尊重与自尊是相辅相成的。没有尊重，便没有真正的爱情，没有自尊，则不可能有真正的尊重。对自我进行恰当的评价，才能做到尊重自我；对对方进行正确的评价，才能做到尊重。那种没有原则的"夫唱妇随"或"妻管严"的思想意识，不利于爱情的交流。

6. 节制与旁涉

节制与旁涉的心理意向是爱情心理外延环节，也是两个人相爱的重要途径。节制就是要使自己的感情和行为合乎自然的发展，不要一味贪求不合乎感情发展的性行为。旁涉，就是不要用爱情来代替生活的全部，而要用生活（主要指事业、学习）来充实爱情。

 知识链接

情绪唤醒实验（危桥上的约会）

心理学家达顿和阿伦（Dutton&Aron）曾做过一个有趣的实验：他们让一位女性做主试，进行主题统觉测验。一次是在一座木板搭建的悬索桥上，下面是几十米的悬崖；栏杆很矮，人走在上面桥会左右上下摇晃，多数人过桥会感觉很紧张。另一座桥是由更稳的原木修成的，离地面不远，多数人都很容易就过去了。参加实验的被试都是男性。两次的实验程序完全一样：女主试把题目交给过桥的男被试，让其完成后对他说：如果你想知道这次测验是怎么回事，可以给她打电话，说完留下电话号码。实验控制了各被试对测验的兴趣因素。结果表明，在悬索桥上做实验的男子过后与女主试联系的比例显著高于在原木桥上做实验的男子。一些心理学家是用情绪唤醒理论来解释爱情的。这个实验就证明，对生理唤醒状态的认知评价也是促使青年投入恋爱的因素。

在暴风雨中的恋人会感到两人间的爱情更加紧密，其原因是：暴风雨引起强烈的生理状态变化，恋人知觉到生理变化而认为这种生理变化是由爱情引起的。

二、大学生常见恋爱心理问题及调适

什么是真正的爱情？如何对待恋爱、追求爱情，怎样把握自己，如何处理好恋爱中出现的各种问题，如何协调恋爱中的各种关系等，是每个大学生要面临的问题。然而，不少大学生处理不好这些问题，不能从中获得全新的自我体验，反而迷失自我，出现各种心理困惑和心理问题，这势必影响他们人际交往、学习及心理健康，而且可能影响到日后的职业选择、事业发展以及家庭幸福等。

（一）大学生恋爱中常见的心理问题

1. 爱情第一

一些同学奉行的是爱情至上，认为爱和被爱是唯一的幸福，认为"活着就是为了爱"，终日沉溺于恋爱。上课时注意力不集中；下课后又忙于约会，他们更关心自己的装束和打扮，同其他同学的关系疏远，不愿参加班级的集体活动，把大量的时间用于约会、谈心、逛街和两人间其他的交往上，以致学习成绩下降，考试不及格，有的人甚至不得不因此退学，把美丽的大学生活变成了痛苦的回忆。

2. 缺乏责任感

有的同学把谈恋爱当作是积累人生经验，看作一种体验。这种缺乏责任感，把真诚的爱情当作儿戏的态度使大学校园里出现了恋爱期短暂，一旦毕业便立刻恩断义绝、分道扬镳的现象。

有的学生以追求的人多而骄傲，实际上却是把恋爱当作游戏。有的学生在校园内玩"三角恋"或"多角恋"，其结果不但在同学内部制造了大量情感纠葛，影响了同学之间的团结，还造成了打架斗殴的恶性事件，不仅妨碍了学校的正常秩序，也不利于自己的学习与心理健康。

3. 功利世俗

一些同学以恋爱作为交易来换取个人利益，或者以门第、家产、地位、名誉作为恋爱条件，他们谈恋爱的目的就是为了金钱、名誉、地位和享受。如有的同学为了毕业后能留在大城市，就与城市学生恋爱来达到自己的目的；有的为了能谋到一个好的工作单位，就千方百计地与有家庭背景的学生恋爱；极少数甚至通过恋爱来满足自己吃穿玩乐的欲望。

4. 排除寂寞

有些同学把神圣的爱情看成是打发时间，等到毕业时就"拜拜"的游戏。他们为了弥补内心的空虚与失意而陷入恋爱之中，一旦寂寞感消失，恋爱关系也就中断。这种恋爱态度既不负责任，也不讲义务，是十分有害的。据有关调查资料表明，这种情况大约占恋爱者的18.9%，而且男生多于女生。一位大学三年级女生说："爱情，我可没感觉到，我们之间不过是组成个'互助组'，好一块儿打发周末无聊的时光。"

（二）大学生的恋爱挫折心理和调适

由于大学生的身心发展并未完全成熟，再加上一些外在因素的影响，恋爱中会出现很多问题。因为恋爱问题处理不当，导致当事人心里痛苦、人格扭曲，甚至引发精神失常的案例在大学校园里时有发生。主要表现在以下几个方面。

1. 单相思

单相思是一方的倾慕情感苦于不被对方知晓和接受而造成的一厢情愿或对恋爱的渴望，它仅仅停留在个体单方面爱恋而无法发展成双方相恋的状态。大学生心理尚未完全成熟，单相思现象比较常见，且较多地出现在性格内向、敏感、富于幻想、自卑感强的人身上。单相思通常表现为三类：一种是自作多情，明知对方不爱自己，还一味地追求和纠缠；二是误会，一些人因缺乏同异性交往的经验，因而在男女之间接触时，对对方的言行、情感过于敏感，误把对方的友情当成爱情；三是自己深爱对方，怯于表白，从而苦苦思念，夜不能寐。

一些大学生处在单相思的情形下，似乎很难从痛苦中摆脱出来，然而只要真正明白自己当前的处境，问题也是不难解决的。

（1）主动避开恋爱错觉　学会准确地观察和分析对方的言行，用心去体会分辨。如某位男生经常帮助一位女生，而这位男生是副热心肠，对谁都乐于帮助，那么女生大可不必胡思乱想，当然如果这位男生只对这位女生特殊照顾，那就必须留心了；或者对方只是偶尔对你一两次的帮助，你就更没有必要去"自作多情"。如果你已经产生了恋爱错觉，那就必须客观地正视自己目前的问题，不要让自己越陷越深。

（2）扩大人际交往圈　明知对方不爱自己，但依然深深地爱着对方而不能自拔时，就要用理性来调整自己的感情，扩大人际交往圈子，用更加丰富的生活来疏淡思念的情感。如多参加集体活动或文体娱乐活动以转移注意力，或将自己已积累的相思之情转化为更广泛、更深沉意义上的爱，比如说对父母更亲近些，与朋友加强联系等。

（3）体会用心灵去沟通　当单相思出现时，不能顾虑重重，你需要拿出十足的勇气，勇敢地用心灵去撞击对方的心灵。可以挑选一个合适的场合与时间，用直截了当的方式，向对方表达自己心中的爱意，大胆地说出"我爱你"三个字。如果对方有意，那么爱的欢乐就会来临；如果对方无意，那么就应挥动"慧剑"斩断心中的这缕情丝，主动远离痴心所向之人，通过感情的转移和升华来获得心理平衡，开始全新的生活和学习。

2. 失恋

失恋是指一方否认或中止恋爱关系后给另一方造成的一种严重的心理挫折。从心理角度来看，失恋可以说是大学生最严重的挫折之一，会引起一系列的心理反应，如难堪、羞辱、失落、悲伤、孤独、空虚、绝望等。这些不良情绪如果不能及时地化解转移，失恋者容易抑郁、自卑、激愤等，严重者甚至采取报复等方式来排解心中的痛苦。大学生可以尝试以下方法进行自我调适。

（1）失恋而不失意志　莎士比亚曾说过，当爱情的浪涛被推翻以后，我们应该友好地分手，说一声"再见"，再见时，我们还是朋友。因为失恋而选择结束生命，是对生命的亵渎，留给亲人和朋友的是无尽的痛苦和悲伤。

（2）勇敢地面对现实　任何事情都有两面性，恋爱既然有成功的喜悦，当然也会有失败的悲伤。这没有什么了不起的，他（她）不选择我，这不是我的错，也不是他（她）的错，只是他（她）认为我不适合他（她）而已。谁都有爱的权利也有拒绝爱的权利。

（3）放松心情，调适情绪　寻找合适的途径把痛苦、难堪和绝望的情绪发泄出来，如找朋友或亲人倾诉内心的苦闷，得到他们的理解、关心和支持；或干脆找个没人的地方大哭一场，再擦干眼泪朝前看，莫回头。或者可以出门旅游，投入大自然的怀抱；或做些体育健身运动，听听美妙的音乐。

（4）转移注意力 失恋后之所以难以摆脱困扰，是因为你还把自己放在与昔日恋人的环境中。所以，你应及时适当地把情感转移到别的人、事、物上。如清理掉昔日恋人的物品，不要到你们经常去的地方；扩大人际交往圈子，积极参加一些社团活动；把身心投入学习生活当中去，把失恋的悲伤化作奋发向上的动力，塑造一个全新的自我。

（5）向心理咨询机构求助 当大学生失恋时，可以通过专业咨询人员的帮助和鼓励，使自己重新建立起心理平衡，走出失恋的困境。

3. 多角恋

所谓多角恋，是一个人同时被两个或两个以上的异性所追求或自己同时追求两个或两个以上的异性并建立了恋爱关系。多角恋是爱情纠纷的主要原因之一，任何一种多角恋都潜伏着极大的危险性，一旦理智失控，就会给对方及社会带来恶果。多角恋是一种不正常、不道德的恋爱现象，必须予以坚决地抵制。

首先，大学生要正确认识多角恋的危险，要清楚多角恋不会有一个完美的结果，只会带来多方的痛苦和悲剧。

其次，要树立正确的恋爱观，要清楚爱情是一个男性与一个女性之间的爱慕关系。这种关系包括自己特有的感情和义务，它只能存在于恋爱者两人之间，不容许第三者介入，多角恋爱的行为是不道德的。

最后，迅速做出选择，大学生要明确恋爱是一件非常严肃的事，必须以正确严肃的态度来对待，清楚自己需要的是什么样的爱情，果断做出选择，以免误人误己。

4. 寻觅不到合适的恋人

常有一些大学生为自己还没有恋人而自卑，认为自己对异性没有吸引力，认为别人瞧不起自己，不敢坦然与异性交往，更怕在异性面前失误，只好用回避与异性接触的办法来保护自己的自尊心，并极力掩盖内心深处的痛苦与失落。有的人病急乱投医，更为迫切地去寻找爱情，结果一再受挫，导致心理受到严重伤害。

导致这种心理问题的原因主要是以下两个：一是自我评价出现偏差。这样的学生往往过于关注别人对自己怎么看，却从未认真考虑过如何给自己一个客观的评价。二是对恋爱吸引力缺乏科学的认知。从表面上看，似乎人们的择偶心理倾向于外在魅力，实际上男女大学生在选择异性对象的条件上，大多都认为性格、才能、心理相容、人品和兴趣爱好更具吸引力。

5. 恋爱中的矛盾冲突

恋爱的感觉很美妙，但爱情就像玫瑰花，它给我们带来馨香的同时，有时也会刺伤脆弱的心灵。恋爱的过程时常会伴随各种矛盾冲突，这些矛盾冲突的解决有赖于人格的成熟、心理的健全，同时，矛盾冲突的具体状况又会促进或阻碍人格的发展和心理的健全。

作为一名大学生，必须培养健康的恋爱心理与行为，让爱变得更加成熟、理智，尽量减少对自己和他人的伤害。学会用建设性的方式去解决冲突。爱需要包容、理解、关

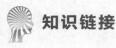

心、信任和体谅，需要有效的沟通，需要理智地解决矛盾和问题，伤害性的争吵或者冷战都不利于问题的解决。

知识链接

大学生恋爱中常见的心理效应

1. 光环效应

光环效应即人们通常所说的"情人眼里出西施"，又称为成见效应，是指人际交往中形成的一种夸大的社会印象。如果一个人最初被认定为是好的，那么他身上所有的品质就都被认为是好的，"爱屋及乌"。这种将恋人身上的一切都看得尽善尽美的心理，使对方身上的缺点淡化了，就好像月亮的光晕一样，向周围扩散和蔓延，所以被形象地称为"光环效应"。

2. 罗密欧与朱丽叶效应

罗密欧与朱丽叶效应是指因客观与个人主观需要不相符，而产生强烈的抵触情绪，并引发一种负向要求和行为的心理活动倾向。例如，有的大学生在恋爱过程中，双方父母的反对，或其他不利因素往往会使彼此相爱的态度更加坚决，关系更加紧密，难舍难分。

第二节　大学生的性心理

人类的存在和发展离不开性。性，一个神秘而诱人的字眼，一个经常出现在人们脑海中但又羞于公然谈论的字眼，一个带给人们各种不同感受的敏感字眼。它使人联想到紧张、羞耻、尴尬、不安、厌恶或是快乐、美好、享受、舒服等多种的感受。不同的感受，反映了不同的人对性的不同认识。大学生正处在性生理和性心理发展的高峰期，如何恰当地处理性的相关问题影响大学生的身心健康。

一、性心理的概念

性心理是指在性生理的基础上，与性征、性欲、性行为有关的心理状况与心理过程，也包括与异性有关的如男女交往、婚恋等心理问题。性生理是性心理发展的生物学基础，性生理发育的障碍或缺陷，会使性心理的发展出现偏差。如女青年因过胖或乳房过小，男青年因个子过矮或生殖器太小，而出现心理焦虑和不适等。此外，性生理发育过早也会影响人的性心理。如性成熟过早的男孩，容易显得胆大、自信，性成熟晚的男孩，容易胆小、自卑；性成熟过早的女孩，会感到难为情和不适等。

（一）从生物学角度上所看到的性

从生物学的范畴上，性首先是指男女在生理构造上的差异和人生来具有的性的欲望和本能，它是人类生存和繁衍后代的必要基础条件。它是伴随着性生殖出现的，因此人的基因与性器官的差异形成了雄性和雌性，性征便是两性特点的表达。性作为人类的一种本能，表现为任何一个人无论他属于何种宗教，无论他的社会地位、道德品质、智力水平的高低优劣，都存在性欲。

（二）从社会学角度所看到的性

人是社会的人，性作为人的本能需要，因此也就必然带上了社会属性。人作为自然界中最高级的动物，不仅有其生物性的一面，更重要的是具有社会性的一面。从社会的角度说，性是人类得以繁衍、进化之本，性活动则是人类社会生活的基本内容之一。无论何时何地，人类的性观念和性行为都受制于一定的社会意识形态和道德规范，而不是"两个人的私事"。

美国学者希尔高德在其所著《心理学导论》中将性的动机列在"社会性动机"之列，显示了"性"和社会的紧密关系。人类的"性"最重要的意义是其社会性。

（三）从心理学角度所看到的性

从心理的角度来说，性的基本意思是指与"性"有关的一切心理现象，它不仅包括性交、性爱抚等所有直接的性活动，还包括人们对于性的情感、态度、价值观等心理方面的表现。尤其是，它不仅指人们普遍认为是"正常"的性活动，也包括所有被认为是"反常"或"不正常"的性行为。

二、性心理的发展规律及特点

性心理有其发展的科学规律，国内外关于性心理发展的理论侧重点有所不同。

（一）国外学者的性心理发展理论

国外性心理发展理论以精神分析学派创始人弗洛伊德先生的性心理发展理论为代表，他的理论主要由以下三个方面构成：一是性是人的本能；二是人的自我可以适当地调控性冲动；三是性心理发展的阶段。

弗洛伊德把性心理发展分为以下五个发展阶段。

1. 口唇期

口唇期是指出生至一岁左右的时期，这时幼儿主要通过吃奶和吸吮等口唇动作来获得快感。

2. 肛门期

肛门期是指两岁到三岁阶段。这个阶段，幼儿以肛门的忍、排便行为作为快感来源。

3. 生殖器期

生殖器期是指三岁到六七岁的时期。幼儿进入生殖器期，以生殖器为快感的主要来源。在这个阶段的幼儿会通过观察自己、父亲、母亲、兄弟姐妹和其他人，开始注意到男性和女性器官的区别，一些幼儿开始发现刺激性器官能够带来快感，而出现早期的性自慰行为。在这个时期，还会出现一种特殊的现象：儿童恋慕父母中异性的一方，男孩子恋母，女孩子恋父，通过对父母中同性一方"认同"，即在行为、思想和体验上以父母中的同性为榜样，与榜样相一致，来解决矛盾。

4. 潜伏期

潜伏期是指从六岁到十二岁之间的时期，这时候儿童性渴望、对父母的敌意情感和恐惧都在某种程度上减弱了。这个时期的特点是兴趣转向外部，注意发展各种为应付环境所需要的知识和技能。喜欢和同性伙伴玩耍，并在这种游戏中进一步认同自己的性别角色。

5. 生殖期

生殖期又称青春期，是指十二岁到二十五岁之间的时期。进入这个时期后，以生殖为目的的性要求被重新唤醒，如果前面的几个心理性欲阶段发展顺利，这时就可建立持久的性爱关系。这时，虽然快乐源仍指向生殖区，但人们不只是寻求自我满足，而是考虑他人的需要，在爱情的基础上建立性爱关系。

（二）我国学者的性心理发展理论

我国的心理学家从青少年第二性征的出现时期算起，把青少年的性心理发展分为三个阶段。

1. 异性疏远期

在青春期开始时，少男少女对性别的差异特别敏感。这一时期大多是少年的 12～13 岁时期。第二性征的出现，使少男少女们内心出现了懵懂的羞涩感。他们把异性的差异和彼此之间的关系看得很神秘，担心别人看到自己在性征上的变化，认为男女接触是很不应该的事情，也害怕因与异性接近遭到别人的耻笑。因而出现了"心有相互吸引之力，而行又互相疏远"的现象。如走路不同行，学习不同桌，开会各一边，活动各结伴等。这种少男少女之间有意识的隔膜在短时间内是很难消除的。

2. 异性接近期

进入青年期之后，随着性生理的发育成熟和个人阅历的增加，青年们向往异性的朦胧感进一步增强，羞涩感减少，他们渴望了解异性，渴望接近异性。但这一时期，他们想接近的往往不是特定的某个异性，而是对异性存在的泛化的爱恋和憧憬，且注意的对象容易转移。并且希望通过与异性交往，有选择地寻找自己倾心的"白马王子"或"白雪公主"。在这种心态作用下，青少年男女结束了"异性疏远期"，代之而来的是异性间的相互吸引力的显著增强，乐意与异性一起参加活动，喜欢与异性相处，力求成为对异性最有魅力的人。由于女性进入青春期的年龄要比男性早些，因此女性对异性的好感要早于男性。此时男女之间的爱慕还只是异性间的吸引与好感，不能称为恋爱。

3. 恋爱期

随着青年男女性生理与性心理的成熟，他们已不再满足于对异性的泛化接近与好感，而是把爱慕的对象集中到某一特定的异性身上，更喜欢与自己爱恋的对象约会而远离集体活动。男青年往往喜欢显露自己的才华来博得所追求的女性的欢心，同时在异性面前尽情表现自己的长处。女青年则在外表上学会打扮自己，希望吸引异性注意；在性格上变得腼腆、矜持，学会深藏自己的感情。

他们通过频繁地约会和交谈，了解对方内在的性格、价值观及家庭情况，不断增强感情，寻求双方内外的和谐统一。一旦一对青年男女建立了爱情关系，爱情的力量会对他们各自的性格、兴趣爱好等产生巨大影响，并成为激励他们前进的巨大力量。

（三）大学生的性心理特点

大学生这个群体，从性生理来看基本发育成熟，但在性心理方面还未完全成熟，因而在其性心理发展上具有下面的一些特征。

1. 性心理的本能性和神秘性

低年级学生的性心理主要还是生理发育成熟带来的本能反应，对异性往往情不自禁地产生好感和爱慕。再加上性生理和心理知识的缺乏，从而对性有较浓厚的好奇感，使得这种本能反应又罩上了一层神秘的色彩。

2. 性意识的强烈性和文饰性

大学生已经完成了从少年到青年的转变，非常注重自己在他人心目中的形象，特别是在异性心目中的形象，因而十分在意来自同龄异性的评价，如男生特别看重女生对自己的评价，哪怕是女生的一个眼神或者一个微笑都会让男生思考半天。但其表现上却可能是无动于衷、拘谨、冷漠、羞涩等，如表面上对男女间的亲昵行为视而不见，但实际上却对文学作品或影视中的男女亲热情节非常感兴趣，甚至渴望自己也能体验。

3. 性心理的动荡性和压抑性

青年时期是一个人一生中性欲比较旺盛的时期。大学生虽然生理已经完全成熟，但心理还不够成熟，还未形成稳定的性道德观和正确的恋爱观，自控和自制的能力还不够强，其性心理容易受到各种外来因素的影响，从而显得动荡不安。也有一些人的性能量以扭曲的方式，不良的、甚至变态的行为进行宣泄，如"厕所文学""课桌文学""窥视癖"等。同时，大学生还处在求学的阶段，因而并不具有通常意义上满足性冲动的配偶条件，加之性生理和性心理知识的相对缺乏，因此容易产生性焦虑和性压抑。

4. 性别的差异

大学生的性心理存在着明显的性别差异，在对于异性感情的流露上，男生显得较为外显和热烈，女生往往表现得含蓄而矜持；在内心体验上，男生更多的是新奇、神秘和喜悦，女生则常是羞涩、敏感和不知所措；在表达方式上男生比较主动和直接，女生更喜欢采取暗示的方式；男生的性冲动易被性视觉刺激唤起，而女生则易在听觉、触觉刺激下引起性兴奋。不过，这种差异近年来有缩小的趋势，如在表达方式上，女生变得较为主动的情况也是越来越常见。

三、大学生常见性心理问题及调适

大学生的性生理和性心理逐渐成熟。在性成熟过程中，大学生一方面要面临生理上的巨大变化，另一方面又受到多种价值观、性观念的约束，性知识的匮乏、性观念的混乱以及性教育的滞后等会给大学生带来一系列性心理困扰。拥有正确的性观念、性道德和自我保护意识对大学生一生的身心健康发展具有重要的意义。

（一）大学生常见的性问题

1. 性心理困惑

（1）性体像困惑　在心理健康教育过程中，我们时常遇到一些大学生为自己的个子过高或过矮而烦恼，有的女同学为自己的乳房过大或过小而焦虑。有调查数据显示，47％的男大学生为阴茎的大小而焦虑。其实大可不必，个子的高矮不会影响智力的发展；女性由于生活环境、营养程度、遗传等因素的影响，乳房的发育程度有很大的差异，但其大小并不影响功能的发挥；男性阴茎长短的正常值为松弛时 7～11 厘米，勃起时 14～18 厘米。由于种族、营养等方面因素的影响，阴茎的个体差异较大，所以阴茎的长短在正常值范围内均属正常现象，它并不影响其功能。对于第二性征不理想的大学生要努力修炼内功，从个人知识、能力、气质、风度和才华等方面提升自己的内在美，以弥补自己外在美的不足。

（2）性角色意识的困惑　性角色（或称"性身份"）意识是指每个人对自己和周围人的性别认知与识别。每个人的性别在出生前就由父母的遗传基因决定，婴儿一出生，父母和其他社会成员就按照社会认可的不同性别的行为标准，对他进行培养和训练，使其具有恰当的性角色意识。一个人性角色意识如果发生颠倒、错乱，本人和家庭成员的生活都将是不愉快的，甚至是不幸的。

很多大学生也为自己的心理和行为是否与性别角色相吻合而忧虑。有的男同学自认为或被他人认为缺乏男子汉气质，说话、处事、行为比较女性化，内心产生不安、焦虑。有的男同学为了证明自己的男性气质，故作深沉或表现出大胆、粗鲁的行为，甚至打架、冒险，产生"过度补偿效应"；有的女同学觉得自己不够温柔、细致，于"贤妻良母"和"女强人"之间难以选择，结果造成心理困扰。

（3）性幻想的困惑　性幻想是指在某种特定因素诱导下，自编、自导、自演与性交往内容有关的联想。它是一种介于意识和潜意识之间的、带有性色彩的精神自慰行为，是在没有异性参与的情况下，在大脑中进行的自我满足的性欲活动。如当看到一对恋人在亲昵时，便幻想出自己和心爱的人在约会、拥抱、接吻等。性幻想可以导致生理上的性兴奋，偶尔也出现性高潮，男性有时还会有手淫出现。耽于性幻想的学生往往在学习时注意力分散，思想无法集中，对学习的妨碍很大。往往在幻想过后会觉得荒唐、羞愧，甚至自责，并且对学习、生活等将会有负面的影响。

（4）性梦的困惑　性梦的产生是无意识的，是指在梦中与异性发生性行为。性梦的内容和表现多种多样，例如接吻、拥抱、抚摸、性交等。许多研究发现，男性的性梦发生与睡眠的姿势以及膀胱中积尿的数量没有什么显著的关系，而与睡前身体上的刺激、心理上的兴奋和情感上的激发有关，主要和精囊中精液的充积量有关。女性的性梦与男性相比有较大的差异，未婚女性的性梦往往错落零乱、变化无常，很难有清晰的性梦，即使已婚的女性，做真正的清晰的性梦，并伴随着黏液的分泌，也并不能起泄欲的作用。有过性梦体验的青少年，不必为自己的经历而焦虑且羞怯，应顺其自然，同时应把主要精力放在学习和工作上，避免过多地接受各种性信息和性干扰。

（5）性自慰的困惑　性自慰俗称手淫，它是指用手或其他器具刺激性器官获得快感，宣泄性冲动的一种行为方式，它是生物本能的重要组成，通常也是人们体验性快感的第一种方式。青年中（尤其是未婚青年）手淫现象比较普遍，据有关调查资料表明，青年手淫率在25%～94.6%之间，女性稍低于男性。我国传统性观念认为，手淫是淫秽、肮脏、罪恶的行为。在这种观念影响下，一些大学生手淫后产生恐惧、罪恶、自责、可耻等许多不正确想法，从而造成巨大的精神和心理压力，这种精神和心理状态又进一步引起身体上的症状，有碍于身心健康。另外，由于个体经常处于兴奋状态，身体得不到充分的休息，会感到疲劳，引起食欲下降和身体的免疫力下降，严重者还会出现神经衰弱现象，因此在这个意义上我们说性自慰过度是有害的。同时，毫无节制的性自慰可能会造成泌尿生殖系统的持续充血和其他病变。

孔祥荣（1992）对学生手淫后的心理状态进行了调查，发现227名手淫者中，有不良心理状态者121人，占手淫者的53.3%；正常心理状态者106人，占46.7%。如果说手淫影响身心健康，原因并不在于手淫本身，而在于手淫所带来的心理负担。

（6）性骚扰的困扰　性骚扰问题在西方国家尤为严重，在我国近年来一直处于上升趋势。我们常见的性骚扰不单指行为上的抚摸、搂抱、摩擦等动作，也包括语言上的侮辱、戏弄、挑逗等。具体表现为故意碰擦异性身体的敏感部位，故意谈论色情的话题，用色眯眯的眼光盯视异性，打骚扰电话等。有些同学在童年或以后的成长过程中，受到过各种情形的性骚扰。一些大学生在遇到性骚扰时，不是积极地反抗、自卫，而是自责或消极逃避。性骚扰会使人感到慌张、恐惧，严重的会让人极度压抑或神经衰弱。

2. 性行为问题

（1）边缘性行为　在课余时间走进大学校园时，我们经常可以看到一对对大学生情侣在或明或暗的地方拥抱、热吻、抚摸，这种相依相偎、卿卿我我的行为就是边缘性行为。同时大学生的边缘性行为还表现出失当的情况：一是有些大学生不分时间和场合，肆意做出一些亲昵行为，有损社会风尚；二是一些大学生行为举止粗俗无理；三是以身体的接触代替心理的亲密。有些大学生边缘性行为发生后通常感到不安、烦恼或自责。另外，过多的身体亲昵，会加剧性冲动，导致性行为的发生，所以大学生要学会调控自己的性冲动，使之得到合理转移和释放。

（2）婚前性行为　尽管有关大学生婚前性行为的数据不足，但是这种行为比较普遍已经成为一个不争的事实。对于婚前性行为，一些大学生认为只要双方愿意就可以发生，有的甚至相识不久就发生性关系，有的在校外租房同居。他们常常不能对自己的性冲动进行理性的控制，不能对自我和他人负起行为后果的责任。在对大学生婚前性行为的态度调查项中，半数以上的学生认为婚前性行为是可以宽容和接受的。年轻的大学生没有真正意识到自己还在读书，在没有工作，不能担负起独立的经济责任和社会责任的情况下，性行为对于自己的现在和将来究竟意味着什么。

 知识链接

婚前性行为的心理学分析

1. **性自由心理**

有些青年人盲目崇尚西方的种种性自由观念，想冲破所谓传统性道德观念的自我意识非常强烈，导致很多男生都追求性自由，希望满足自己的性欲望。

2. **性好奇心理**

在当今文化环境中，性已渐渐撕去了遮遮掩掩的面纱。对于有些女青年来说，已不是"谈性色变"，羞于启齿，而是谈性欲如同谈食欲似的轻松、正常。但是中国毕竟是一个传统的国家，对于性方面的教育还很缺乏，加之影视中性审美镜头的增多，使得很多人对性既有一些了解，但是这些了解又不够深刻与客观，从而激发了他们的性好奇心理。

3. **感激付出心理**

虽然很多人也懂得贞操十分重要，绝不应该轻易奉献，但在对方倾慕爱恋之情的不断激荡下，便坚守不住防线。有的或因对方对自己照顾有加，在学习、生活上给自己以极大的帮助，或因对方为自己亲属解决了许多困难，常常感到于心不安，加报感激之情油然而生。当对方提出性要求时，担心拒绝会伤害对方的心，于是把满足对方的性要求当作感激他深情厚谊的回报，这类情况在调查中占 18.3%。

4. **用性增强感情**

有的人把"性"作为衡量爱情的尺码，认为只有性方能维持爱情、发展爱情。有的认为，婚前发生性关系是恋爱的程序化要求，必经之路，提早发生，可以早日确定关系，使爱情升级、深化，加固双方凝聚力。在这种性爱观念的支配下，过快地献出了自己的全部。

5. **增加安全感**

有的人感到对方符合自己的择偶条件，是理想中的"美女"，一见钟情，大有"过了这村没有这店"之感触，在恋爱过程中表现主动。然而，对于有些人来讲，对方越主动，反而自视过高，甚至产生对对方不放心的担忧感，过于谨慎起来，态度模棱两可。为了表示自己的真诚，有的人便急匆匆以身相许，有的为了不被对方抛弃，也采取了这种所谓"能拴住对方心""以性锁情"的既不成熟又不明智的举动。

（二）大学生性心理困扰的调适

1. 端正思想，形成正确的性观念

由于中国几千年封建社会的传统思想，"性愚昧"和"谈性色变"的保守观念的影响，加之大学生缺乏系统的性知识教育，不少大学生对性缺乏正确的认知，把性看成是肮脏的、下流的、可耻的东西。这种认识往往导致对性的敏感、焦虑和自卑、抑郁情绪等。作为青年期的大学生应当科学地学习性知识，了解青春期性意识发展的规律，正确看待和处理自己的性幻想、性梦、手淫以及被异性吸引等问题，并且克服遗精恐惧和月经焦虑。

2. 积极参加集体活动，消除紧张心理

在实际生活中，一些同学把性意识、性想法、性冲动视为洪水猛兽，恐惧、厌恶，一旦注意到自己有涉及性的想法和念头，便自认为下流、可耻、肮脏，整日忧心忡忡，不敢见人；另一些同学则表现出对性的兴趣过浓，易受来自各种渠道的性刺激的影响，常常浮躁不安。这两类同学都没能很好地适应或调节自己的性心理。对性意识、性冲动等的适应与自我调节如前所述，这些都只是性成熟的一种正常表现，每个性发育正常的人都会有性心理、性意识，只是表现的形式和反映的程度不同而已。对此，每个同学应有正确的认识，并较好地适应和调节性成熟带来的性欲望。

正视性意识、性冲动等是性成熟者的一种正常的生理和心理反应，了解了这一点，同学们完全不必为自己有过或将要出现性冲动现象而感到难为情、紧张和羞怯，但也不能过分放纵自己，因为由于性意识、性冲动的出现必然伴有生理和心理的紧张，若不加以控制势必会影响到正常的学习和生活。

3. 进行正常的异性交往，促进心理发展成熟

自然而正常的异性交往，有助于大学生身心健康和人格发展，也会为以后的婚恋生活奠定良好的基础。反之，抑制、回避正常的异性交往，不仅影响大学生健康人格的发展，也为今后的成长埋下障碍。因此如何与异性交往是每个大学生人际交往的重要组成部分。在学校里，学会与异性同学自然地交往与相处，学会恰当控制与异性同学感情亲疏的程度，这对大学生将来步入社会，正确处理人际关系，有着十分重要的意义。

4. 找好友交谈，减轻心理压力

许多学生的性心理困扰源于对自己性身份、性幻想、性欲望、性冲动的害怕，他们以为只有自己遇到这些困扰，因而担心、恐惧。如果这些东西一直压抑在心里，则会出现心理问题；反之，如果找好友交谈，有助于宣泄自己的情绪，并能够交流个人内心想法，从而有助于自我调节。

5. 咨询心理专家，消除心理困扰

有时，同学的建议和意见并不一定是正确和适当的，而且对一些严重的心理问题，比如失恋的自贬心理、社交恐惧症、性心理变态等，必须向心理专家请教才能获得具体

有效的解决方法，从而促进个体心理和人格的健全发展。

6. 勇敢应对性骚扰

大学生一方面要培养自己高尚的人格，以自尊、自信、稳重、正派、大方的风貌出现在公众面前；另一方面，要有自卫意识，要善于采取有效而正当的自卫措施，以保护自己，甚至不妨拿起法律武器捍卫自己的人格尊严，以严厉的态度制止和反抗性骚扰，必要时向别人呼救或向公安部门寻求帮助。对于性骚扰事件的经历，不要过分恐惧和自责，因为你是无辜者，为了更快地排除自己的心理困扰，可以向父母、老师、知心朋友倾诉，也可以寻求心理咨询的帮助。为了更好地保护自己，女生晚上尽量不要单独外出，更不要单独在男性家中或其住所长时间停留，面对异性的非分要求，不要畏惧，要勇敢说"不"。

第三节　培养健康的恋爱观和性心理

一、大学生健康恋爱观的培养

（一）树立健康的恋爱观

1. 尊重对方，不能有所隐瞒

恋爱应该尊重对方的情感和人格，平等履行道德义务。恋爱自由是必须遵守的恋爱准则。男女双方应彼此尊重对方的情感，不能把自己的意志强加于人。每个人都有爱或被爱的权利，有选择各自爱人的权利。恋爱中更不能有欺骗、隐瞒或其他违背爱情基本要素的行为，自己的家庭情况、个人历史以及经济状况，都应向对方实事求是地说明。

2. 专一忠贞，不能朝秦暮楚

男女双方一旦建立了恋爱关系，就要经得起时间、空间的考验，经得起困难、挫折的洗礼。如果"脚踏两只船"，搞三角恋，或朝秦暮楚，喜新厌旧，今天和这个谈情明天和那个说爱，企图玩弄别人的感情，那么就会践踏自己的情感。对爱情的不忠贞，是道德的沦丧和人格的出卖。历史的事实和今天的现实一再证明，那些追求贪欲、生活放荡的人，都会受到道德的审判和世人的唾骂；那些忠贞不渝、始终如一的人，则爱情幸福生活美满。

3. 自尊自爱，不能超越雷池

在恋爱中理智的向导是爱情的灵魂。爱情的力量也只能在人类非性欲的爱情中孕育，恋人之间特有的神秘感和心灵的震颤是十分珍贵的情感源。纯净真实的恋爱是两个人彼此欣赏、相互倾慕，是对恋人才情气度、心灵智慧的由衷折服，是心有灵犀一点通，是一日不见如隔三秋，是秋风乍起的早上那个"多穿衣服"的电话，是对方卧床不起时的端茶送药，是对恋人屡犯不改的小错误的一笑了之，是为拥有"不加期限"的长相厮守而并肩拼搏的心灵默契……如果两性关系自由放纵，必然造成严重的后果。许多学生在恋爱过程中，对传统的贞操观意识比较淡漠，轻易就和恋人发生性行为，把性爱看成是恋爱不可或缺的一部分。一个人一旦把高尚的情爱与邪恶的欲望结合起来，就会走向堕落的深渊。如果把爱情等同于性欲的满足，就是对纯洁高尚爱情的亵渎，不加理智地放纵爱的欲火，最终只能把爱情埋葬。

（二）培养爱的道德责任感

这是保证大学生恋爱朝健康方向发展的保障和动力。爱的道德感要求恋爱中的双方必须尊重彼此的生活方式和生活态度，不强人所难地要求对方去做其不愿意做的事情，理解、信任、宽容对方，不与第三者发生恋爱关系等。爱的责任感要求恋爱中的双方彼此对自己的行为负责，对对方的身心健康负责。总之，爱的道德责任感要求恋爱双方要努力做到周恩来同志所提出的"八互"：互敬、互信、互学、互助、互爱、互让、互勉、互谅。

（三）发展健康的恋爱行为

1. 恋爱言谈文雅讲究语言美

交谈中要诚恳、坦率、自然，不要为了显示自己而装腔作势，矫揉造作，不能出言不逊，污言秽语，举止粗鲁；相互了解，不要无休止地盘问对方，使对方自尊心受损。否则只会使人厌恶，伤害感情。

2. 恋爱行为大方

一般来说，男女双方初次恋爱，在开始时常感到羞涩与紧张，随着交往的增加会逐渐自然与大方，这个时期要注意行为举止的检点。有的人感情冲动，过早地做出亲昵的动作，使对方反感，影响感情的正常发展。

3. 亲昵动作要高雅，避免粗俗化

高雅的亲昵动作产生爱情的愉悦感和心理效应，而粗俗的亲昵动作往往引起情感分离的消极心理效果，有损于爱情的纯洁与尊严，有损于大学生的形象，同时对旁人也是一种不良的心理刺激。

4. 恋爱过程中平等相待，相敬如宾

不要拿自身的优点去比较对方的不足以此炫耀抬高自己，戏弄贬低对方。也不宜想方设法考验对方摆架子，这些都可能挫伤对方的自尊心，影响双方的感情。

5. 善于控制感情平等相待，理智行事

恋爱中引起的性冲动，一方面要注意克制和调节，另一方面要注意转移和升华，参

加各种文娱活动，与恋人多谈谈学习和工作，把恋爱行为限制在社会规范内，不致越轨，使爱情沿着健康的道路发展。

（四）培养与发展爱的能力

1. 培养爱自己的能力

想要爱别人，首先必须爱自己，连自己都不爱的人，对别人的爱也不是真正的爱。爱自己不同于自私，培养爱自己的能力是为了更好地爱别人。爱自己首先就是要自尊、自信。爱自己就意味着相信自己的基本价值，培育一种健康的自我肯定意识。爱自己也就意味着积极关心自己的每一个方面。只有当你成功地掌握了如何关心自己的需要时，你才明白怎样将同样的关爱给予别人。当你尊重自己的思想和感觉的合理性时，你才能将这种尊重施于他人。当你从心底相信你自身是如何有价值时，你才会发现别人的价值。

2. 培养迎接爱的能力

其中包括施爱的能力和接受爱的能力。一个人心中有了爱，在理智分析之后，要敢于表达、善于表达，这是一种爱的能力。一个人面对别人的爱，能及时准确地对爱做出判断，并做出接受、谢绝或再观察的选择，这也是一种爱的能力。大学生要具有迎接爱的能力，就应懂得爱是什么，有健康的恋爱价值观，知道自己喜欢什么，需要什么，适合什么；就应对自己、对他人保持敏感和热情，主动关心他人，热爱他人，当别人向你表达爱时，能及时准确地对爱的信息做出判断，坦然地做出选择；能承受求爱遭拒绝或拒绝求爱所引起的心理扰乱。

3. 培养拒绝爱的能力

自己不愿或不值得接受的爱应有勇气加以拒绝。拒绝爱要注意两个方面：一是在并不希望得到的爱情到来时，要果断、勇敢地说"不"，因为爱情来不得半点勉强和将就。如果优柔寡断或屈服于对方的穷追不舍，发展下去对双方都是不利的。二是要掌握恰当的拒绝方式，虽然每个人都有拒绝爱的权力，但是珍重每一份真诚的感情是对他人的尊重，也是一种自珍，同时是对一个人道德情操的检验。不顾情面，处理方法简单轻率，甚至恶语相加，结果使对方的感情和自尊心受到伤害，这些做法是很不妥当的。

4. 培养发展爱的能力

培养发展爱的能力，首先，要塑造自己完整与统一的人格，培养我们无私的品格和奉献精神。弗洛姆说："人必须竭尽全力促成自己完善的人格，形成创造性的心理倾向，否则他追求爱的种种努力注定要付诸东流。"其次，要不断地学习、创造。美国著名诗人惠特曼说："爱，不是一种单纯的能力，是我们生活中的一种气候，一种需要我们终生学习、发现和不断前进的活动。"再次，要培养善于处理矛盾、化解矛盾的能力，为以后的爱情和婚姻家庭生活打下基础。

5. 培养恋爱中的挫折承受能力

大学生的恋爱受多种因素的制约，因而在追求爱情的过程中遇到各种挫折是在所难免的。前面所提到的单相思、失恋等恋爱心理挫折对大学生的心理承受能力就是一种考验。如果承受能力较强，就能较好地应对挫折，否则就有可能造成不良后果。因此，提高恋爱挫折承受能力对大学生的心理健康是非常重要的。

 知识链接

"储爱槽"理论

美国心理学家米尔曾提出"储爱槽"的说法，并形象地用图画解释了这个理论。他把"储爱槽"画成心形，并把爱比作"储爱槽"中的水。"储爱槽"中的"水"是哪里来的呢？

米尔又在"储爱槽"的两侧"接通"了两个"储爱槽"，这两个"储爱槽"分别代表爸爸的爱和妈妈的爱。

当一个人还是小孩子时，父母需要不断地向他/她的"储爱槽"里注入爱，孩子的"储爱槽"才能渐渐盈满，他/她才具备爱自己以及给予别人爱的能力。同时，这种爱也是一个人建立自信、发展和谐人际关系的基础。

那么，缺"水"的"储爱槽"该如何补"水"呢？心理学认为，爱情是一个补"水"的好机会。这是因为我们对爱人的高度亲密与我们从小与父母的亲密十分相似，所以，一份高质量的爱情是帮助心灵成长的好机会。然而，一份高质量的爱情又是需要付出真情、需要认真经营的。比如，恰当地表达感受，真心地理解对方、关爱对方，都是经营爱情必不可少的条件。

二、大学生健康性心理的维护

（一）大学生健康性心理的标准

1. 能够拥有不偏激的性观念

即在传统性观念与现代性观念的交错影响下，能够拥有不偏激的性观念，并且一旦形成就不会轻易受到外界的干扰。

2. 能够具有较好的心理素质

即能够做到自我接纳，客观地认识自我，对于长处不骄傲自满、短处不自卑气馁；对所爱的人能够做到沟通融洽、悉心关怀、真诚且不计回报地为对方付出；对所爱的人能够做到信任大度，不斤斤计较，懂得换位思考，理解对方；能够对所爱的人做到包容、宽容、理性地看待对方的优缺点；对所爱的人做到感情排他性的专一、忠诚。

3. 能够拥有文明得体的亲昵行为

即能够在大庭广众之下注重自己的言谈举止，特别要控制自己的亲昵行为，要学会在合适的时间、合适的地点、合理地表达自己的情感。

4. 能够塑造健全的人格

即能够做到与异性保持愉快地情感沟通，特别是对所爱的人要表现出平等的交流，而不是功利地一味讨好。即使感情破裂亦不会丧失信心而自甘堕落，能够及时地走出感情的漩涡。对不喜欢的人也能够敢于拒绝，不搞暧昧的朋友关系。

5. 能够做到爱与责任的统一

即能够做到为爱真诚地付出，多站在对方角度为对方考虑，而不是自私地只顾自己，要学会承担起对对方的责任，真正做到爱与责任的统一。

6. 能够具备相应的性健康知识

即能够拥有一定的性健康知识，正确地处理自己所遇到的各种性困惑以及性心理问题，从而保持良好的性心理状态。

（二）大学生健康性心理的维护

1. 主动积极获取较为科学系统的性知识

对于知识的获取，是每个人一生的主要活动，包括对性知识的获取也是其中非常重要的部分，不过由于种种原因，人们对这个范围内知识的获取总是存在着许许多多的困难，从幼小的时候在家庭中就很少有这方面的比较正规系统的教育，绝大多数人都是在父母和其他人的潜移默化的影响中逐渐学习性别角色的基本规范，这不能算是对性知识的有意教授和学习，直到进了学校到了一定的年龄，可能才会有比较浅显简单的所谓的性知识被传授，但实际上绝大部分已经被了解了，因而也就显得不能够真正起到它所应有的实际作用。对于绝大多数人来讲，性知识的获取，与身边同伴的交流和有意识地从相关的媒体介绍中获得可能正是一条最主要的途径，这样的途径也许能够在最需要的时候起到比较好的认识和指导作用，而事实上我们很多人也的确受益。一位大学男生曾经说过，他在刚上初中时出现了遗精，一向只知道埋头学习的他当时不知道这是怎么回事，心里惶惶然。后来有一个偶然的机会他跟一位比较要好的同学单独在一起，鼓了很大的勇气才把内心的这个隐忧吐露出来，结果他面红耳赤地刚说完，那位同学竟然哈哈大笑起来，笑了半天才说他真是太笨了，连这个最基本、最简单的生理现象都不知道，竟然还会如此烦恼甚至痛苦。当然那位同学的知识也很有限，但不管怎样毕竟他这种轻松自然的态度是很好的，让那个同学很快从不该有的烦恼中解放了出来。不过这种方式获得的性知识存在的最大缺陷就是：不正规、不系统甚至不科学，有不少谬误，如果接受不当就有可能产生更大的心理问题，造成各种令人心痛的悲剧，近些年许多媒体都时有报道。对性知识的获取需要把握这样几个原则：积极主动，解除心理压力，不以获取这样的知识为耻。当今时代还有不少人对性讳莫如深，甚至以谈性为耻，对于这些知识当然不敢自然大方地随时获取，也就是说从自身角度就有不小的心理压力，自己给自己加上了诸多的负担，这是一种明显的障碍。我们应该具有先进科学的认识，自觉排除这些不应有的障碍，主动学习相关的知识，提高自己的素质。要培养鉴别良莠、区分好坏的能力。各种各样、不同形式的性知识介绍都会存在不同的档次，有一些是极不科学、极不严肃甚至是低级下流的，我们在获取性知识时就要有一定的鉴别能力，不要盲目地一概接受而受到不好的影响，出现危险的结果。要选择正规的国家出版机构和正规渠道来的读物或其他形式的载体，阅读或观看前要了解它的说明部分所界定的对象，不接受不该接受的内容，以减少对自身心理造成的不良影响。坦然接受专业咨询人员的正确指导，在直接的沟通交流中获得实际的性科学知识，并得到具体的帮助。当然如果条件具备，学校开设相应的选修课程会使性知识的传授更加科学系统，这还需要多方努力和密切配合方可实现。

2. 努力完善自己的性观念

生活在不同社会形态和社会群体中的人，在他的身心成熟过程中，必然要形成与这个社会或群体大多数人接近或相同的观念，这种观念体系是庞大的，几乎涉及我们所有的生活层面，这其中性的观念也是不可或缺的，是极为重要的。因为社会就是由两性组成的，一般情况下，每一个人必须要在他的观念指导下进行与异性的交往，并且与异性建立性关系，组成较为稳定的家庭，生育后代完成他人生最重要的任务之一。观念的形成是一个比较漫长的过程，一般需要人生整个旅途的 $1/4\sim1/3$，而且在形成之后还可以根据社会发展和人所处的环境的改变而发生变化，因此可以说，观念是一个不断发展、不断更新的心理现象，它会伴随着人的一生而不断地改变。大学生这个年龄正是人的各种观念基本形成的时期，尤其性观念是最为明显和突出的。当它基本形成之后，就可以决定你对性的各种性行为、各种现象的态度和具体行动方向，不同的人就可以在不同的性观念驱使下发生不同的性行为，从事不同的性活动。当今大学生中从事肉体交易已经是一种较为令人担忧的社会现象，不论男女，在这些人眼里，性是可以用来换取各种物质享受和生理、心理满足的工具，这就是他们性观念中很重要的一个方面，这种观念也就决定了他们可以不顾廉耻、不计代价，利用这一特殊工具来获得他们所渴望得到的东西，而不会考虑这样的行为是不是违反了社会更高一层的规范：道德和法律。观念的完善是一个人一生中不断进行的一项"工作"，是在心理不断成熟、道德水准不断提高的基础上来进行的，观念的完善实际上也是更好地适应这个社会，更加和谐地与身边各类人相处，更加充分地发挥和实现个人能力与人生价值所必需的。作为大学生这个群体中的一员，性观念的完善可以更好地解决在紧张学习生活的同时由性所带来的各种困惑，能够非常顺利地与异性交往、建立爱情关系和协调性关系，从而达到身心健康稳定、和谐的状态。性观念的完善，从大的方面讲，需要随时根据社会整体观念的发展变化来调节自己的观念，不能过于超前和过于落后，这两个极端都是与社会要求不符的，都有可能受到社会的谴责甚至惩罚；从小的范围看，需要根据身边的人和日夜生活于其中的群体的特点进行较为细微的调整，这种调整是在符合大的观念前提下进行的，需要避免的是：小群体的观念与大社会的观念相悖，从而出现各种严重偏离的行为和后果。观念的完善与改变既是一个自觉自愿的行为，也可以是被动和并不很自愿的过程，这主要依赖于个人的主动寻求、接受、调整和学校及社会相关机构的强化、教育、指导，不论哪种形式，都可能收到很好的效果，促进性观念的最终完善，从而改变人们的性行为方式。

3. 通过多种途径较为有效地调适性欲望

每一个健康的、发育完全的人，不论男女都必然要有性的欲望，尤其在大学生这个年龄，更是性欲望最为旺盛的时期。因为正处于青春发育后期，生理心理已经接近完全成熟，只待更进一步完善的过程，而性的需要由于种种原因又不能采取婚姻的渠道来加以满足，这就相当于性是处于"待业时期"，在这个时期怎么使自己的性欲望得到很好的调节就是非常重要的问题了。现实生活中绝大部分人还是可以达到心态平和、性欲稳定的状态。可以说每个人都有自己较为独特的排解调适方式，当这些形成习惯行为之后，整体身心的稳定状态就可以很好地保持了。在这方面，男性一般比女性要困难一些，这取决于他的生理特点和心理特性，因为男性的性欲是外向型和比较直接、比较凸现的，而女性则是比较含蓄、比较内敛的。一位男生说他最好的调适方式是剧烈运动，特别是当过了 10 天半个月，身体明显感觉到有些紧张不适，需要特别的发泄时，他就会大大加强运动量，让自己累得精疲力竭然后倒头大睡，之后这种紧张就可以得到较好的缓解。处于青春期的大学生不仅可通过劳动和运动释放性欲望，同时增加生活内容，全身心地进行学习，投入各种学习培训，自学一些技能，培养各种兴趣爱好等来转移或升华自身的性冲动也是较为合适的方法。

❋ 4. 积极预防和有效处理各种性问题

性的问题包括的范围是很广泛的，几乎每一个人在进入青春期之后都会或多或少地受到这些问题的困扰，有的困扰可能产生的时间非常短暂，而有的则会持续很久，造成严重的心身危害；有的困扰只是一般的生理、心理问题，而有的则是实质性的病变或者先天性的缺陷，这不同的情况当然会带来不同的结果，处理的方法也是截然不同的。任何问题要想不让它产生不好的结果或者使这种不良影响减少到最低，预防是非常主要的一项工作，防患于未然是古人的训教也是我们应该具有的自我保护的意识，在性方面我们也一定要积极做好预防工作。预防的措施之一，是要学习必要的性科学知识，这种学习最主要的一点是要保证它的科学性、正确性，否则就可能不但没有起到预防作用，反倒造成了本来没有的心理压力和实际问题，这样的现象也是屡见不鲜的。通过性知识的学习，可以知道自己的性生理、心理发育是否属于正常范围，对一些生理、心理现象有正确的认识，这样就不至于造成不必要的心理压力和错误理解，性的问题也就不会出现了。其二是要学会一些性器官必要的自我检查方法，比如男性阴茎包皮是否过紧甚至包茎，睾丸大小是不是在正常的范围之内，有没有疙瘩或肿胀情况出现，女性的乳房大小是否对称、里面是否有一些疙瘩或者肿胀现象，表面是不是存在不光滑、破溃、出水等，外阴可以通过小镜子观察形态、颜色、位置等，有没有不该出现的增生或炎性疙瘩等；学会观察自己身上一些生理现象，男性的遗精、射精、勃起是不是正常，感觉有没有跟以前不一样的地方，是否有疼痛、胀满感，精液的颜色是不是发黄、发红等，女性的月经是否规律，量的多少、颜色有没有改变，其味是否异常，白带是不是过多、有各种颜色、有难闻的气味以及是否伴随外阴阴道瘙痒、疼痛、热胀感等。通过观察可以很快发现可能存在的问题，以便及时得到检查治疗。其三要能做到主动求医，得到专业人员的帮助，这也是预防性问题出现的很重要的做法，哪怕你只是对自己身上出现的一些现象有些怀疑，有些不解，也可以寻求帮助。这是很自然的行为，没必要有什么心理负担，讳疾忌医的最终结果是自己的性健康出现问题，使自己的生活甚至一生的幸福受到影响。

本章要点

1. 理解并掌握爱情的含义、特征、理论及发展阶段。
2. 理解并掌握大学生恋爱常见的心理问题及调适技巧。
3. 理解并掌握大学生性心理的规律、特点及调适技巧。

课程实践

【心理训练】

一、心理测验

你的恋爱观正确吗?

1. 你对恋爱的幻想是:

A. 满足自己人生最神秘的欲望需要

B. 令人心花怒放,充满无限快乐和诗意

C. 实现自己远大理想的阶梯,促人奋进向上

D. 没想过

2. 你希望你的恋爱开始是:

A. 由于偶然一次巧遇,结下一段美妙的姻缘,彼此追求

B. 从小青梅竹马,一往情深,最终发展为爱情

C. 在工作和学习中产生爱情

D. 无法回答

3. 你认为爱情是:

A. 把自己的感情布施给对方,是男女之间建立在性爱之上的情爱

B. 男女之间一种最纯洁的感情

C. 异性之间相互爱慕,渴望对方成为自己伴侣的感情

D. 不清楚

4. 你希望你的恋人是:

A. 待人和蔼可亲,还算漂亮,但必须有权有势

B. 有漂亮的容貌,健美的身体,待人接物举止优雅

C. 长相一般,关心体贴自己,为人憨厚老实

D. 无法回答

5. 你喜欢你爱人三美中的哪一点:

A. 外貌美

B. 姿势、仪态、发型美

C. 心灵美

D. 拒绝回答

6. 你想象中，小家庭业余时间是怎样度过的：

A. 各人干各人喜欢的事，互不干涉，自由存在

B. 虽然自己对这件事没兴趣，但还是愿意陪伴对方消磨时间

C. 能有共同事业，互相商讨、追求

D. 不想回答

7. 你对爱情的字面解释是：

A. 爱情是性爱，是男女间友谊的最高形式

B. 认为有爱不一定有情，而有情一定有爱

C. 认为爱情两字是不能拆开的，本身是男女之间的感情

D. 没想过

8. 你喜欢的爱情格言是：

A. 爱情，这个伟大的字眼，为了你还有什么样的疯狂不能办到呢

B. 痛苦中最高尚的、最纯洁的和最个人的乃是爱情的痛苦

C. 生命诚可贵，爱情价更高。若为自由故，二者皆可抛

D. 以上三种都有点喜欢

9. 当你有一位异性朋友时，你会告诉自己的恋人吗？

A. 没有必要告诉对方，这是自己自由的权力

B. 让对方知道，但不允许对方干涉自己

C. 让恋人知道，并且在对方同意下才能继续与异性朋友交往

D. 不能回答

10. 你认为幸福的爱情是：

A. 就像一切故事和传说中，美好的婚姻都是幸福的

B. 互相尊重对方，包括尊重对方的感情

C. 以共同的思想、情操和社会内容作为基础

D. 无法回答

11. 你认为追求高傲异性的办法是：

A. 若无所视，做一些完全和自己意愿相反的事

B. 大献殷勤，做一切对方交代做的事

C. 自己也变得高傲

D. 不愿回答

12. 你认为：

A. 人是因为美才可爱

B. 美与可爱是同时产生的

C. 人是因为可爱才美

D. 没想过

13. 一旦发现恋人变心时：

A. 把爱转变为恨

B. 无所谓，只当自己瞎了眼

C. 认为是幸运的，并吸取教训

D. 不知道

14. 你最喜欢下面哪八个字：

A. 郎才女貌，爱如鱼水

B. 形影不离，心心相印

C. 志同道合，忠贞不渝

D. 不清楚

15. 你对离婚的看法是：

A. 很平常，一旦发现更值得爱的人就抛弃旧人

B. 很惊讶，坚信自己的婚姻是不会这样的

C. 离婚是正常的，不过这些人的爱情是不幸的

D. 没想过

计分方法和结果说明：

选 A 计 1 分，选 B 计 2 分，选 C 计 3 分，选 D 计 0 分。请将所有题目得分相加，得到你的总分。总分 35 分及以上：你的恋爱观很正确，很成熟。总分 25～34分：你的恋爱观基本正确。总分 24 分以下：你的恋爱观存在一定问题，甚至是错误的。

二、体验拓展

（一）体验一：赏心悦目

（1）写出自己的男性特质、女性特质及中性特质，各写两种。思考在两性间，哪些是受欢迎的特质，哪些是不受欢迎的特质。

（2）全体成员分享：每个成员介绍自己受欢迎的特质和应该改变的不受欢迎的特质。

受异性欢迎的特质表

男生	女生
勇敢	温柔
负责	大方
有风度	负责
有才华	有耐心
台风稳健	认真
很会运动	可爱
认真	活泼
成熟	善良
稳重	有爱心
体贴	善解人意

（二）体验二：伴侣的选择

（1）写出对未来终身伴侣选择的五个条件。

（2）由于种种原因，要在五个条件中去掉一个，全体成员分享各自去掉的是什么。

（3）依此类推，最后，只剩下一个条件。这个条件是什么？男女成员是否有区别？

（4）全体成员分享。

【新媒体导学】

一、推荐视频

1. 爱情的理解：《爱情是什么，小朋友神回复》

2. 爱情三角理论：《黄子华"栋笃笑"——泰坦尼克号爱情为什么伟大》

二、推荐图书

1.《爱情心理学》（罗伯特·J·斯滕伯格，凯琳·斯滕伯格）

推荐理由：本书是爱情心理学家斯腾伯格在 1988 年版《爱情心理学》的基础上完成的，修正了过时的理论，加入了新的数据和资料，进一步丰富了爱情的理论。全书内容翔实，涵盖了爱情的定义、爱情的理论、爱的进化观、不同文化下的爱情等专题。读罢此书，会让人从理论的高度理解"直教人生死相许"的爱情，而不仅仅止于感性上的感受与认识。

2.《爱的五种语言》（查普曼）

推荐理由：每个人都有爱与被爱的需要，但不同的人却使用不同的语言来表达和接收爱，以致这个爱箱常常不能被填满。查普曼博士发现人们基本上有五种爱的语言：肯定的言词、精心的时刻、接受礼物、服务的行动和身体的接触。如果爱情是一则神话，这本书可以使美梦成真；如果爱情是一颗蜜糖，那么这本书将教你如何防潮防腐，让爱情进入婚姻，永不褪色，永葆如新。

三、推荐电影

1.《怦然心动》

推荐理由：该片根据文德琳·范·德拉安南的同名原著小说改编，是一个很简单的爱情故事，讲述了青春期女孩在感情上的变化和成长，这其中父母正确的引导，让小女孩明白了爱的真谛。

2.《西西里的美丽传说》

推荐理由：讲述的是一位 13 岁的孩子对一位失去丈夫的美丽女性的青春躁动。影片不仅展现了女性的美和人性的丑，还展现了青春的躁动和成长的烦恼，更揭露了战争的残酷。

3.《失恋 33 天》

推荐理由：如果说恋爱是两个人自我的牵绊，那么当这种牵绊再也无法承担两个人自尊的重量时，有人离开，有人失恋。那个灯火阑珊的城市里，蓦然回首发现那个爱自己的人，关心自己的人。一直都在自己身边。

【思考与练习】

1. 恋爱中常见的心理问题有哪些？应该如何处理这些心理问题？

2. 谈谈如何培养"爱"的能力？

3. 大学生性心理有什么特征？

4. 如何消除性心理困扰？

第九章
逆境突围　历练生活
——压力管理与挫折应对

名人寄语

人有悲欢离合，月有阴晴圆缺，此事古难全。

——苏轼

人们最出色的工作往往在处于逆境的情况下做出。思想上的压力，甚至肉体上的痛苦都可能成为精神上的兴奋剂。

——贝弗里奇

流水在碰到抵触的地方，才把它的活力解放。

——歌德

压力是生活在现代社会中的人们最普遍的一种心理和情绪上的体验。所谓人生不如意十之八九，坎坷挫折时有发生，当人们面对种种不如意的时候，常常会感到焦虑不安，内心体验到巨大的压力感。由于压力存在于社会生活中的各个方面，所以人人都经历过压力，不同的压力会让人产生不同的心理反应，可引起适应性心理反应也可引起消极性心理反应，比如：学生参加考试。压力产生的适应性心理反应能够使机体变得警觉，从而注意力集中、思维敏捷、精神振奋而取得好成绩；而压力引起的消极性心理反应会使机体产生忧虑、焦躁、愤怒、沮丧、悲观失望、抑郁等消极情绪，从而造成机体思维狭窄、自我评价降低、自信心减弱、注意力分散、记忆力下降等现象，甚至影响智力。如何面对并摆脱压力，不让过大的精神压力损害身体健康、削弱免疫系统，从而拥有健康的心理状态对于现代社会的大学生来说至关重要。

案例导入

新生因自卑而引发人际关系压力

小婷是某大学一名大一的学生。2018年通过绿色通道进入大学，因为家庭贫困，家里有一个与其年龄相仿的弟弟辍学在家，虽然这在农村很常见，但在小婷的心底仍旧感到愧疚，感觉身上扛了很大的压力。家里的贫困，让小婷感到很自卑，让她觉得低人一截，不敢正视别人，不敢发表自己正确的见解。不敢与人交流，更不敢和老师对话，人多的场合甚至常常偷偷地逃离。

【智慧点拨】在小婷的例子中，自卑是贫困生最为突出的心理问题。由于自卑，从而导致自我封闭，对自己只有完全否定的态度和情感体验，缺乏生活的积极性和主动性，常常感到自己无能为力，从而丧失挑战困难的勇气和信心。在心理上采取了逃避、退缩的应对方式，不与同学交流，不参加集体活动，消极地看待人生，使整个人生带有浓重的灰色调，常常郁郁寡欢。但贫困并不是她的错，她的心理不应该贫困。而是应该将贫困作为一种锻炼的机会，一种前进的动力，长江从西向东流，局部向南流去，可是长江仍然浩浩荡荡，所以不要为局部的困难所困扰。

第一节　大学生压力概述

"人有悲欢离合，月有阴晴圆缺，此事古难全"。人人都希望自己能够一帆风顺、万事如意，但压力和挫折却总是不可避免。成功固然可贵，但失败也并非毫无意义。对于大学生而言，适度的压力是我们前进的动力。因此，正确地认识与对待压力，有效地管理压力，是成功人生的必经之路。

一、压力的内涵及成因

压力（stress）这一概念最早是在 1936 年由加拿大著名内分泌专家汉斯·塞利（Hans Selye）博士提出的，因此他被称为"压力之父"。

压力可以分为两类：内部压力和外部压力。内部压力来自人的体内，包括人的态度、思想和情感，它使人的压力变得更为严重；外部压力来自人的体外，包括学习、工作、就业、人际关系、家庭、金钱以及健康情况等，这些压力是客观存在的。

（一）压力的内涵

压力也称为应激，国内研究人员对压力有三种不同的定义。

第一种，压力是指那些使人感到紧张的事件或环境的刺激。比如：一份任务量很大或者要求工作者的工作效率极高的工作，这件工作本身即为能够给人带来压力的事物或环境。这件事物本身即为压力。

第二种，压力指的是一种个体自身的身心反应。比如：在参加演讲比赛前，有人觉得压力很大，担心自己演讲表现不好，这里的压力就是他对演讲比赛的反应。这种身心反应在个体身上会表现出一种状态，即为压力状态，压力状态包括两个成分：第一种为心理成分，它包括个人的行为、思维以及情绪等主观体验，也就是使人感到紧张的一种心理状态；第二种为生理成分，它包括心跳加速、口干舌燥、胃部紧缩、手心出汗等身体反应，也就是身体因为处在压力状态下而表现出的生理反应。

第三种，压力是一个过程。这种定义强调压力不只是一种刺激或者反应，而是一个过程。在这个过程中，个体是一个可以通过行为、认知、情绪等策略来改变刺激本身带来的冲击的主动行动者。压力过程包括引起压力的刺激、压力状态以及情境。压力的刺激即造成压力的事物本身带给个体的刺激；压力状态是指个体在接收到刺激后所呈现的一种状态；情境是指个体与产生压力的事物或环境相互影响的关系。根据这种说法，不同的个体在受到相同的压力刺激时所表现出的压力状态可能不同，不同的压力状态会选择不同的应对方式，采用不同的应对方式面对压力，个体的压力过程也就不同。实际上，人们所感受到的压力的大小，绝大多数情况下并不源于压力事件本身，而是源于个体对待压力的过程。

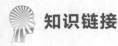 **知识链接**

汉斯·塞利（1907—1982）

汉斯·塞利，被称为"压力之父"，1907年1月26日出生于维也纳。1929年，在布拉格获得医学和化学博士学位，1931年进入约翰霍普金斯大学学习，1936年前往加拿大麦吉尔大学开始研究压力问题，1945年在蒙特利尔大学担任教授及实验内科和外科研究所的主任，后来，塞利和另外几位诺贝尔奖获得者共同创办了加拿大压力研究所。1982年10月16日，汉斯·塞利在加拿大蒙特利尔去世。塞利是最先描述人体"下丘脑-垂体-肾上腺轴"的学者，他一生发表了约1700篇研究论文、15部专著和7本畅销书，他最大的贡献是对压力的研究。他指出压力感是由人的生理反应表现出来。他提出了一般性适应综合征理论，揭示了压力反应过程是从"预警状态"到"阻抗状态"再到"衰竭状态"的过程。塞利在压力研究领域的开创性研究贡献被写入了史册。

（二）压力的成因

压力产生的原因可称为压力源或者应激源。压力与我们的生活密切联系并且无处不在，广泛地存在于学习生活当中。有些压力源是稍纵即逝的，它引起瞬间的兴奋和欢欣；有些压力源则持之以日、周、月，造成习惯性的高压反应，使人经常处于一种戒备状态，从而导致疲乏。

1. 压力产生的因素

心理学家研究表明，导致压力产生的因素主要有三个方面：一是内部因素，内心的挫折感和冲突感是压力最主要的内部因素。面对同样的事件，个体不同的个性特征、不同的挫折经验决定了其对压力的感受也不同。二是外部环境因素，环境又分为宏观环境和微观环境。宏观环境主要是指国际国内政治、经济、教育文化、就业、制度等诸多关乎国计民生发展的情况。微观环境主要是指个体的近环境，主要包括生活氛围、学习氛围、人际关系氛围等情况。相对而言，微观环境对人的影响更直接、更持久，所形成的压力也就更大。比如：大学生由于恋爱失败、与寝室同学关系不融洽、学习成绩不理想等原因导致的心理压力远远比就业压力、升学压力、当地经济落后等因素导致的心理压力要直接、持久及痛苦。第三个因素是指个体与环境间的相互作用。事实上，压力产生的过程是一个动态的过程，不存在一种绝对压力，压力的大小是个体与环境多次相互作用的产物。

2. 压力理论

经过许多研究者多方面的探讨和努力，到目前为止关于压力过程中个体与环境的相互作用形成了生理学、社会学和心理学三个取向，即从三个不同的学科角度解释压力产生的原因。

第一种叫作"紧急备战"，即生理学对压力产生的经典解释。生理学取向强调压力是机体为直接应对生理和心理两方面的要求，而由生理组织、结构和系统所做出的反应。其中，美国哈佛大学生理学家坎农提出的应急反应学说具有特别重要的意义。坎农认为，"压力"是指超过一定临界阈值后，破坏机体内环境平衡的一切物理、化学和情感刺激。他观察了在实验条件下经受寒冷、缺氧、失血的个体表现并第一次将"战斗或逃避"反应描述为当人们面对恐惧或危险时所产生的一系列生物化学变化的过程。他发现，当个体处于危险状况时，神经与腺体会进行一系列活动，使个体产生充分的能力来准备对抗危险或逃避危险。这个过程包含一个复杂的交互作用，即交感神经系统的唤醒与肾上腺分泌的激素之间的交互作用，这个时候，个体就处于压力之下。

第二种叫作"刺激性事件"，即社会学对压力产生的经典解释。社会学取向强调人类许多疾病的发生是由于外界环境中的压力源所导致，而且起到了重要的致病作用。也可以说，现实生活中的工作、学习、人际关系和家庭生活所带来的种种问题，经常使人处于压力状态下，这极有可能是影响人们身体健康的重要因素。20世纪30年代，迈耶最早研究导致人们生病的生活事件因素。后来，沃尔夫进一步提出了社会生活压力的概念，他指出生活方式或人际关系的改变、内心需求不能得到满足时会引起人的压力反应。到了70年代，莱维等提出了社会心理因素可成为机体的压力源，从而导致躯体发生疾病。80年代以后，研究从关注具体生活事件的损伤效应转到长期压力源对人身体健康的慢性损害效应。同时，研究者也注意到，个体在面对适应性压力事件时如果能够得到社会支持、增强自我效能感和自尊感，可获得积极的结果。

第三种叫作"全身适应综合征"，即心理学对压力产生的经典解释。心理学取向强调人和环境的特定关系，强调机体对来自客观环境经验所造成的潜在伤害的知觉和评价。比较著名的该观点的支持者是学者汉斯·塞利，他认为，人类对于压力的反应大体上要经过三个阶段：警觉反应阶段；抗拒阶段；衰竭阶段。警觉反应阶段是指有机体在受到外界刺激时会通过自身生理功能的变化和调节来进行适应性防御；抗拒阶段会通过心率和呼吸加快、血压升高、血糖增加等变化，充分动员人体的潜能以应对环境的突变；衰竭阶段是指如果引起紧张的刺激继续存在，而此时必需的适应能力已经用尽，机体会被其自身的防御力量所损害，导致适应性疾病甚至死亡。心理学对压力产生的其他权威解释还有西蒙提出的除了特定的环境刺激外（如极端的温度、污染、噪声），大多数压力是人们自己判定为对他构成威胁的人或情境；拉扎罗斯提出的"需求与压力源之间不匹配"导致的压力，他将压力来源定义为真实存在的或知觉到的心理社会压力，拉扎罗斯主张在人与环境的相互作用中，两个认知过程很重要，即评价和应对，他的理论的核心内容是：压力既不是环境刺激也不是一个反应，而是需求与理性地应对这些需求之间的联系。

 知识链接

一般适应症侯群

生物在应对压力的不同阶段，表现出的生理反应会不一样。著名生理学家汉斯·塞利在20世纪50年代利用白鼠进行了多次试验，研究结果表明，白鼠在持续压力的情境下，其反应过程可以分为三个不同的阶段。塞利把这个过程称为一般适应症侯群（general adaptation syndrome, GAS）。由于这个结果是经多次研究发现的一般规律，一般认为可适度地推广到人类的身上。这三个阶段分别是：

1. 警戒反应阶段

在这个阶段，一开始白鼠由于压力的突然出现，会产生情绪震撼，随后白鼠的体温与血压均下降，肌肉松弛，表现出好像缺乏适应这种变化的能力。当压力持续时，白鼠肾上腺素分泌增加，继而全身的生理功能增强，出现心跳加快、血压增高、呼吸加快等症状，从而进入应激状态以保护生命的安全和抵抗力。

2. 抵抗阶段

在这个阶段，白鼠的生理功能大致恢复正常，这表示白鼠已经能够适应压力下的环境。在大多数情况下，压力在抵抗阶段就已被征服或消失了。但是，如果这种压力一直持续下去，白鼠的能量就会耗尽，适应能力也跟着下降，最终出现第三个阶段。

3. 衰竭阶段

如果压力非常严重，那么白鼠会进一步耗尽身体的能量，精疲力竭，陷入崩溃的状态甚至产生各种身体疾病，甚至死亡。

（三）影响压力的因素

生活中压力是自然的、不可避免的，不良的刺激会引起压力，愉悦的刺激也会带来压力。但每个人感受到的压力是不同的，人们对压力的反应有显著的个体差异，即使是同样的刺激，不同的人的压力感也不同。这取决于个体的认知、评价及起调节作用的个性心理特征、个性倾向性和社会支持、个体健康状况等因素。研究表明，影响人压力感的因素主要有以下五个方面。

1. 经验

当面对同一事件或情境时，经验会影响人们对压力的感受。比如同样参加跳伞运动，有过 100 次跳伞经验的人不但恐惧感小，而且会自觉地控制情绪；而没有跳伞经验的人在整个跳伞过程中恐惧感强，并且越接近起跳越害怕。

2. 准备状态

对即将面临的压力事件是否有心理准备也会影响压力的感受。心理学家曾对两组即将接受手术的患者进行实验。对第一组患者在术前向其讲明手术的过程及后果，使患者明确手术带来的痛苦为正常现象。结果显示，第一组患者能够坦然接受手术带来的痛苦及不适并进行自我调节，术后恢复良好。对第二组患者在术前不做特别介绍，患者对手术一无所知。结果显示，第二组患者对手术带来的痛苦和不适表现出了过分的担忧，对手术是否成功持怀疑态度，术后恢复效果明显不如第一组患者。第一组患者在术后恢复过程中用的止痛药明显比第二组少，而且平均提前三天出院。

3. 认知

认知评估在增加压力感和缓解压力感中起着重要作用。当压力出现时，一个人在没有任何实际的压力反应之前会先辨认和评价压力，如果个体把压力的威胁性估计过大，对自己应对压力的能力估计过低，那么压力感就会很大。例如，你在安静的书房看书，忽然听到走廊里响起一串脚步声，如果认为是将要入室抢劫的坏人来了，就会感到惊慌恐惧；但如果认为是朋友来家里拜访，就会感到轻松愉快。正如一位哲学家所说，人类不是被问题本身所困扰，而是被他们对问题的看法所困扰。

4. 性格

不同性格特征的人对压力的感受是不同的。研究人员将人的性格分为 A 型和 B 型两种类型，A 型性格的人竞争意识强、工作努力奋斗、争强好胜、缺乏耐心、成就动机高、说话办事讲求效率、时间紧迫感强、成天忙忙碌碌；B 型性格的人个性随和、生活悠闲、对工作要求不高、对成败得失淡薄。这两种类型的人在面对相同压力时，A 型性格的人性格中的不利因素就会显现出来，压力反应明显比 B 型性格的人强烈。除此之外，研究人员还发现 A 型性格与冠心病有密切的关系，研究表明 A 型性格的人患心脏病的概率是 B 型性格的人的 2～3 倍。

5. 环境

一个人的压力来源与他所处的环境有直接关系。工作过度、角色不明、支持不足、沟通不良等都会使人产生压力感。家庭的压力常常来自夫妻关系、亲子关系、经济问题等。工作的压力常常来源于工作量、同事关系、上下级关系等。如果工作不顺心、家庭环境压抑，来自环境的压力就会使人感到不适，甚至引发心理疾病；而如果工作称心如意、家庭和睦美满，环境会使人心情舒畅、身心健康。

（四）大学生面临的主要压力

1. 来自社会的压力

目前我们所处的社会，是高度变化性的，很多事物迅速产生又迅速老化。《哈佛商业评论》中指出，当今世界知识每 7～10 年翻一番，工科大学生迈出校门时就会发现，他们在学校中所学的 50％ 的知识已经过时。大学生是处于成熟与不成熟、独立与不独立中间的一个特殊群体，特定的时代背景使他们承受着更加尖锐的挑战：他们一方面必须掌握最基本的专业知识，同时还要具备信息时代获取新知识的基本素质；另一方面必须拥有创新意识和创新能力，同时还必须塑造能够融入和谐社会的健全人格。如此一来，刚刚通过"千军万马过独木桥"进入大学的大学生来不及喘息便又背上了沉重的精神负担。

2. 来自学习的压力

大学生作为学生，学习是天职。经历了高考的"黑色星期天"，走过了万马穿行的独木桥，多多少少会想在大学"放松一下"，可是上了大学随之而来的英语四六级、计算机等级考试以及方兴未艾的考研热、考博热、出国热等，这些大小不一的考试让他们又回到了为考试而奔波的时光。学习好的学生要争取奖学金，要不断地赶超自我、赶超别人，不断地给自己制订更高的要求；学习不怎么好的学生要为考试通过而拼搏，要为 60 分而努力。特别是英语四六级、计算机等级考试等今后就业的入门招牌成为众人追逐的目标，本科就业前景不佳、考研热的不断升温又给处于学习压力中的学子加上了一个沉重的包袱。

3. 来自生活的压力

目前大学生多数为独生子女，从小受到"高考"指挥棒的无形影响，学习就是一切，长期忽视一般人都应该具备的基本生活技能，因而不少人缺乏自理和自律的能力，很多人不会生活，不善于独立生活和为人处世，面对挫折和新的复杂的环境，往往缺乏相应的自我调节能力，因而也就感受到了生活带来的压力。

4. 来自情感的压力

爱情、友情、亲情是大学生情感方面的三个重要因素。大学生第一次离开家乡来到一个新的环境，父母不在身边，自理能力差，不善于交际，很容易产生孤独感。大学生随着年龄的增长而变得更有主见，开始讨厌父母的唠叨，尤其当与家长意见不合时，与家长的沟通变得越来越少，甚至有些人与父母的联系仅限在经济供给时而非情感沟通上。大学生正处在生理与心理快速发展的时期，初尝爱情滋味的大学生与恋人的关系更为亲密，有些大学生甚至将所有的情感全部都寄托在爱情中，当大学生恋情失败又得不到有效排解的时候，有些心理承受能力差的学生会选择走极端。

5. 来自就业的压力

就业是大学生最为关注的一个话题，也是形成其压力的主要原因。当今时代的一个重要特征便是竞争加剧，竞争择业、竞争上岗、适者生存、不适者淘汰，整个社会处于激烈的竞争当中。连续多年的扩招也加大了大学生竞争就业的难度，尤其在大学生、研究生择业相当集中的单位（三资企业、大专院校、科研单位、党政机关）以及择业相当集中的地区（北京、上海、沿海发达地区），就业局面相当严峻。

6. 来自经济的压力

一些来自贫困地区、贫困家庭的大学生，家庭在负担其上大学的费用后，经济压力增大，生活困难，甚至学业都难以维持。贫困大学生被倾注了父母甚至全村父老乡亲的厚望，因而生怕自己学不好，无颜面对"江东父老"。所以，贫困生在大学期间往往更容易产生心理压力，当他们受到挫折或经历失败时更容易感到焦虑不安，甚至对前途感到悲观失望，有的更严重的会演变成"心理疾病"。贫困生由于生活拮据，没有经济能力应对人际交往，拒绝参加校园文化活动，且有较多贫困生从小因家庭条件原因形成了内向的性格，不善交际，不善于表达自己的情感。而与此相对应的是经济实力强的同学穿名牌、进饭店，出手大方，交友广泛，关系活络，在校园里风光一时。相比之下，贫困生相形见绌，自感寒酸，自卑心理油然而生，这样更容易导致其在人际交往中以失败而告终，因此会变得更加内向和压抑，使孤独感笼罩全身。

7. 来自家庭的压力

大学是塑造世界观、价值观、人生观的重要时期。有些大学生由于原生家庭的一些问题，比如离异家庭、家庭环境不和谐、单亲家庭等原因导致对一些事物的认识有所歪曲，甚至有些学生会因为觉得自己的家庭不如别人而产生自卑心理，从而产生一定的心理压力。

8. 来自自我认知的压力

自我认知压力是一个心理学上的定义，也是一个自我认识、自我定位的问题。最了解自己的人是自己，而往往最不了解自己的人也是自己，这是个矛盾的命题。想要客观地给自己一个准确的自我定位不是件容易的事情。大学生没有就业之前普遍对自己有过高的估计，一旦真正进入了社会，站在就业大军的队伍当中，就会感到明显的实力不足，这种落差会给大学生造成心理上的压力。

现实生活中，要完全避免压力是不可能的，很多时候，适度的压力是一种动力来源，会促发或增强一些正向的行为反应，如寻求他人支持，学习处理压力的技巧，这对个体的学习、工作有促进作用。但压力过大或过久，都会引发不良的行为反应，如谈话结巴、动作刻板、过度进食、攻击行为、失眠等。大学生作为一个生理和心理上都已基本成熟的个体，如何正确地处理这些学习和生活上的种种压力，是其必修的一门课程。

二、大学生压力应对方式的特点

大学与中学不同，已不再生活在与社会隔绝的象牙塔里。在大学校园里，大学生需要面对校园里的压力和挑战。同时，大学生也要面向社会、面向未来，不断提高压力和承受能力，学会适应迅速变化的社会，应对纷繁复杂的种种挑战。大学阶段是人生中极不寻常的一段时期，处在这一阶段的大学生需要学会认识压力、应对压力，进而以更加积极的姿态适应校园生活，从而为自己步入社会做好准备。大学生群体有着自身显著的特点，大学生在应对压力时也有其自身的特点。

（一）大学生压力应对方式的特点与我国的传统文化密切相关

研究发现，大学生面对压力各项应对方式的使用顺序依次为解决、忍耐、转移、求助、压抑、逃避、幻想、抱怨、退缩。其中，忍耐居第二位，仅次于问题解决，这表明大学生在面临困境时较常采用忍耐的应对方式。在中国传统文化的为人处世之道中，"忍"占据重要地位。元朝的吴亮、许名奎曾收集经史语句编著《忍经》（亦名《劝忍百箴》），流传后世。告诫人们生活中不如意常在，务必要顾全大局从长远利益出发，学会忍耐。所以忍耐在某些情况下是一种比较成熟的应对方式。这也正说明大学生随着年龄的增长，对生活认识的逐步加深，其应对方式逐渐走向成熟。另外，某些大学生采用的压抑、逃避等消极应对方式也能在中国的传统文化中找到根源，但过度的压抑和逃避不仅不会解决问题，还会带来更多的麻烦。

（二）整体以积极的应对方式为主

在我国，大学生在应对压力时，更倾向于采用积极、健康、具有适应性的方式应对，而较少使用消极、非适应性的方式。研究表明，大学生在应对压力时以问题解决、忍耐、转移和求助等积极的应对方式为主，而较少采用压抑、逃避、幻想等消极的应对方式；大学生的压力应对方式总体上以心理调节机制为主，自我防御和外部疏导机制使用较少。但某些大学生的应对方式仍不尽乐观，有的受多种因素影响，如缺乏有效社会支持、人格缺陷等，就会采用消极应对方式，甚至导致中途退学、自杀等悲剧。

（三）高年级学生倾向于消极应对方式

研究数据表明，在面对压力时，高年级大学生总体上比低年级大学生更多采用逃避、抱怨等应对方式，之所以会出现这种现象主要有以下两方面原因。

1. 个体因素

高年级大学生随着年龄的增长，个体的防御机制慢慢增强，无论"听天由命"或"运气不好"都是在找各种各样的借口推卸责任，以维护受到威胁的自尊。

2. 环境因素

个人防御机制的应用，除与其成熟程度有关外，还与其所处的环境、所遭受的刺激、人际关系、社会支持等因素有关。高年级的大学生比低年级的大学生所面临的学业紧张、就业困难、经济问题、情感困扰等压力更多且更复杂，这些都会不同程度地影响高年级大学生防御机制的应用。

第二节 大学生挫折概述

现实生活中，每个人都可能陷入挫折境遇，挫折感多了，自然就形成了心理压力。古人云"人生逆境十有八九"，我们的一生中难免会遇到这样或那样的挫折。但与此同时，我们也不能忽略挫折在我们的成长过程中的积极作用。挫折让我们明白，流水只有在碰到抵触的地方才会解放活力。

一、挫折的内涵及成因

（一）挫折的内涵

心理学上，"挫折"一词是指人在从事有目的的活动中，遭到障碍或干扰，致使预期的动机不能实现，需要无法满足时而产生的一种焦急、紧张、沮丧或失意的情绪状态。由此可见，它有别于我们日常生活中所讲的挫折，它并不是障碍、干扰等客观事实本身或情境，而是一种对需求不满足的主观感受和体验。因此，面对同一障碍并非每个人都有挫折感，在同样的障碍面前人们的心理状态也不一样，即使产生了挫折感，人的感受程度也是不一样的。

构成挫折的主要因素有以下五个方面：一是从事有目的的活动及产生的预期动机和需要。二是在动机驱使下有目的的行为。三是挫折情境，即客观上或个体主观上认定的阻碍或实现目标的情境状态或条件。四是挫折认知，即个体对挫折情境的知觉、认识和评价，挫折认知是构成挫折的核心要素。一种挫折情境能否引起个体主观感受上的挫折感及所引起挫折感的强弱，很大程度上取决于挫折认知。五是挫折反应，即伴随挫折认知而产生的情绪体验和行为反应，可表现为紧张、焦虑、愤怒等，是挫折情绪的外部表现。

（二）挫折的成因

造成挫折的原因有外界因素和个人因素，是多方面且复杂的，挫折的形成与自然环境、社会环境、自身条件以及个人动机冲突等多种因素有关。给个体带来限制与阻碍，使个体的需要和目标不能满足和实现的因素主要有以下四大类。

1. 自然因素

人为不可抗力导致的一些限制与阻碍，比如：地震、洪水、交通事故、疾病、死亡等，自然因素造成的挫折每个人随时都有可能遇到，其后果可能很严重，也可能不严重；可能是暂时的影响，也可能是长久的打击。

2. 社会因素

个人在社会生活中受到的各种人为因素的限制与阻碍，比如：政治、经济、法律、道德、宗教、风俗习惯等。社会因素产生的挫折是普遍存在的。当前，随着科学技术的飞速发展，社会生活节奏不断加快，生存竞争日益加剧，人们的紧张感和心理压力越来越大，挫折感也就不断增强。

3. 个体因素

个体因身高、体形、容貌、知识结构、健康状况、表达能力、自我期望、经济条件等因素的阻碍和限制，使自身的需要和目标不能满足和实现而产生挫败感。

4. 动机冲突因素

人们在现实生活中的多种多样的需要所伴随的多个动机及指向的多个目标，由于种种条件的限制不可能全部实现而必须有所选择取舍时形成的动机相互排斥而造成挫折感。

 知识链接

动机冲突

动机冲突在每个人的日常生活中经常出现，其表现形式主要有双趋冲突、双避冲突、趋避冲突和双重趋避冲突四种。双趋冲突是指人在有目的的活动中，同时有两个并存的且具有同样吸引力的目标，而这两个目标因条件所限无法同时实现，从而产生的难以取舍的冲突情境，如有些学生在选择恋爱对象时，同时对两个异性有好感，但只能选择其中的一个而放弃另外一个，这时就发生了双趋冲突。双避冲突是指人在同时遇到两个具有相同威胁性的目标时，两者都想躲避，但因条件所限只能躲避其一而产生的冲突情境，比如在发生火灾时，由于时间有限，只能选择抢救家人或抢救物品，这时就发生了双避冲突。趋避冲突是指人们在面对同一目标时产生的矛盾心态，即这一目标既具有吸引力，能够满足某些需要，又具有威胁力，对个体本身造成不利。如考试时，有些学生为了考高分或避免考试不及格而作弊，但又怕被监考老师发现受到处分，这时就发生了趋避冲突。双重趋避冲突是指人们同时遇到两个或两个以上的目标，而每一个目标又同时存在趋避冲突。

大学生正处于人生发展的关键时期，进入大学以后，他们处在一个全新的环境。他们一方面具有精力充沛、思想活跃、自我意识强、发展欲望强烈、需求广泛而执着、个人的理想抱负水平普遍较高的特点，另一方面也具有人格发展尚不够成熟、社会阅历浅、挫折经验不足的特点。大学是一个竞争激烈且相对高中较为复杂的环境，所以，大学生在面对繁重学业和考试压力、人际关系不和谐等问题时容易产生挫折感。同时，大学生普遍自视较高，有强烈的自尊心，争强好胜和追求完美是大学生的普遍特点。所以，大学生的自身条件和能力与自我期望之间的矛盾也会造成挫折感。比如：许多大学生由于过于自信，过高地估计了自己的能力，对自我发展的预期和要求不是从客观实际情况出发，而是从主观愿望出发，常常对自己提出不切实际的要求，制订过高甚至无法达到的目标和计划。一旦这些目标和计划因为能力不及无法实现，而自己又不能清醒地认识到这一点时，就会产生强烈的挫折感。因此，大学生遭遇挫折是在所难免的，也是普遍存在的，甚至遭遇挫折的频率相对其他群体要更高一些。

二、大学生的挫折反应

不同年龄段和不同类型的人在面对挫折时也具有不同的特点，大学生在面对挫折时具有鲜明的特点。大学采用集体生活方式，很多大学生第一次离开家开始独立生活，在面对生活压力的同时又面临巨大的学习压力。在激烈的竞争中，大学生容易出现人际交往、个人发展、生活习惯、经济来源等方面的挫折。大学是为未来职业生涯打基础的阶段，随着高年级的学生越来越关注就业问题，在求职择业的过程中容易出现求职、择业、就业和生活适应等方面的挫折，不同的人即使在面对相同的挫折时也会有不同的挫折反应。大学生正处于人生发展阶段的青春期中后期，这一时期是自我意识形成的关键时期，也是性发育日趋成熟的时期，容易出现自我认识、自我定位、性心理、恋爱等方面的挫折，大学生在面对挫折时，主要有两方面反应。

（一）情绪性反应

情绪性反应是指人们在受到挫折时伴随着强烈的紧张、愤怒、焦虑等情绪所做出的反应，可能表现为强烈的内心体验，也可能表现为特定的表情或行为。反应多为消极性反应，主要表现为焦虑、冷漠、退化、幻想、逃避、固执、攻击、自杀等。

1. 焦虑

焦虑是一种模糊的、紧张不安的综合性负性情绪，常常伴随焦急、忧虑、恐惧等感受，甚至可能会出现出冷汗、恶心、心悸、手颤、失眠等神经性生理反应。当人们面临心理冲突、情境压力、挫折、预感到某不良后果将要发生或者感到需要付出努力的情境将要来临又感到没有把握预防和解决时，一般都会产生焦虑情绪。挫折是引起焦虑的主要方面，人们在遇到挫折时一般都会表现出某种程度的焦虑情绪。

2. 冷漠

冷漠是指当一个人遇到挫折时，表现出的一种无动于衷或漠不关心的态度，这是一种复杂的挫折反应。表面上看，冷漠似乎逆来顺受，毫无情绪反应，而事实上并不意味着当事人没有反应，而是更加痛苦的内心体验，被压抑或以间接的形式表现出来。一般情况下，对挫折的冷漠反应是由于一个人长期遭受挫折或感到没有任何希望摆脱或消除困境时所产生的。

3. 退化

退化是指人在受到挫折时所表现出的与自己年龄和身份不相称的幼稚行为。一般来说，不同年龄阶段的人各有其不同的情绪反应和行为模式。随着年龄的增长，在社会生活的影响下，人们的情绪反应和行为方式都会日益成熟起来，逐渐学会控制自己，做出与自己年龄和身份相符的情绪反应和行为表现。但有些人在遇到挫折时，会失去对自己的控制，以低于自己年龄和身份的简单、幼稚的方式应对以求得别人（有时是自己）的同情和照顾。而这种情况当事人自己常常是不能清醒地意识到的。

4. 幻想

幻想是指一个人在遇到挫折时企图以自己想象的虚幻情境来应对挫折。任何人都有幻想，通过幻想，人们可以暂时脱离现实，在自己想象的情境中满足一些自己的需要和欲望，使人们产生一种愉快和满足的感觉。大学生正处在多幻想的年龄段。所以，大学生在面对挫折时，常采用暂时的幻想从而在一定程度上缓冲挫折情绪。偶尔幻想是正常的，但如果长期用幻想来应对现实中的挫折或养成了从幻想中实现现实生活中实现不了的目标的习惯，就会使人降低对现实生活的适应能力，严重脱离现实生活，甚至可能导致精神疾病。

5. 逃避

逃避是指一个人在遇到挫折或感到可能面临挫折时，不正视挫折，而是以消极的态度躲避现实的一种挫折反应方式。逃避虽然可以使人暂时降低因挫折而产生的紧张感，或者避免因再次遭受挫折而受到伤害，但当事人的现实问题并没有得到解决，而有些问题又是不能回避的，所以逃避常常使人害怕困难、不求进取。长期下去会大大降低人们的适应能力和自信心，甚至可能会导致适应不良。人们逃避挫折的方式多种多样，幻想也可以看作是一种典型的、特殊的逃避方式。

6. 固执

固执是指一个人在受到挫折后，采取刻板的方式盲目地反复地进行某种单调、机械的无效动作，尽管知道这些动作对目标的达成、需要的满足并无帮助。通常，固执是一个人在反复遭受挫折而又一时无法克服或回避的情况下产生的。过多、过严的惩罚和指责，或者当人处于惊慌失措的状态下也容易产生固执行为。固执行为的特点是呆板、无弹性，具有很大的强制性。因为固执是在人们遇到挫折后感到无能为力和不知所措时产生的反应方式，所以，这种挫折反应方式并不是不可改变的，当人们一旦获得了更适当的反应方式时，就会取代固执行为。

7. 攻击

攻击是指当一个人受到挫折时，为了将愤怒的情绪发泄出去，或者对构成挫折的对象进行报复而产生的行为。攻击行为的对象可能是构成挫折的人或物，也可能是其他替代物，还有可能是受挫者自身。攻击行为的表现形式多种多样，一般分为直接攻击和转向攻击两种。直接攻击是指受挫者将愤怒的情绪直接指向构成挫折的人或物上，通过动作、表情、言语、文字等形式表现出来。转向攻击是指受挫者感到引起挫折的真正对象不能直接攻击或不便攻击，或者挫折的来源无法确定时，将愤怒的情绪发泄到其他人或物上的一种变相的攻击方式。

8. 自杀

自杀是一个人遭受挫折后的一种极端反应方式，也可以看作是受挫后针对自身的一种典型的、特殊的攻击行为。当一个人受到突然而沉重的挫折打击，或者长期受到挫折的困扰和折磨，使受挫者感到万念俱灰不能自拔时，受挫者就可能产生自暴自弃、轻生厌世的想法，此时若得不到外力的帮助，受挫者就可能采取上吊、跳楼、投河、服毒等方式自杀。通常，自杀行为是在挫折的打击大大超出受挫者对挫折的承受能力的情况下发生的，特别是当受挫者将受挫的原因归结为自己，并对自己丧失信心，将自己作为迁怒的对象时，更易出现自杀行为。大学生是同龄人中的佼佼者，成长过程一般都比较顺利，很少遇到大的挫折，他们对挫折的承受能力普遍较低。同时，大学生一般都自视较高、自尊心强，所以，当大学生受到挫折时，甚至有时是很小的挫折时，也会产生自杀行为。

（二）理智性反应

理智性反应是指人们在受到挫折后采取积极进取的态度，在理智的控制下做出的反应。通常，人们在遭受挫折后都会出现紧张状态，都会在某种程度上做出某种情绪性反应，有些人始终被情绪所控制不能摆脱，而有些人则能够及时调整，保持冷静，面对现实，审时度势，采取积极的态度和方式对待挫折。理智性反应的主要表现有三种。

1. 坚持目标，逆境奋起

有这种表现的人在遭受挫折后，会进行客观冷静的分析，如果发现自己所追求的目标是现实的和正确的，虽然暂时遇到了挫折，但这些挫折经过努力是可以克服和逾越的，他们就会设法排除障碍，克服困难，坚持不懈，朝着既定目标矢志不渝的迈进，直至最终实现自己的愿望和目标。

2. 调整目标，循序渐进

有这种表现的人在遭受挫折后，如果发现失败是由于自身条件不足、社会因素的限制，或当前条件不满足而导致的，他们会冷静下来，认真客观地分析，根据实际情况对自己的奋斗目标进行适当的调整。对于不符合自己当前实际情况或不具备实现条件的目标适当降低标准或将目标分成几个阶段性目标，通过适当变换实现目标的途径和方法，循序渐进，不断努力，逐步获得成功。若发现原定的目标是无法实现的，甚至可以通过更换目标，寻找新的能够实现的目标取而代之，同样可以达到满足自身需要的目的。

3. 改变个性，适应变化

有这种表现的人是因为所受到的挫折不是暂时的，而是长期持续并相对稳定的，这时受挫者产生的紧张状态和挫折反应就会反复出现，在这个过程中就给受挫者带来了久远的影响，甚至是个性的形成与发展。在长期的挫折反应中，个体的反应方式会逐渐固定下来，逐渐形成一些习惯或适应挫折的个性特征，但所形成的个性特征中不仅有积极的，有时也可能是消极的。

大学生在成长过程中经常会遇到各种各样的困难和挫折，大学生应学会用积极的方式去应对，在应对的过程中大学生的意志力会在实践中不断提高，在面对挫折时会更加顽强，从而激发拼搏精神和敢于面对挫折的勇气。

第三节　压力管理与挫折应对

毛毛虫变蝴蝶、丑小鸭变白天鹅并不是童话故事，而是生命必经的一段历练，正是这种历练，正是生命本身给予的考验，让它们得以蜕变，成就了它们自身的美丽。对大学生而言，压力与挫折或许正是他们成长路上的必修课。重要的是一个人如何去应对。正如巴尔扎克所言：苦难对于天才是一块垫脚石，对能干的人是一笔财富，对于弱者是一个万丈深渊。

一、压力管理的方法与技巧

大学生在挫折和压力的影响下会产生一系列生理和心理上的反应。这些反应在一定程度上是有机体主动适应环境变化的需要，它能够唤起和激发个体的潜能，增强心理承受能力和抗压能力。但是，如果压力引起的身心反应过于强烈和持久，就会大大消耗体内的能量，使个体的免疫机能下降，从而影响机体组织器官的正常功能。所以，大学生遭遇压力和挫折时，要学会调适自己，从而把压力和挫折转化为动力。

（一）正确认识和勇敢应对压力

大学生对压力有一个正确的态度是调适的关键。首先，压力是生活中必不可少的一个组成部分，是我们生活的伴侣，不可避免，我们要学会坦然地接受它。其次，每个人在成长的路途中，压力普遍存在并具有双重性，压力及其反应并不全是"有百害而无一利的"，适度的压力有助于发挥人的潜能。可以说，也正是一个个压力，促使个体不断地发展、成熟。因此，不要抱怨压力，要学会接受压力，要对已经出现的和将要出现的压力做好准备。再次，要勇于面对压力，压力是逃避不了的，处理压力最有效的方法就是勇敢面对。因此，每一个大学生都应该了解自己在压力情境下的应对方式，学习他人有效处理压力的策略。当心理压力出现时，勇敢地正视它，从而使自己在战胜一个个压力的过程中积累经验，不断地强大起来。应对的过程就是个体在面临压力时为减轻其负面影响而做出的认知和行为的努力过程，也是个人在压力状态下进行自我调节的努力，对身心健康的保护起重要作用。

（二）寻求社会支持

人类天生就是社会性动物，任何人都不能离开他人而生存。人与人之间是需要互相关心、互相帮助、互相爱护的，这是一种社会支持，它可以调适个体的压力反应。研究发现，社会支持可以降低压力对大学生的消极影响，并且降低诸如头痛、消化不良、高血压等一系列由于压力导致的疾病的发生率。因此，对于大学生而言，在面对心理压力时，主动寻求社会支持是非常有益的。这就要求在生活中，每一位大学生都应该积极构建自己的社会支持网。社会支持包括家庭、朋友、同学、社会组织、学生社团、老师等，就一般的生活状态而言，这些社会支持能够满足个体安全、自尊、归属的需要。而当大学生面对心理压力时，可以找一位朋友或亲人诉说，从而寻求他们的支持。既可以是感情上的支持，比如同情、理解、照顾，也可以是物质上的支持，包括给予金钱或者其他物质上的帮助，还可以是信息上的支持，主要指别人给予的忠告和指导。这一切，对减轻心理压力都十分的重要。

（三）学会放松自己

大学生面对心理压力最常见的表现是心理和肌肉的紧张。因此，调适压力的一个重要策略就是要学会放松自己，让自己的身体或心理由紧张状态转向松弛，从而逐渐消除紧张。常用的放松方法有游冰、做操、散步、听音乐等。当压力事件不断涌现时，持续数分钟的放松对缓解压力的作用相当显著。另外，还可以学习一些放松自己的压力应对技术，这是一种通过机体主动放松来增强自我控制能力的方法，它可以降低机体唤醒水平，增强适应能力，调节因压力反应而造成的心理和生理功能的紊乱。自我放松的应对技术有很多，如深度呼吸训练、肌肉放松训练、静坐训练、意向训练、系统脱敏训练等。

（四）丰富课余生活

大学生的课余生活占大学生活的四分之一，健康的课余生活可以愉悦身心，获得朋友，增进友谊，减少因压力导致的紧张感。课余生活种类很多，比如阅读书籍、报刊，参加各种学术、社会活动，参加志愿者服务活动等。丰富的课余生活既锻炼了能力，拓宽了知识面，又在一定程度上增强了个体应对压力的信心和勇气。尤其是要多参加体育锻炼活动，体育锻炼可以使大学生身体健壮，精力充沛，应对能力增强，因此，体育锻炼可以明显地减轻压力。并且由于体育锻炼使个体暂时与压力情境分离，这就给大学生提供了一个调整的机会，可以增进他们对问题的反思，从而寻求解决问题的最佳策略。但体育锻炼要适度，过度的体育锻炼不但不会减轻心理压力，其本身也会成为新的压力源。

 知识链接

I Am Worth It

美国杜克大学精神病学和行为学教授雷德福·威廉斯认为，个人无法逃避压力，所以需要各种评估方法，从而做出理性的可以改变局面的决定。他提出了一种叫作"我值得这样"（I Am Worth It）的方法。其中，"I"是指那些让你感到压力的因素。"A"是指你是否对紧张性刺激做出了适当的反应。"M"是指这种情况是否可以改变。"Worth It"是指是否值得采取行动改变这种情况。威廉斯认为，恰当地评估应激事件和自己的应对能力，并合理运用心理防御机制，能较好地适应和应对应激源，让你更有效率地工作。

二、意志力与挫折承受能力的培养

（一）大学生意志力的培养

意志是指人自觉地确定目的，并根据目的调节支配自身的行动，克服困难，去实现预定目标的心理过程，是人的意识能动性的集中体现，是人类特有的心理现象。意志过程包括两个阶段：一是制订行动计划的阶段，这一阶段表现为动机的取舍和调整，克服动机冲突，确定行动目标，选择有效的方法和策略制订切实可行的行动计划；二是执行决策计划阶段，这一阶段表现为克服内外困难，冲破种种阻力，执行决定，并根据失败挫折不断总结经验教训，调整计划，坚持行动，最终实现计划，达到目标。

大学生想要培养良好的意志品质主要从以下四个方面入手。

1. 自觉性的培养

自觉性是指人的行动有明确的目的，尤其是能充分地意识到行动结果的社会意义，使自己的行动服从社会、集体利益的一种品质。具有意志自觉性的人能够自觉地、独立地、主动地控制和调节自己的行动，为实现预定的目的倾注全部的热情和力量。即使在遇到障碍和危险时，也能百折不挠，排除万难，勇往直前。

2. 果断性的培养

果断性是指人明辨是非，适时地做出决定和执行决定的品质。适时是指在需要立即行动时当机立断，毫不犹豫，甚至在危及生命时也敢作敢为，大义凛然，但在不需要立即行动或情况发生改变时，又能立即停止执行，或改变已做出的决定。果断性是以勇敢和深思熟虑为前提条件的，是个人的聪敏、学识、机智的结合。

3. 坚韧性的培养

坚韧性是指人在意志行动中坚持决定，以充沛的精力和坚韧的毅力，百折不挠地克服一切困难，实现预定目标的品质。长期坚持决定是意志力顽强的表现。具有坚韧性的人，善于抵制不符合行动目的的主客观诱因的干扰，不仅能顺利完成难度较低且感兴趣的工作，也能坚持完成难度较高且枯燥无味的工作。从不半途而废，直到完成所有工作，且往往能够做出优异的成绩。

4. 自制性的培养

自制性是指人在意志行动中关于控制自己的情绪，约束自己言行的品质。大学生只有经过努力学习，树立远大的生活目标，利用日常生活中的各种困难，刻苦锻炼自己，自觉地控制自己才能成为具有坚强意志品质的人。

（二）大学生挫折承受能力的培养

挫折是具有两重性的，挫折既可以对人产生消极的影响，也可能有积极的作用。挫折可能会影响个体实现目标的积极性，降低个体的创造性思维水平，损害个体的身心健康，也可能增强个体情绪反应的力量，增强个体的容忍力，提高个体对挫折的认识水平。因此，辩证地看待挫折的两重性，将不利因素变为有利因素，化消极因素为积极因素，让挫折成为促进成长的积极作用。挫折承受能力是指人们在遇到挫折时，能够忍受和排解挫折的程度。挫折承受能力包括挫折耐受力和挫折排解力两个方面。挫折耐受力是指人们受到挫折时经受住挫折的打击和压力，保持心理和行为正常的能力。挫折排解力是指人们受到挫折后，对挫折进行直接的调整和转变，积极改善挫折情境，解脱挫折状态的能力。

大学生可以通过构建心理防御机制来培养挫折承受能力，心理防御机制是指人在挫折发生后，心理活动中所具备的有意或无意地摆脱挫折造成的心理压力、减少精神痛苦、维护正常情绪、平衡心理的种种自我保护方式。心理防御机制又分为积极的心理防御机制和消极的心理防御机制。

积极的心理防御机制可以缓解受挫后的心理压力，调整好心理和能力状态，赢得战胜挫折的时机。大学生中常见的积极心理防御机制有：

（1）认同　认同是指一个人在遭遇挫折而痛苦时效仿他人获得成功的经验和方法，使自己的思想、信仰、目标和言行更适应环境的要求，从而在主观上增强自己获得成功的信念。

（2）升华　升华是指将不为社会认可的动机、欲求转向崇高的方向，使之具有创造性、建设性。一个人在遇到挫折后，将自己不为社会所认可的动机或需要转变为符合社会认可的动机或需要，或将低层次的行为转向有建设性、有利于社会和自身的较高层次的行为即为升华。升华不但转移或实现了原有的感情，同时又创造了积极的价值。

（3）补偿　补偿是指当由于主观条件的限制和阻碍，使个人目标无法实现时，设法以新的目标代替原有目标，以现有的成功体验去弥补原有失败的痛苦。补偿有积极性补偿也有消极性补偿，比如一些大学生失恋后，把精力投入学业上，刻苦学习，用好成绩来补偿情感的受挫，这就属于积极性补偿；比如有些人丢失钱物后以偷别人东西的方式来补偿，这就属于消极性补偿。

（4）幽默　幽默是指当遇到挫折、处境困难或尴尬时，用幽默的方式来化解，以此来维护自己的心理平衡。幽默不仅是一种聪明的做法，也是心理素质较高的表现。

当然，大学生中也存在不能正确排解挫折的现象，这就容易形成消极的心理防御机制，从而造成各种各样的心理问题，不仅不利于大学生的心理健康，还会使大学生的心理退化，形成消极、退缩的心理特征，甚至导致心理疾病。常见的消极心理防御机制主要有以下几种：

（1）文饰　又叫"合理化"，是一种援引合理的理由和事实来解释遭受的挫折以减轻或消除心理困扰的方式。它的表现形式可概括为"找借口""酸葡萄效应"等。文饰自我的"理由"往往不是真实的，起着自我欺骗和自我麻痹的作用，影响大学生实事求是地面对现实并做出积极改变。

（2）潜抑　潜抑是指人在受到挫折后，把意识所不能接受的，使自身感到困扰或痛苦的思想、欲望或体验压抑到潜意识中，不再想起，不去回忆，主动遗忘以保持内心的安宁，使自己避免痛苦。在这种遗忘中，被潜抑的东西实际并没有消失，而是在不知不觉地影响着人们的日常心理和行为。一些表现出来的心理异常、心理疾病往往是由于潜抑过甚而导致的。

（3）投射（推诿）　投射是指把自己的不当行为、失误或内心存在的不良动机和思想观念、欲望转移到别人身上，说别人也是如此，以此来减轻自己的内疚和焦虑，逃避心理上的不安。如大学生中有的人自己自私，却说人人都自私，"人不为己，天诛地灭"等。

（4）反向　反向是指为了防止自认为不好的动机外露，采取与动机方向相反的行为表现出来，以掩盖自己的本意，避免或减轻心理应激。反向行为的掩饰性包含着压抑，长期运用会扭曲自我意识，使动机与行为脱节，造成心理失常，这是一种"矫枉过正"的心理防御机制。例如，有些学生内心很自卑，却总是以自高自大、傲慢不羁的表现来掩盖自己的弱点。

（三）意志力及其与挫折承受力的关系

意志力是指人们为达到既定目的而自觉努力的意志品质。意志品质是一个人在生活中形成的比较稳定的意志特征，是个性的重要组成部分。人的意志力不是与生俱来的，而是在社会实践活动中逐渐培养锻炼出来的。

在遇到挫折时，意志力强的人能够自觉控制和调节自己的心理和行为。面对现实，找出失败的原因，施展所有的本领来应对困难，善始善终地将计划执行到底，直至目标实现，并且对挫折的适应能力、承受能力都较强，并能将挫折进一步转化为促进目标实现的积极因素，进一步增进自己的自信心。意志薄弱的人往往缺少信心和主见，对自我的控制和约束力较差，在遇到挫折时，容易改变行为的方向，容易回避现实，采取消极的应对方式，其结果不仅严重影响既定目标的实现，同时还进一步降低自信心和对挫折的承受能力与适应能力，甚至使人意志消沉并出现精神障碍。

（四）大学生挫折的自我调节机制

我们常常能在社会新闻中看到一些极端的案例，有的大学生因为父母的溺爱，无形中养成了不能忍受挫折的负面性格，甚至一有不如意，就用偏激的反应来表达。在挫折情境中许多不理智的反应、不正确的行动都与缺乏对挫折的正确认识有关。大学生想要培养挫折承受力，首先要提高心理复原力。心理复原力是指个人面对逆境、创伤、悲剧、威胁或其他重大压力时的良好适应过程，也就是对困难经历的反弹能力。复原力有三个基本能力：一是接受并挑战现实的能力；二是在危难时刻寻找生活真谛的能力；三是随机应变想出解决办法的能力。其次要学会培养乐观品质。乐观，是一种积极的性格因素。乐观就是无论在什么情况下，即使再差的情况也保持良好的心态，也相信坏事情总会过去、相信阳光总会再来的心境。乐观的人不为环境所困，总是能看到生命中那些美好的、值得关注的一面。

大学生要学会自我调节，在自我意识的作用下，发挥自身的主观能动性和内在潜力实现自我调节。任何自我调节活动，必然要有自我认知、自我体验、自我监控参与其中。自我调节是大学生根据自己所掌握的心理学知识和生活经验，对自己心理发展过程中所产生的心理困扰进行干预，促使挫折带来的不良情绪得以解脱，保持心理健康发展。

1. 完善自我

（1）要自我分析，达到自我同一　根据自我意识的发展特点，看本人的自我是否已具备了生理我、心理我、社会我三种成分，三者是否达到了统一，你的自我感觉怎样，是否有能力改善自己。只有通过自我分析才可以清楚地达到自我认识并感受到自我体验，最终做出可能进步的调整。

（2）正确认识自我　一个人真正伟大之处，在于他能够正确地认识自我，深刻了解自我，如知道自己的优点、缺点，自己的现实、潜能；客观地评价自我，如学会正确地认识社会，认识人生，积极地获取信息进行分析、比较，将现实自我与过去自我、理想自我进行比较，扬长避短；经常反省自我，敢于面对客观的我，严于解剖自己，敢于批评自我。

2. 调节情绪

矛盾和冲突的消除，需要大学生有较高的心理调节水平，即对自己的心理状况的调节能力。这是一个以调节为手段，从痛到通的过程。由挫折带来的痛，表现在诸如心理矛盾、认同危机及自我意识发展的缺陷、困惑等方面，它是心理受挫的具体体现，要消除痛就要用通的方法，这就是调，它包括生理和心理调节方法和行为控制。因此，调节情绪是一个痛为症状、通为目标、调为手段的有机统一的过程。受挫后的大学生常采用的情绪调节法有以下几种。

第一，音乐调节法。音乐对人的精神状态具有神奇的调节作用。

第二，书籍陶冶法。有益的书籍会使人的灵魂得到净化、升华，冲淡人们心中的烦恼，给人以力量和勇气。

第三，情趣陶冶法。人的情趣来自生活中对美的感受、对生活的热爱，做到这两点，情趣自然会来到你身边。如进行郊游、听听喜欢的歌曲、下棋、练书法、绘画等。

3. 调整心态

调整心态的步骤一般包括以下几个环节：一是是什么，确定自我心理的困扰，是哪种类型的挫折引发的挫折感。二是为什么，寻找导致困扰的原因，从主客观两方面分析导致这种或几种挫折的原因。三是怎么办，采取合理有效的应对策略。四是怎么样，监督、巩固心理调适的成效。要注意的是认识到心理问题而不去行动并不能解决问题，俗话说上帝只能拯救那些能够自救的人。要做自己的主人，进行自我观察、自我管理、自我调整、自我监督。

4. 总结经验

正确认识挫折的双重性，树立积极乐观的应对态度。挫折是人生的重要组成部分，是人生的必然，挫折不仅使我们获得了宝贵的经验教训，同时，还使我们的生活更加丰富多彩、富有意义。

5. 放松调节法

挫折带来了紧张焦虑情绪，生理症状也很明显，而通过对身体各部分主要肌肉系统进行放松练习，则可以抑制这些伴随紧张而产生的生理反应，从而减轻心理上的压力和紧张焦虑的情绪。放松调节法的表现方式很多，如选择一个安静而不受干扰的地方，躺着或坐着均可，闭眼，注意力集中到与挫折情境无关的另一情境中。放松调节法有助于克服紧张、焦虑、烦躁的情绪。

6. 转换视角

任何事物都是发展变化的，在实施目标的过程中，由于受到主客观原因的影响，原来制定的目标无法实现，或原来的目标已不适合目前形势的要求，大环境改变以后，如果按原计划进行，势必受到环境的阻碍。此时，应重新考虑确立目标之事。一是改变策略，近处着手，脚踏实地。当一种动机经一再努力尝试仍无法成功，达不到预定目标时，个体需要调整目标、转换策略，使目标与自己现有的条件差距小一些，经过努力能够实现，这样会减少挫折情境和挫折感的产生。二是审时度势，当机立断，善于调整。这是每一位大学生从失败和挫折走向成功的必经之路。在实现目标的过程中，需要选择最适合自己的最佳行动路线和策略。因为每位大学生不可能只有一个奋斗目标，况且每一个目标也未必就只有一个标准。既然我们的自身条件、学习环境、人际环境、生活环境、社会环境等各种人生要素都在不断变化之中，我们就必须学会变通。

7. 倾诉

倾诉是完全说出心里的话。它是用语言宣泄自己的方法。宣泄的心理实质就是将积蓄的情绪通过言语或行为进行代偿性的输出，是一种尽快达到心理平衡、心理净化的手段。当大学生遭遇挫折后，可以将积蓄于心的所有痛苦、委屈、困扰、愤慨等一股脑地向周围人倾诉出来。倾诉是朋友之间最常用的宣泄形式，也是应对挫折、促进良好适应的较好方法。

本章要点

1. 了解压力的内涵、成因及大学生压力应对方式的特点。
2. 掌握压力管理的方法与技巧。
3. 学会培养自身意志力及挫折承受力。

课程实践

【心理训练】

一、心理测验

压力测试

你可以用大约10分钟的时间填写下面压力测试问卷，不要在每一题上费很多时间考虑，根据你的感觉填写。该测试表能够帮助你大致了解自己的压力，对你的压力管理有一个很好的引导。

仔细考虑下列每一个项目，看它究竟有多少适合你，根据题目中所描述情况发生的频率，进行选择。

测试内容：

1. 我受背痛之苦。

   A. 总是   B. 经常   C. 有时   D. 很少   E. 从来没有

2. 我的睡眠不足且睡不安稳。

   A. 总是   B. 经常   C. 有时   D. 很少   E. 从来没有

3. 我头痛。

   A. 总是   B. 经常   C. 有时   D. 很少   E. 从来没有

4. 我颚部疼痛。

   A. 总是   B. 经常   C. 有时   D. 很少   E. 从来没有

5. 若需要等待，我会不安。

   A. 总是   B. 经常   C. 有时   D. 很少   E. 从来没有

6. 我的后颈感到疼痛。

   A. 总是   B. 经常   C. 有时   D. 很少   E. 从来没有

7. 我比多数人更神经紧张。

   A. 总是   B. 经常   C. 有时   D. 很少   E. 从来没有

8. 我很难入睡。

   A. 总是   B. 经常   C. 有时   D. 很少   E. 从来没有

9. 我的头感到紧或痛。

   A. 总是   B. 经常   C. 有时   D. 很少   E. 从来没有

10. 我的胃有毛病。

   A. 总是   B. 经常   C. 有时   D. 很少   E. 从来没有

11. 我对自己没有信心。

   A. 总是   B. 经常   C. 有时   D. 很少   E. 从来没有

12. 我会自言自语。

   A. 总是   B. 经常   C. 有时   D. 很少   E. 从来没有

13. 我忧虑财务问题。

   A. 总是   B. 经常   C. 有时   D. 很少   E. 从来没有

14. 与人见面时，我会胆怯。

   A. 总是   B. 经常   C. 有时   D. 很少   E. 从来没有

15. 我怕发生可怕的事。

   A. 总是   B. 经常   C. 有时   D. 很少   E. 从来没有

16. 白天我觉得很累。

   A. 总是   B. 经常   C. 有时   D. 很少   E. 从来没有

17. 下午感到喉咙痛，但并非由于染上感冒。

   A. 总是   B. 经常   C. 有时   D. 很少   E. 从来没有

18. 我心情不安，无法静坐。

A. 总是　　　B. 经常　　　C. 有时　　　D. 很少　　　E. 从来没有

19. 我感到非常口干。

A. 总是　　　B. 经常　　　C. 有时　　　D. 很少　　　E. 从来没有

20. 我的心脏有毛病。

A. 总是　　　B. 经常　　　C. 有时　　　D. 很少　　　E. 从来没有

21. 我觉得自己不是很有用。

A. 总是　　　B. 经常　　　C. 有时　　　D. 很少　　　E. 从来没有

22. 我吸烟。

A. 总是　　　B. 经常　　　C. 有时　　　D. 很少　　　E. 从来没有

23. 我肚子不舒服。

A. 总是　　　B. 经常　　　C. 有时　　　D. 很少　　　E. 从来没有

24. 我觉得不快乐。

A. 总是　　　B. 经常　　　C. 有时　　　D. 很少　　　E. 从来没有

25. 我流汗。

A. 总是　　　B. 经常　　　C. 有时　　　D. 很少　　　E. 从来没有

26. 我喝酒。

A. 总是　　　B. 经常　　　C. 有时　　　D. 很少　　　E. 从来没有

27. 我很敏感。

A. 总是　　　B. 经常　　　C. 有时　　　D. 很少　　　E. 从来没有

28. 我觉得自己像被四分五裂了似的。

A. 总是　　　B. 经常　　　C. 有时　　　D. 很少　　　E. 从来没有

29. 我的眼睛又酸又累。

A. 总是　　　B. 经常　　　C. 有时　　　D. 很少　　　E. 从来没有

30. 我的腿或脚抽筋。

A. 总是　　　B. 经常　　　C. 有时　　　D. 很少　　　E. 从来没有

31. 我的心跳快速。

A. 总是　　　B. 经常　　　C. 有时　　　D. 很少　　　E. 从来没有

32. 我怕结识新人。

A. 总是　　　B. 经常　　　C. 有时　　　D. 很少　　　E. 从来没有

33. 我的手脚冰冷。

A. 总是　　　B. 经常　　　C. 有时　　　D. 很少　　　E. 从来没有

34. 我患便秘。

A. 总是　　　B. 经常　　　C. 有时　　　D. 很少　　　E. 从来没有

35. 我未经医师的指导使用各种药物。

A. 总是　　　B. 经常　　　C. 有时　　　D. 很少　　　E. 从来没有

36. 我发现自己很容易哭。

A. 总是　　　B. 经常　　　C. 有时　　　D. 很少　　　E. 从来没有

37. 我消化不良。

A. 总是　　　B. 经常　　　C. 有时　　　D. 很少　　　E. 从来没有

38. 我咬指甲。

A. 总是　　　B. 经常　　　C. 有时　　　D. 很少　　　E. 从来没有

39. 我耳中有嗡嗡声。

A. 总是　　　B. 经常　　　C. 有时　　　D. 很少　　　E. 从来没有

40. 我小便频繁。

A. 总是　　　B. 经常　　　C. 有时　　　D. 很少　　　E. 从来没有

41. 我有胃溃疡的毛病。

A. 总是　　　B. 经常　　　C. 有时　　　D. 很少　　　E. 从来没有

42. 我有皮肤方面的毛病。

A. 总是　　　B. 经常　　　C. 有时　　　D. 很少　　　E. 从来没有

43. 我的咽喉很紧。

A. 总是　　　B. 经常　　　C. 有时　　　D. 很少　　　E. 从来没有

44. 我有十二指肠溃疡的毛病。

A. 总是　　　B. 经常　　　C. 有时　　　D. 很少　　　E. 从来没有

45. 我担心我的工作。

A. 总是　　　B. 经常　　　C. 有时　　　D. 很少　　　E. 从来没有

46. 我有口腔溃疡。

A. 总是　　　B. 经常　　　C. 有时　　　D. 很少　　　E. 从来没有

47. 我为琐事忧虑。

A. 总是　　　B. 经常　　　C. 有时　　　D. 很少　　　E. 从来没有

48. 我觉得胸部紧迫。

A. 总是　　　B. 经常　　　C. 有时　　　D. 很少　　　E. 从来没有

49. 我呼吸浅促。

A. 总是　　　B. 经常　　　C. 有时　　　D. 很少　　　E. 从来没有

50. 我发现很难做决定。

A. 总是　　　B. 经常　　　C. 有时　　　D. 很少　　　E. 从来没有

自我评分：

选 A "总是" 记 4 分；选 B "经常" 记 3 分；选 C "有时" 记 2 分；选 D "很少" 记 1 分；选 E "从来没有" 记 0 分。把每道题目所选的分值相加即为压力的总分。

压力程度分析：

93 分以上表示确实你有极度的压力，反应在伤害你自己的健康。你需要专业心理医生治疗。

82～92 分表示你自己正经历太多的压力。压力正在损害你的健康，而且导致你的人际关系发生问题。你的行为会伤害自己，也可能会影响其他人。因此来说，学习如何减除自己的压力是非常重要的。你必须花许多时间做练习，学习控制压力，也可以寻求专业帮助。

71～81 分显示你的压力中等，可能正开始对健康不利。你可以仔细反省自己对压力如何做出反应，并学习在压力出现时，控制自己的肌肉紧张，以消除生理激活反应。老师会对你有帮助，要不然就选用适合的肌肉松弛练习。

60～70分显示你生活中的兴奋与压力的量也许是相当适中的。偶尔会有一段时间压力太多，但你也许有能力去享受压力，并且很快回到平静的状态，因此现状对你的健康并不会造成威胁。做一些松弛的练习仍是有益的。

49～59分表示你能够控制自己的压力反应，你是一个相当放松的人。也许你对于所遇到的各种压力，并没有将它们解释为威胁，所以你很容易与人相处，可以毫无顾忌地担任各项工作，也没有失去自信。

38～48分表示你对所遭遇的压力很不容易为其所动，甚至是不当一回事，好像并没有发生过一样。这对你的健康不会有什么负面影响，但你的生活缺乏适度的兴奋，因此趣味也就有限。

27～37分表示你的生活是相当沉闷的，即使刺激或者有趣的事发生了，你也很少做出反应。你必须参与更多的社会活动或娱乐活动，以增加你的压力激活反应。

16～26分意味着你在生活中所经历的压力经验不够，或是你并没有正确分析自己，你最好主动些，在工作、社交、娱乐等活动上多寻求些刺激。做松弛练习对你没什么用，但找一些辅导也许会有帮助。

二、体验拓展

（一）体验一：认识压力

准备好一张纸和一支笔：

1. 写下一件对你来说最有压力的事情？

2. 给这件事情带给你的压力打一个分数（1～10）？

3. 你认为想减少压力的分数现在最需要做的事情是什么？

（二）体验二：建立"积极档案袋"

当你遭遇挫折，感到难过、沮丧甚至绝望的时候，你可以尝试给自己建立一个"积极档案袋"，为了建立"积极档案袋"，你想一想：

1. 当你觉得安全、轻松和喜悦，对于那一刻正在发生的事情感到绝对的高兴，是在什么时候？

2. 当事情完全按照你的心意发展，甚至比你期待的还要好，是在什么时候？

3. 当你因为自己是那么的幸运而心里美滋滋的，是在什么时候？

4. 当你感觉自己的生活是如此舒心，是在什么时候？

5. 当你感到充满希望和乐观，受到一个美好结果的可能性的鼓舞，是在什么时候？

6. 当你面临不确定性时，你对最坏的结果感到恐惧，却又在某种程度上仍然相信事情会往好的方向发展，是在什么时候？

7. 当你最为自己感到自豪，对自己的能力充满信心和自我肯定，是在什么时候？

"积极档案袋"建立好以后，你可以把它当成你生活中的鼓励并定期更新。

【新媒体导学】

一、推荐视频

1. 动画短片：《拖延症》（约翰尼·凯利）

2. 央视心理访谈：《向阳而生 为何受伤的总是我》

二、推荐图书

1.《自控力：和压力做朋友》（凯利·麦格尼格尔）

推荐理由：压力就是你在乎的东西发生危险时引起的反应，它包括感到压力时的想法、情绪、生理反应，以及你选择怎样应对压力情境。压力和意义无法分割，对不在乎的事情，你不会感到压力；不经受压力，你也无法开创有意义的生活。通过这本书，你会了解他们最吸引人的研究，但最重要的，这是一本帮你与压力共存的实用指南。

2.《抗压力：逆境重生法则》（久世浩世）

推荐理由：你是否曾经陷入害怕失败、逃避任务、裹足不前的消极状态？你是否思考过如何拥有更广阔的职场事业前景和更幸福的人生？你需要做的不是一味积极乐观地向前看，而是掌握在逆境中直面消极情绪、应对压力的技巧。本书作者提出了"抗压力"的重要性，他针对现代人容易遇到的种种压力来源与情况，提出了培养抗压力的七大实用技能，可以让人受益终生。

3.《不抱怨的人生》（胡海波，蔡万芳）

推荐理由：本书告诉我们，抱怨是成功的天敌，是快乐的克星，是弱者的标签，是人生的毒药，如果你想收获幸福、充实的人生，就必须赶走抱怨。偶尔抱怨一下，还可能是某种情感的宣泄，也无不可，但是习惯性地抱怨而不谋求改变，这就不是聪明的人了。人活于世，挫折失败不可避免，抱怨只会磨灭你的斗志。所以，积极地直面人生，迎接挑战，这样你的人生才会绚丽多彩。

三、推荐电影

1.《放牛班的春天》

推荐理由：本片情感真挚细腻，敦厚纯良的音乐老师克莱蒙用他宽广博爱的胸襟和美妙动听的音律抚慰着放牛班问题少年们饱受摧残的心灵，让一群被社会遗弃的孩子变成想唱就唱的天使，度过了二战刚刚结束时那段艰难的岁月。

2.《实习生》

推荐理由：这是一部退休老人重返职场成为实习生的故事。老年实习生在进入公司之初与其他年轻人显得格格不入，公司老板也有自己的苦恼，年纪轻轻就背负了工作与家庭的重担，生活失去了平衡，经过一系列事情后，人生阅历丰富的老年实习生帮助老板重新认识自我。

【思考与练习】

1. 什么是压力？你是如何应对自己生活中的压力的？

2. 什么是挫折？面对挫折一般会有哪些反应？

3. 你觉得自己应对挫折的能力如何？结合所学内容想一想如何有效提升自己的挫折应对能力。

第十章
热爱生活　珍爱生命
——生命教育与心理危机应对

名人寄语

　　尊重生命、尊重他人也尊重自己的生命，是生命进程中的伴随物，也是心理健康的一个条件。

——弗洛姆

世界上只有一种英雄主义，那就是了解生命而且热爱生命的人。

——罗曼·罗兰

生命是珍贵之物，死是最大的罪恶。

——海涅

天地间，人的生命是最宝贵的。思想家、文学家罗曼·罗兰说："人生不售来回票，一旦动身，决不返回。"人的生命只有一次，因此每个人都应尊重生命、善待生命。俗话说，青年强，则国家强，青年一代能领悟生命的真谛，那么对于自己，对于社会，对于国家都具有重大的意义。虽然，人的生命历程中，交织着矛盾和痛苦，充满着求索和艰辛，遍布着荆棘和坎坷，但我们决不能因为一时的压力而放弃，也不要因遭受挫折或一时的痛苦而丧失信心，更不要对生命抱怨。我们要勇敢地承受命运的考验，冲破风雨，迎接彩虹。追求生命价值的实现，拓展生命的内涵，使我们的人生更为丰盈活泼。

案例导入

找不到生命意义引发的抑郁

某大二女生长时间思考"人为什么活着？活着的意义是什么？存在的价值又是什么？"这些问题，却找不到答案；回避这些问题，内心又痛苦得难以忍受。整日被这些问题所困惑，茶饭不思，学习没有动力；整天待在寝室里，不洗脸不收拾不打扮，对任何事都没有兴趣，无法集中注意力。学校心理健康教育老师得知此情况积极进行干预，并经专科医院诊断，该同学患有重度抑郁，需要药物治疗。在服药治疗的同时，心理医生给予心理辅导。在家长的悉心陪伴下，经过三个多月时间的治疗和辅导，该同学度过了危机期。大四毕业时，她以优异的成绩被英国一所著名大学录取。

【智慧点拨】从这个同学的例子中我们发现，随着经济社会的加速发展，人们的压力越来越大，心理问题进入高发期。高知识阶层的大学生又是发生心理危机和自杀事件的重灾区。正因为这样，提高心理健康保健意识、加强心理问题预防和调适意识、掌握心理健康知识就显得特别重要，尤其是了解生命的价值和意义，树立珍爱生命的信念，一定要拥有健康的心态和积极的生活态度。

第一节　生命概述

一、生命的内涵

生命只有一次，生命可贵，生命无价。每个个体生命的诞生和存在都是不可复制的，是独一无二的。一方面，"我"的生命和"他"的生命不同，故生命是唯一的。每个人的生活内涵及其人生道路都是不同的，所以每个人的生命也是不能复制的。另一方面，生命是在一维时间中延续的，它一去不复返。缺乏对生命意义的认识就有可能被生存的空虚感所笼罩，产生内在的挫折感，这也是大学生自杀的主要原因。了解面对压力和困境时摆脱痛苦的方法，以及改变对自杀的误解，不仅可以预防自杀，更可以使大学生认识生命，尊重生命，欣赏生命，珍爱生命，活出精彩人生。

（一）生命的含义

生命本身是一种复杂的存在形式，生命历程也并不仅仅是个体由生到死的过程。尽管对生命的理解更多的是个人的感悟，但人的生命问题是哲学、伦理学、心理学、教育学、社会学等多学科研究的重要话题，对生命的诠释也观点纷呈。

从哲学角度看，西方哲学对生命的探讨有一个共同点，即如何实现生命的意义或生命的价值。生命是泰勒斯哲学的基本范畴之一。在泰勒斯的生命哲学中，他将生命同自动性、自主性与流动性、灵活性联系起来，认为可从四性上提高生命的质量，提高生命的深度和广度。在历史上，生命哲学对生命的认识总是和非理性主义联系在一起，这对于纠正理性主义对生命的遮蔽是积极的，但对生命的分析是不全面的。正如生命哲学家狄尔泰所指出的："我们不应当把理智、文化和生命对立起来，因为理智和文化乃是生命不可分割的组成部分。"

从伦理学角度看，有学者认为："人的生命是自觉和理性的存在，是生物属性和社会属性的结合体"。还有学者把人的社会生命称之为人格生命，"人类的人格生命或社会的人的本质特征是具有自我意识的。因此可以把人定义为具有自我意识的实体"。以上两种观点对生命的本质特征的理解基本相同。

从心理学角度看，它不仅分析生命的表面，重要的是关注生命的内在。精神分析大师弗洛伊德从生命的角度探讨了人的潜意识。人本主义心理学家马斯洛首次将"自我实现、人的潜能"概念引入心理学，将生命推至更完善的境界，旨在帮助人们不断地实现自我并且建立良好健康的生活。

从教育学角度看，"对生命的关注是教育的本真。人的生命组成最起码可以分为四个紧密相连且不可分割的组成部分，即自然生命、价值生命、智慧生命、超越生命"。

上述观点是从不同学科出发对生命所作的诠释，它们拓展了对生命内涵的理解范围，但明显带有各自的学科色彩，并且对生命的认识都不全面。德国哲学家雅斯贝尔斯曾强调过人的生命的完整性，他认为人的生命虽然有年龄、自我实现、成熟、生命可能性等不同形式，但是，人的生命的完整性确实是一个毋庸置疑的事实。从马克思主义的实践——生存观来看，人就是由自然生命、精神生命和社会生命构成的具体而完整的生命存在。人的三维生命是一个互为前提、互为因果、循环往复的生命流程，实现着人与自然、人与自我、人与社会的交换和协调。这一观点完整地、动态地、辩证地认识到生命的本质内涵。可见，生命是一个复杂而完整的系统。尽管每个人都拥有生命，但并非每一个人都懂得生命、珍惜生命。一些人可能因为不懂得生命而浑浑噩噩，荒废人生；一些人也可能因为找不到生命意义，而陷入困惑或走向危机。案例中的女生之所以曾想自杀，最根本的还在于当时没搞清生命的价值和人生意义，陷入存在性心理危机。后来之所以被英国一所有名大学录取，是因为经过药物治疗和咨询师的疏导，从自闭中解脱出来。人最宝贵的是生命，生命对我们每一个人来说只有一次，因此应该珍爱自己的生命。

（二）生命的特征

要完整地理解生命，我们必须了解生命所具有的多种特征。

1. 生命的不可替代性

日本学者池田大作曾说过："生命最为可贵，一切的出发点在于生命。""生命是尊严的，就是说，它没有任何等价物，任何东西都不能代替它。"正是因为每个生命都有尊严，生命本身是自由而平等的，所以我们必须善待自己的生命并尊重每一个生命，珍惜生命是人类的责任，更是大学生应有的意识。

2. 生命的有限性

有限性是生命的本质属性之一。海伦·凯勒在《假如给我三天光明》一书中写道："我们谁都知道人难免一死。但是这一天的到来，似乎遥遥无期，于是饱食终日，无所事事。有时我想，要是人们把活着的每一天，都当作生命的最后一天，该有多好啊！这就能够显示出生命的价值。"正是因为生命是有限的、短暂的，才赋予生命更大的意义。奥地利精神医学家弗兰克尔说："生命中唯一真正短暂无常的部分是它的潜在力，这些潜力一旦成为事实，立刻就变成过去。我们存在的短暂性绝不会是没有意义的，反而构成了我们的责任感。"因此，珍爱有限的生命是每个生命个体的责任。

3. 生命的不可逆性

生命对于每一个人来说只有一次，失去了就不可复得。罗曼·罗兰说："人生不售来回票，一旦动身，决不返回。"生命是"进行时态"的。我国台湾作家杏林子在《自己创造美丽人生》一文中说："不论你处在怎样一个多变的世界，经历怎样的人生，生命中还是有一些极其可贵的珍宝，需要我们终身守护、珍惜，不容它轻易失去。"因为生命的不可逆性，所以我们应该热爱生命。

4. 生命的基础性

池田大作说过："对每一个人来说，生命是人生最宝贵的东西，只有生命存在，才有人的其他价值的创造和实现。"人的生存是底线，没有了生命，其他的一切都无从谈起。因而，人的生命是实现自我价值、创造和实施一切价值的前提和先决条件，生命的基础性要求我们必须珍惜生命，爱护和尊重自己。

5. 生命的独特性

每个生命不是抽象的，而是具体的、独一无二的。弗兰克尔说过："一个人不能去寻找抽象的生命意义，每个人都有他自己的特殊天职或使命，而此使命是需要具体地去实现的。他的生命无法重复，也不可取代，所以每个人都是独特的。"因而，生命的独特性正是体现在它的唯一性、不可替代性和自我性。社会学家米德说过："一个人就是一种个性。"每个生命个体都有独特的心理特征。每个生命过程都有其自我独特性。

6. 生命的创造性

生命本身就是一个不断成长、发展、变化的运动过程。每个生命都具有不断向上发展的驱动力。"生命意味着个体感受、主动成长、不断流变、不断创造，它表示着现在更预示着未来"。可以说，生命即是成长，生命意味着超越。只有不断超越，才使生命富有意义。每个生命都可以通过实践而实现对生命的把握和超越。正是因为生命的超越性，才使生命存在于希望之中。

7. 生命的双重性

人的生命可能是脆弱的、被动的、被漠视的、呆板的、受压抑的，但也可以是坚韧的、主动的、丰富的、生动的、充满创造潜质的。正如法国思想家帕斯卡尔说的："人只不过是一根芦苇，是自然界中最脆弱的。但是，人是一根能思想的芦苇。"因而，人的生命兼具脆弱和坚韧的双重特性。

8. 生命的完整性

德国哲学家雅斯贝尔斯非常强调人的生命的完整性，他认为人的生命虽然有年龄、自我实现、成熟、生命可能性等不同形式，但是，人的生命的完整性确实是一个毋庸置疑的事实。

总之，生命是完整的，也是富有个性的；生命是自由的，也是具有超越性的；生命是坚韧的，也是脆弱的，所以珍爱生命是我们需要去学习的一种心理态度和人生信念。

（三）生命的品质

意识到每个人生命的来之不易，意识到生命的独特性和唯一性，我们应在人生中充分利用宝贵的分分秒秒，善用此生，善待生命，努力活够天地自然赋予我们的生命时光，活出自我的价值来，创造生命的品质。生命的品质，可以从人类生命的自然、精神与社会三方面说明。

生命的品质首先表现为肉体生命合理适度的满足。七情六欲是人的生命的基本属性，因此满足我们的生理需要是我们生命品质的基本要求，马斯洛将人的生理需要列为最基本的人类需要。但是，即使是对生理需要的满足也不单单是物质层面的追求和感官方面的满足，还有精神的内容，比如爱情。这便是生命的高贵品质。当我们能对生命有所欲而且能使各种欲求相互适宜时，生命才有品质。倘若我们对生命无所欲求，也就谈不上生命的品质了。

生命品质更表现为精神生活的超越。人的生命具有精神性，这是人类生命区别于动物生命的本质所在。对人而言，肉体生命是有限的，客观上对肉体需要的满足也是有限的。许多时候，人生的痛苦不是来自肉体而是来自精神。人类的精神生活不仅是无限的，而且能克服肉体无法摆脱的束缚，从而使人达到自由境界，并使生命真正变得神圣伟大。

生命品质还表现为社会生命的奉献。人的本能是最脆弱的，人是不可能靠自己的本能生存下去的。十月怀胎，父母多年的养育，人必须在社会中通过文化的教化才能生存与生活。人的生命具有必然的社会性。由此，人的生命的品质就不只在于个人肉体生命的享乐、精神生命的内心体验，更在于超越个体，实践社会生命的奉献，从而达到整体生命的高度。

 知识链接

生命的田野

有这么一位智者门下有许多弟子，他看到他们都即将成才心中自是高兴。但他感到自己来日可数，便将他们招过来，露天设坛讲最后一课。田野里长着什么？"杂草"，学生们不假思索地回答。告诉我，该如何除掉这些杂草？学生们愕然，这问题太简单了，学生Ａ先开口："我只要有一把锄头就足够了。"学生Ｂ接着说："还不如用火烧。"学生Ｃ反驳道："要想让它永不再生，只有深挖才行。"智者站起来说："这堂课就讲到这里，你们回去后按照各自的方法除一次草，一年后在此相聚。"一年后学生们回来了，他们都很苦，因为无论采取什么方法，除杂草总是没有明显效果，有的更多了，他们急于请教，此时智者已经不在了。只给弟子们留了一段话："你们的办法是不能将杂草除尽的，因为杂草的生命力很强，除掉田野上的杂草最好的办法是，在上面种庄稼。有没有想过，你们的心灵也是一片田野。"是的，每个人的心灵也是一片田野，因为世界的五光十色、五花八门，我们的心就生出了数不清的欲望，有些欲望就是杂草。它们来自原始的生物本能，不用浇水施肥也能成长，稍不留心就会荒芜，如果我们只一门心思除掉它会事倍功半；有些欲望是庄稼，需要种，需要精心呵护，庄稼越多，杂草的生存空间就越小，庄稼就越苗壮，杂草就越弱，同时我们再消除杂草，田野就干净如初，这些庄稼的名字叫美德。

其实人生就如一片田野，需要我们用心播种浇灌；人生如一本书，一本靠自己写与读的书；大学是一种选择，选择一种自己想过的充实上进积极的生活，让我们的生命丰富起来。

二、生命的历程及意义

（一）生命的历程

生命从卵子和精子的结合开始，便有了神奇的过程。随着在母体内的逐渐生长，到最终降临于世界上，是生命体被孕育的时期。之后个体便开始体验着婴儿期、幼儿期、儿童期、少年期、青年期、成年期和老年期等不同的人生阶段。

1. 婴儿期（0～3 岁）

婴儿期是人类智慧开始发展的阶段，是人生长发育最旺盛的阶段。在这个阶段，婴儿身体迅速成长，大脑机制和神经系统也迅速发展起来。在此基础之上，婴儿的心理也在外界环境刺激的影响下发生了巨大的变化。他们逐渐学会进食、排泄，学会某种简单的语言，习得简单的行为，这些都标志着婴儿已从一个自然的、生物的个体向社会的实体转变。在身体成长发育的生理基础之上，逐渐开始社会化的过程，开始适应着人类的社会生活。

2. 幼儿期（3～7 岁）

幼儿期又称学前期。在幼儿期，个体的生理变化较大，身高和体重都在成长，同时幼儿身体各部分的比例也逐渐接近于成人；随着神经系统特别是大脑皮层的结构和功能不断成熟和发展，为幼儿心理发展提供了条件。幼儿在感知方面有明显发展，语言能力提升，表现出较强的模仿性，好奇心增多，出现了自我意识，对客观事物的认识呈现多样化，易形成同情感、信任感。此阶段儿童智力发展非常迅速，包括注意力和记忆力、思维、想象、情绪等各方面都有了发展，并且个性开始逐渐形成，为今后个性发展提供了重要基础。

3. 儿童期（7～12 岁）

儿童期又称学龄初期，是人生发育最重要的阶段。此阶段儿童开始接受系统性的学校教育。身体生长逐渐接近成熟，除生殖系统外其他器官的发育逐渐接近成人水平。智能方面随着学习经验的累积，表现出更成熟的特点，控制、理解、分析、归纳等综合能力增强，具有很强的创造力、想象力；思维形式从具体形象思维过渡到抽象概念思维。此阶段儿童由于接受学校教育，与外界有着更多的接触和交往，于是儿童的社会化程度增强，拥有了更为广泛的人际关系，且人际关系较为单纯，情感交流较为直率。儿童进入学校后，能够与老师、家长沟通思想，这对成年后健康的心理状态起着重要作用。

4. 少年期（12～15 岁）

少年期又称学龄中期，是个体从童年期向青年期发展的过渡时期，也是身心迅速生长发育的关键时期。首先，在生理方面，少年期的生理变化呈现急骤发展的趋势。身高体重的增速加快；脑发育趋向成熟，思维能力明显发展；性发育成熟，开始出现第二性征，身体发育接近于成人。个体以抽象逻辑思维为主导形态，但具体形象成分在其思维中仍然起着重要的作用。其次，在心理方面，个体思维的独立性和批判性有了显著发展，自我意识迅速发展，自主独立意识增强，具有较强的自尊心和自信心，自我评价能力基本成熟，情绪和情感表现比较强烈，有明显的两极性。高级情感逐渐丰富，如爱国主义情感、集体主义情感、道德感、理智感和美感等，对情绪和情感的自我调节与控制能力逐步提高。这个时期的明显特点在于个体既具有主观的独立意识，又具有较为依赖的特征，是人生的半成熟、半幼稚时期。

5. 青年期（15～28 岁）

青年期是个体从不成熟走向成熟的过渡阶段，是人一生中最宝贵的黄金时期。国外有心理学家将这个时期看作是心理性的断乳期。青年期个体生理发育完全成熟，感知能力、心肺功能、体力和速度都达到了最佳状态。认知能力、情感和人格的发展都日趋完善，开始形成稳定的价值观，对待事物的看法趋于理性。具有克服困难的主动性、积极性，以及自制力和坚持精神。个性逐渐成熟稳定，自我意识增强，独立性增强，世界观也初步形成。道德意识和道德行为水平向成人靠拢，兴趣、性格趋于稳定，各种能力趋于成熟并形成成年型的言语特征，开始进入成人社会，承担社会责任和义务，扩大了生活空间并恋爱结婚。这个时期个体会经历着从学校向社会的过渡，角色会发生改变，人生体验也更为丰富。

6. 成年期（28～60岁）

成年期是生理、心理相对稳定的阶段。首先，成年期的身体变化不显著，是平缓进行的。此阶段会经历一个重要的过程，即更年期，这是男性、女性均会体验的过程。但女性表现得更加明显，除身体特征外，心理上主要表现为抑郁、焦虑、烦躁、情绪不稳定、易怒等。其次，成年期是生活结构体系变化最复杂的阶段，主要表现为个体社会角色的变化。成年期的主要生活课题是成家立业，即建立家庭、抚育子女、干一番事业。成年人过着独立自主的生活，承担着复杂的社会责任，他们是社会的中坚力量，是社会物质和精神财富生产的主力军。

7. 老年期（60岁以后）

老年期是走向人生的完成阶段，实现人生价值的最后时期。此阶段身体各器官组织的生理功能出现明显退化，心理方面也发生相应改变。衰老现象逐渐明显，感知上会有缓慢衰退，出现记忆力下降、思维老化、自我中心倾向，但在智力方面减退现象不明显，特别是在熟悉的专业领域，智能活动不但不减退甚至还有增加。这一阶段老年人对婚姻的满意度较高，依赖性增强，但由于身体健康和经济保障的原因，不安全感会增加，有时会产生孤独感，趋于保守，愿意回忆往事并进行自我整合。老年期的人所要经历两大难题：一是退休；二是面对死亡。

总之，人的一生都要经历由出生到死亡的过程，每个人会有不同的经历和感觉，在不同的年龄阶段生命会展现出不同的特点和魅力。生命的历程不会因任何人而改变，但人却可以掌控自己的命运，让生命之花绚丽开放。在面对死亡时就能像保尔·柯察金那样，不致因虚度年华而悔恨，也不致因碌碌无为而羞愧，更加无愧于这仅有的一次生命。

（二）生命的意义及价值

1. 生命的意义

从广义上讲，生命泛指由有机物和水构成的一个或多个细胞组成的一类具有稳定的物质和能量代谢现象，能回应刺激、能进行自我复制（繁殖）的开放物质系统，花鸟虫鱼等都属于生命范畴。但这里讲的生命是指人的生命，人的生命既有与其他生命相同的地方，又有其特殊性。

生命有一种内在需要，即"要在感性知觉、欲望和情感的无休止的变化中去稳定能使我们的生命得以固定和统一的坚固的东西"。在心理学领域，很多心理学家对生命意义进行过探讨，最著名也是最重要的生命意义理论由弗兰克尔提出。弗兰克尔是奥地利著名的精神医学家和心理学家，是意义治疗法的创始人，他认为生命意义是指人们对自己生命中目标的认识和追求，即每个人的生命中都有一些独特的目的或核心的目标，人们必须有一个清晰的认识，知道自己将要做什么，并为实现自己的价值努力去做一些事情。他确信人类需要生命意义，并且具有追寻意义的动机，不断去发现其生命的意义与目的。生命意义具有两重性，既包括客观性也包括主观性。一方面，意义是可以发现的，而不是给予的，意义本身就具有现实性，它是我们无法改变的；另一方面，每个人的生命意义又具有独特性。

　　大量的研究都证明，生命意义不仅对个人的生存至关重要，也是健康和幸福不可或缺的元素，生命意义为个体提供了幸福的生长条件。如果人们不能感受到值得为之而活的意义，就会陷入存在空虚。存在空虚可能会产生三类问题：第一类问题是心灵性神经官能症，包括抑郁、攻击和成瘾；第二类问题是对权力、金钱和享乐的追求代替了对生命意义的追求；第三类问题是自杀，这也是存在空虚最严重的问题。

　　生命意义在个人面临危机和遭遇重大挫折时所发挥的作用是独一无二且无可替代的。生命意义能够调节由应激引起的忧郁情绪和一般的健康问题，并能提高自尊。同时，生命的意义和价值在自我感和同一性形成过程中发挥着重要的作用，缺乏生命的意义和价值将会导致自我的无定型感和脆弱感。然而，如果给自我强加过度的意义和价值，也会极大地损耗自我的能量并导致出现各种形式的逃避行为，甚至是自我毁灭的逃避行为。弗兰克尔认为，无论在什么情况下生命都具有意义，人在寻求生命意义和价值的过程中可能会引起内在的紧张，但这种紧张是心理健康不可缺少的先决条件。此外，他还认为心理疾病的根源在于人们丧失了生活的意义，失去了生活的目标和方向。

　　弗兰克尔认为，人要获得终极的存在意义，就必须在一定意义上忘掉自己，停止消极的自我探索，去积极探索人生的意义。弗兰克尔认为获得生命的意义，通过创造和工作、体验意义的价值以及对不可避免的苦难所采取的态度，这三种获得生命意义的途径分别对应于三种价值群，即创造性价值、经验性价值以及态度性价值。

　　第一，创造和工作。创造和工作是与实现创造性价值相关的。工作是发现生命意义的一个重要的途径，工作使人的特殊性在对社会的贡献中体现出来，从而使人的创造性价值得以实现。但简单的机械工作是不够的，人必须把握工作背后的意义和动机，只有这样，人才能在对工作的价值和意义的感悟中实现生命的意义，用积极的、创造性的、有责任感的态度赋予工作意义。

　　第二，爱的价值。发现生命意义的第二个途径与实现经验性的价值有关，可以通过体验某种事物，如工作的本质或文化尤其可以通过体验某个人，实现经验性价值，从而发现生命的意义。弗兰克尔认为，爱是深入人格核心的一种方法，它可以实现人的潜能，使他们理解到自己能够成为什么，应该成为什么，从而使他们原来的潜能发挥出来，爱可以让人体会到强烈的责任感，能够激发人们的创造性，在体验爱的过程中，可以发现生活的意义和价值。意义疗法引导人们学会并乐于接受爱，以及伴随而来的责任。

　　第三，态度的价值。与对不可避免的苦难所采取的态度对应的是态度性价值。弗兰克尔认为人对命运的选择完全取决于人的精神态度，即使面对无法抗拒的命运力量，人仍然可以选择自己的态度和立场，通过实现态度性价值人们可以改变自己看待事物的视角，了解对于自己而言什么是最重要的，从中获得新的认识。当人们面对苦难时，重要的是人们对于苦难采取什么样的态度，用怎样的态度来承担苦难。弗兰克尔认为许多症状都是由不良的态度导致的，通过改变态度可以使这些症状得到缓解。大学生可以从弗兰克尔提出的寻求人生意义的三个途径中获得启示，在自己的生活学习中积极地寻找生命意义，实现生命的价值，从而超越空虚，获得生命意义感，达到良好的心理健康状态，这样才能使自己的人生更加精彩。

 知识链接

弗兰克尔与意义疗法

维克多·弗兰克尔（1905—1997），维也纳医科大学心理精神病学终身教授，一生著有32部著作，曾先后被翻译成26种语言在世界各地出版。获得医学和哲学双博士学位的弗兰克尔，第二次世界大战期间曾身陷纳粹集中营。作为集中营中的一名生还者，他用自己的行为见证了人生的意义，并因此而闻名于世。他是一位杰出的存在主义者、精神病学家和哲学家，同时还是维也纳第三心理治疗学派——意义治疗法的创始人。他创立的意义治疗法是一种以意义为中心的人道主义心理学疗法。他的畅销书《追寻生命的意义》被美国国会图书馆誉为最具影响力的10本著作之一。他的关于追寻意义的观点和经验深深地影响了全世界的读者。

1905年，维克多·弗兰克尔出生于奥匈帝国的首都维也纳，生长在一个较为自由的犹太人居住区。随着弗洛伊德精神分析学派的创立，维也纳成为独树一帜的心理学大本营。从一个中学生到医学院的学生，青少年时代的弗兰克尔深受各种心理学、政治和哲学的影响。在师从精神分析学派的过程中，他比较了弗洛伊德的"快乐原则"和阿德勒的"求权利的意志"后，弗兰克尔发现了终极意义对自我的重要性，提出了"求意义的意志"，从而这一概念伴随着弗兰克尔的终生，并经受住了集中营的考验。

第二次世界大战结束后，作为纳粹集中营中的一名生还者，弗兰克尔根据亲身经历，提出了经受考验的"意义治疗法"。意义治疗的基本信条是：人主要的关心并不在于获得快乐或避免痛苦，而是要了解生命的意义。同精神分析相比，意义分析较少用回顾与内省的方法。意义治疗的焦点是放在将来，放在"人存在的意义"及"人对此存在意义的追寻上"，放在病人将来要完成的工作与意义上。按意义治疗法而言，这种追寻生命意义的企图是人最基本的动机，弗兰克尔称之为"求意义的意志"，与弗洛伊德提出的"快乐原则"及阿德勒强调的"求权利的意志"大不相同。

那么生命的意义到底是什么呢？弗兰克尔认为，生命的意义因人而异，因日而异，甚至因时而异。一个人不能寻求抽象的生命意义，每个人都有独特的天职和使命，需要具体地去实现。因此，意义治疗学认为"能够负责"是人类存在的最主要的本质。意义治疗学认为，生命是有意义的；我们有寻求意义的意志，这是我们活着的主要动机；我们有在思想和行动中发现意义的自由。意义不能被赋予，而是必须被发现。我们能够发现意义，良心是意义器官，引导着人们去寻找它。我们可能通过三种不同的途径发现生命的意义：第一种是在做事或创造事物中发现出意义；第二种是在经历某事，爱某人中发现出意义；第三种是在他孤立无援地去面对某种无望的情景中找出意义。寻求生命的意义是我们作为人类的不懈追求，也是人类在任何一种，甚至是悲观境遇中的最后的自由。在具体治疗神经官能症的过程中，弗兰克尔发现名人们的预期害怕会变成真的，而人过分想要得到却反而得不到，弗兰克尔称为"过分意愿""过分注意""过分反射"。基于以上事实，意义治疗法发展出一种称为"矛盾意向"的治疗技术，感兴趣的同学可以拜读一下此类书籍。

❈ 2. 生命的价值

生命，按照恩格斯的解释，是指物质运动的一种特殊形式。具体地讲，生命是蛋白质的化学组成部分的不断自我更新。遗传密码的发现进一步揭示了生命的本质，生命是蛋白质和核酸相互作用的结果。从人生学的角度讲，人的生命就是指人的存在。人的生命的存在是人的价值中最为首要最一般的价值。生命的价值是一个很古老的命题，有人认为生命具有绝对的价值，因此不论你是圣人还是罪犯，生命都要得到同样的尊重；而有的人认为生命的价值是有待实现的未完成事件，只有在追求崇高理想的过程中，生命的价值才得以最大限度地实现。

人的一切活动都是在这样一个前提下进行的：人的肉体也就是人的生命的存在。人的肉体生命的长期发展形成了人类特有的意识现象，人的有意识（包括无意识）活动是通过人的手、臂、头、身体等人的肉体生命而实现的。人一旦失去生命，人的一切创造和享受价值的活动都将停止。因此，任何价值的创造都包含着这样一个至高无上的命令：生存！因为，人的生命的存在是人创造价值和享受价值的前提。从历史的角度看，生命的价值还在于它是人类得以进化和延续的载体。每个人都会死，而人类生命之流却绵延不绝，正是因为在每个个体的生命中保存着人类的基因，寄托着人类的希望。初生的婴儿既不会做工作，也不会种田，可谁会说婴儿没有价值？婴儿向社会贡献的就是他自身，就是人类的未来。婴儿所具有的价值，就是一种生命的价值。

雷锋说过："人吃饭是为了活着，但活着并不是为了吃饭。"马斯洛需要层次也告诉我们，人的最高目的是成为自我实现的人，也就是实现生命的价值。不论何种观点，它们的出发点都是一样的，那就是人需要寻求生命的价值并且在生活中实践它。事实证明，人生的价值取决于人生理想、人生目的。人生理想越崇高，目的越伟大，人生的价值就越高尚，否则，就越卑微。正因为如此，所以人生理想不同，人生的价值就不同，人生的活力也不一样，人生目的崇高的人就精神百倍，劲头十足；人生目的卑微的人就萎靡不振，毫无生气。一个人如果失去了理想，这个人就会感到活着没有意思，就像失去灵魂，就不愿意再活下去。

三、生命教育及实施途径

（一）帮助大学生树立正确的生命价值观

生命对于一个人来说只有一次，人一旦失去生命，什么都谈不上。人生的河流不可逆转，生命转瞬即逝，浪费生命就是放弃创造人生价值的机会，就是放弃人生责任。

1. 爱真实的自己

爱真实的自己是一切价值的基础。许多人内心深处都有这样的念头"我不够好"或者"我没有价值"，这种信念容易导致否定自我，出现糟糕的人际关系，缺乏创造力，自我效能感低。因此，要实现生命价值，必须改变这种潜在的信念，按照我们原本的样子来接受自己，拥抱你的"内在"。如何爱真实的自己呢？首先，检验一下这种自我罪疚感或厌恶感是如何产生的。每个人的心中，都有一个内在小孩，那是一个需要被爱的孩子。他天真地渴望着这个世界，没有任何抗拒和防卫，没有任何戒备和评断，他一直保持对这个世界无条件的接受和无止境的好奇。然而，他需要爱，需要被关心、被支持、被重视，需要我们对他无条件地接受。每个人的心中，都有一对"内在父母"，那是一对如此理智的父母。他们戴着有色眼镜看这个世界，他们渐渐开始理智地思考问题，他们在做着别人让他们做的事，小心翼翼地看着别人的脸色过活，并且遏制着内在小孩，他们在以别人怎么看他们的方式对待自己的内在小孩。渐渐地，内在的小孩觉得自己不够好，被抛弃了，他蜷缩在角落独自哭泣。此刻，我们必须彻底转过头去看看我们的内在小孩，停止对他的责备，看着他的脆弱，去拥抱这个需要爱的内在小孩，好好地爱他。你拥有的最重要的关系，就是跟自己的关系；你必须和解的最重要关系，就是跟自己的关系。你真正要爱的人，就是你自己。

2. 知行合一

知行合一在中国有深厚的传统。在生活中，我们常常可以观察到这样一种现象：父母教育孩子应该如何行为时，孩子迫不及待地说"我知道了"。而在孩子以后的行为中，常常还会出现同样的问题。这样的现象在当前的大学教育中也非常普遍，在信息唾手可得的环境中，我们不缺少知识不缺少梦想，但却缺少撸起袖子加油干的行动力。每个人都有对生命的见解，然而只有那些献出生命的人，才能得到生命。德国诗人歌德的诗剧《浮士德》中有句名言，"理论是灰色的而生命之树常青"。生命价值的实现离不开具体的行动，当我们把"我知道了"转化成"我做到了"，我们才能自豪地说："我活过了。"

3. 活在当下

人类关注"非当下"的能力可谓独一无二，他们以史为鉴、展望未来，甚至设想那些完全不可能发生的事情。我们思索着过去和未来的画面时，甚至会以为那些想象就是现实。我们常常重温过去的情绪体验或者预期未来可能出现的情绪体验。由此，我们不仅脱离了此时此地的直接现实体验，而且还经受着很久之前的伤痛或者是从来没有真正发生过的痛苦，难怪我们会觉得心情越来越差了。

活在当下，要求我们改变沉溺于做白日梦、畅想未来、打捞过去岁月的状态，学习用感官与当前的状态和平共处。当然，这并不意味着我们不可以回忆过去或者计划未来。它只告诉我们，当你思考过去和将来时，首先要察觉到自己当前正在做的事，过去的已经过去了，重要的是把握现在，努力把眼前的事情做好，活出丰盛的人生，成功的人生。

4.承担责任

承担对自我生命的责任包括两方面，一方面是珍惜自己的生命，另一方面是自主选择自己的人生。生命是一切价值的基础，而青春尤为珍贵。珍惜自己的生命，不仅要热爱生命的美好，也要承担生命的种种不如意。不仅要通过健康的生活方式让身体变得健康，也要通过自身的修炼，让心灵变得强大，面对困苦，永不言弃。自主选择自己的人生，将生命的主动权掌握在自己手里，确定自己的生活目标并努力去达成。因为我们的人生是可以自主选择的，所以遇到挫折的时候，要停止对别人的责备，对生活的抱怨，要对自己的生活状态负责。

（二）帮助大学生树立正确的人生观和远大的理想目标

苏联著名的长篇小说《钢铁是怎样炼成的》对人生价值和意义做了最精辟的诠释——人最宝贵的东西是生命，生命属于我们只有一次。人生应该是这样度过：回首往事，他不会因为虚度年华而悔恨，也不会因为碌碌无为而惭愧，临死的时候，他能够说："我整个的生命和全部精力，都献给了世界上最壮丽的事业——为全人类而斗争。"人只有一次生命，死不能生，任何人都不能轻易放弃生的机会，不能拿自己的生命或者他人生命开玩笑。

人生价值并不是人们对自身需要的满足，而是以人们对他人或社会需要满足的程度为标准的，所谓对他人或社会需要的满足程度，即是对他人或社会所做出的贡献，若你对他人或社会做出的贡献多，那么你的人生价值就大，反之则小。因此，我们认为，真正有意义、有价值的人生应该是一种奉献的人生。在历史上，许多使自己的人生充满光彩的人们，对这一点都有深刻的认识。北宋理学家张载将"为天地立心，为生民立命，为往圣继绝学，为万世开太平"作为儒家积极入世的人生理想。爱因斯坦说："对于我来说，生命的意义在于设身处地地替别人着想，忧他人之忧，乐他人之乐。"雷锋的人生追求是"自己活着，就是为了使别人过得更美好"。

对大学生这个特殊群体来说，需要积极主动发现和探索人生的价值，懂得在满足物质需求的同时，要在精神世界里追求更高的境界。当代大学生只有正确地理解人生价值的内涵，明是非、辨善恶、知荣辱，才能在实践中最大限度地创造人生的价值，成就人生的辉煌。

（三）加强对大学生的死亡教育

世界卫生组织在 2019 年 9 月曾指出，全球每年有约 80 万人自杀，每四秒便有一人自杀身亡。我们在媒体上也经常看到有关青少年自杀或子女杀死亲生父母的报道，让人唏嘘不已。如此多的人放弃生命和对他人生命的漠视与残忍，其原因何在？其中一个重要的方面是不能正确地对待死亡，对待生命。随着社会转型期的到来，社会竞争加剧，使人们感到了前所未有的生存压力。生态环境的不断恶化带来了生存危机；科学技术的迅猛发展带来了人自身功能退化的危机；物质利益至上以及激烈的竞争带来了精神危机，凡此种种，正以空前的态势步步地渗透进自己的生活，使一些人产生了对生命价值与意义的怀疑、虚幻与破灭。正因为如此，国外的许多学校都设有与生命和死亡教育相关的课程，我国的一些学者也指出：我国的青少年亟待普及死亡教育。预防自杀的最有效方法是进行死亡教育，死亡教育是生命教育的核心内容，又由于我国有着忌讳死亡的文化传统，死亡教育至今依然是一片空白。显然，从现实的层面来看，帮助人们走出生命的误区，解决有关死亡的问题也许比解决人生的问题更具有迫切性。死亡是令人害怕但又不可回避的问题，这是自然规律。但人正因为对死亡的恐惧才会更加留恋、珍惜生命。而在我们的社会中，死亡是个禁忌的话题，不仅世俗百姓忌讳死亡，名人高士也回避死亡问题。很多人都存在一种挥之不去的死亡焦虑，英雄人物感叹"壮志未酬身先去"，诗人咏道"无可奈何花落去"。其实生死是两相依的，有生就必有死。黑格尔在他的《哲学全书》里写道："生命本身即具有死亡的种子。"恩格斯在《自然辩证法》里概括得更简洁："生就意味着死。"死亡是生命的终结。人们不必躲避死亡、讳言死亡，而应该认识死亡、正视死亡，并由"死"而反思"生"。死亡教育通过对死亡的思考，还可以加深对生的理解，使人们意识到自己生存时间的有限，体会到生的可贵，生的价值，抓紧生命的分分秒秒，为国家、社会多作贡献，使"生"更富内涵、更添风采，提高生活的质量。

加强对大学生生死观教育的意义：生死心理素质教育可以使大学生形成正确地对待从出生到死亡的基本看法，树立正确的人生观，激励大学生去为事业奋斗，有效地提高自己的能力。没有正确的人生观，即使成功一时，也难以成功一世。通过生死心理素质教育，大学生可以在自己的生命线上确定奋斗的理想目标，促进他们自我认识，自我探索，增强自觉能力。

第二节　大学生心理危机干预

一、危机及危机干预

危机包含有危险和机遇两层含义。如果它严重地威胁到个体的生活、事业或家庭的利益，个体可能会对此负性事件感到难以应付，出现情绪、行为方面的改变，甚至产生自伤或伤人、精神崩溃等后果。这种危机就是危险。然而，若个人能够正确对待这种危机，能够通过自身调整或某些其他干预措施，使自己的心理失衡状态恢复平衡，达到甚至超过正常水平，并且能从这种危机处理中增强自身认识、处理问题的能力，促进自身的发展，这种危机就是一种机遇，也可以说是转折点。任何一个危机，都有可能成为自我超越的契机。

（一）心理危机的定义

心理危机是指个体运用寻常应对方式不能处理目前所遇到的内外部应激而陷于极度的焦虑、抑郁，甚至失去控制、不能自拔的状态。在一段时间内，个体面临重大的生活事件，既无法回避，又不能用常规的手段解决时就容易遭受心理失衡状态，因此会出现生理、认知、情绪、行为等方面的异常，甚至产生伤人或自伤、精神崩溃等严重后果。

（二）心理危机发展阶段

心理危机就是生命危机，是一种难以承受的心理状态，其发展规律可分为三个阶段。

第一阶段：自杀动机形成。个别学生在遇到挫折或打击时，为逃避现实，将自杀作为寻求解脱的手段。例如，有位大学生因生活自理能力差，对大学生活难以适应，成绩也一落千丈，因此觉得生活毫无意义，便决定以自杀寻求解脱。自杀者通常会把自杀作为自己做错事的惩罚，作为自罪自责心理的补偿。还有的把自杀作为报复手段，从而使有关的人感到内疚、后悔。如一位大学生父母离异，对他的学习和生活不闻不问，给他的心理带来很大创伤，几经挫折后，该生万念俱灰，决定以自杀报复父母。

第二阶段：心理矛盾冲突。自杀动机产生后，求生的本能使自杀者陷入一种生与死的矛盾冲突之中，任何人最终做出自杀决定，都有一个艰难的、痛苦的斗争过程。此时，自杀者会经常谈论与自杀有关的话题，向别人预言、暗示自杀，或以自杀来威胁别人，从而表现出直接或间接的自杀意图。实际上，这是自杀者的求生本能向别人发出的寻求帮助的信号或引起别人注意的信号。此时，如能及时得到他人的关注，或在他人的帮助下找到解决问题的办法，自杀者很可能会减轻或打消自杀的念头。这正是自杀行为可以预防和救助的心理基础，是避免自杀事件发生的最佳时机。但人们往往认为常喊着要自杀的人其实不会自杀，因而不太关注欲自杀者发出的信号，以致痛失救助良机。

第三阶段：平静阶段。欲自杀者似乎已从困扰中解脱出来，不再谈论或暗示自杀，情绪似乎好转，抑郁好像减轻，显得平静。周围的人往往真的以为他的心理状态好转了，从而放松警惕。但这种平静，往往是求救绝望、万念俱灰的反应，自杀占据了绝对优势，心理的激烈斗争已经结束。这种平静正是已做出自杀决定的一种表现。既然已经做出了决定，思想就不必再进行斗争，思想上的痛苦也就解除，因此显得平静，甚至似乎恢复常态（当然也不完全排除有自杀者心理状态真的好转的情况）。发展到这个阶段，自杀者认为自己已经找到了解决问题的办法。因此不必再谈论或暗示自杀，不必再向别人发出求救信号，所以表现出一种近乎奇怪的平静。目的可能是为了摆脱旁人对其自杀的阻碍和干预。

（三）危机的主要特征及状态

现实生活中的危机涉及很多方面，不同学者从不同角度概述了危机的特征。

帕里认为危机的特征是：

① 一种关键的压力事件或长期的压力情境；

② 个体的悲伤经历；

③ 存在损失、危险和羞辱；

④ 有一种无法控制的感觉；

⑤ 事件的发生是预料之外的；

⑥ 日常工作遭到破坏；

⑦ 未来的不确定性；

⑧ 紧张持续时间过长（2～6个星期）。

翟书涛认为心理危机具有以下特点：

① 重大的心理应激；

② 产生急性情绪扰乱（紧张、焦虑和抑郁）；

③ 认知改变（注意力集中困难、记忆力减退）；

④ 躯体不适（失眠、头晕、头痛、腰部不适以及不思进食）；

⑤ 行为改变（这些症状均不符合任何精神疾病的诊断标准）；

⑥ 当事人无法用寻常方法并应用已有的能力和资源来解决当前出现的特殊问题。

吉利兰和詹姆斯认为危机的特征是：

① 危险与机遇并存，有复杂的状况；

② 存在成长和变化的机缘；

③ 缺乏万全的或快速的解决办法；

④ 有选择的必要性；

⑤ 普遍性与特殊性共存。

综上可以看出，心理危机具有突发性、紧急性、痛苦性、无助性、危险性等特征，当个体面临突然或重大生活逆境时会出现心理失衡的状态。每个人在生活中都在不断努力保持一种内心的稳定状态，使自身与环境相平衡与协调，但当重大问题或变化发生使个体感到难以解决、难以把握时，平衡就会打破，正常的生活受到干扰，内心的紧张不断积蓄，继而出现无所适从，甚至思维和行为的紊乱，进入一种失衡状态，这就是危机状态。危机状态对人的影响程度依赖于当事人所面对的急剧变化着的危机的熟悉程度。如果不熟悉，当事人就会产生无望的、害怕的感觉，并伴随软弱感和无助感。所以危机意味着平衡稳定的破坏，并引起混乱和不安。

（四）心理危机的后果

心理危机是一种正常的生活经历，并非疾病或病理过程。人在人生的不同阶段都会经历危机。由于处理危机的方法不同，后果也就不同。一般有四种：第一种是顺利度过危机，并学会了处理危机的方法策略，提高了心理健康水平；第二种是度过了危机但留下心理创伤，影响以后的社会适应；第三种是经不住强烈的刺激而自伤自毁；第四种是未能度过危机而出现严重心理障碍。对于大部分人来说，危机反应无论在程度上还是时间上，都不会带来生活上永久或者是极端的影响。他们需要的只是有时间去恢复对现状和生活的信心，亲友间的体谅和支持，能帮助其尽快恢复。但是，如果心理危机过强，持续时间过长，会降低人体的免疫力，出现非常时期的非理性行为。

 知识链接

聚焦大学生自杀

大学生是社会和家庭的宝贵财富，大学生自杀不仅是社会的极大损失，同时会给相关的家庭带来巨大的痛苦。

自杀的大学生基本上都是智力正常的人，其中只有少数是抑郁症患者和精神分裂症患者。低年级大学生自杀大多是因为学校生活适应问题，高年级大学生自杀多是因未来社会适应问题。对心理正常的人来说，自杀不是一种冲动性行为，而是经过长时间的深思熟虑做出的理性决定。调查发现，假期前后是大学生自杀的高发阶段，是一个需要关注的危险时期。对高校学生来说，特有的寒暑假生活节律使得学生在假期前后一段时间会进行一些阶段性的总结和反思，对一些长期困惑自己的问题进行思考，寻求一些解决途径和措施。一旦这些途径和措施失效，这种长期困惑自己的精神压力还是不能解脱，就可能精神崩溃，从而走上不归路。因此，假期前后对大学生来说是一个危险时期，需要我们特别注意。

大学生自杀都有一定预兆。自杀者的预兆可以理解为是自杀者表达的一种求救信号。这种预兆对于危机干预是一种十分重要的线索。预兆包括一定的言语、行为、状态和综合症状。言语预兆是指当事人把想死的念头对周围的人用语言表达或诉说，或者在日记、信件、绘画和乱涂乱画的只言片语中表现出来。例如，有的自杀者在死前给父母写信，有的在纸上写下"长痛不如短痛""南山已见，我意已决""乐趣何在？意义何在？放不下牵挂着心的父母年迈体弱"等是言语预兆。行为预兆如行为的明显改变或无故给同学送礼物、送东西等。例如，有位自杀者在自杀前三天不是自己生日的日子，特意买了一个生日蛋糕款待同学，并说："以前我曾说要请同学们为我过生日吃蛋糕的，今天就算是过生日吧！"又说："我今天实现了一个愿望，这就没有以前答应了别人而没有做到的事了。"这就是典型的言行预兆。状态预兆如情绪、性格的明显反常或学业成绩的明显骤降。综合症状如严重的抑郁、孤独、绝望、依赖和对自己生活的不满等。有位自杀者在自杀的前一天不吃不喝，在床上躺了一天，这是典型的状态和综合症状预兆。

了解自杀的一般性问题可以有效防止大学生自杀。在周围的同学出现自杀预兆时，要及时向老师、家长反应，并对自杀倾向者进行跟踪看护。

（五）心理危机干预

心理危机干预，从广义的角度讲，就是调动各种人力物力资源，建立完备的预警与处置机制，对可能出现的心理危机事件设计预备性方案，帮助学生消除危机行为，解决危机事件，减少心理危机对大学生身心的损伤，并告知如何应用较好的方法处理未来的应激事件。心理危机干预模式可以由处理方式和处理过程进行划分。在处理方式方面有心理咨询与心理治疗式危机干预模式，此模式重在以心理咨询或心理治疗的方式来解决心理危机问题。危机干预是一种短期的助人过程，重点在于帮助当事人解决问题，并不对其人格进行分析、矫治，心理干预不注重人格重塑，而在于帮助病人恢复到危机前的心理平衡水平。

二、大学生心理危机的表现

大学生是一个独特的群体，他们既是天之骄子，又承受着很重的心理压力。如果这些压力没有有效的方法来应对，就有可能导致比较严重的心理问题。社会各界对大学生面临的危机越来越关注。下面我们了解一下大学生危机的特点、常见的危机类型以及面对危机的反应。

（一）大学生危机的特点

社会正在经历着转型，大学生也面临着前所未有的严峻挑战，他们在心理和生理上都承受着巨大压力。由于大学生这个群体具有特殊性，他们的文化水平较高，心理发展水平正好处在埃里克森所谓的"自我同一性角色"混乱的时期，这是人生全程最重要的阶段。他们这一时期遇到的心理危机的特征既有普遍性，也有特殊性。一般来说，大学生心理危机的特点主要表现在八个方面。

1. 对他们造成了损失

危机对个体而言是有害的事件，会给大学生造成心理上或物质上的损失。

2. 症状复杂

危机是个体的生活环境、家庭教养、朋友交往等关系相互交织的综合反映，不遵循一般的因果关系的规律。因此，危机是复杂的。

3. 自己感到无法控制，且没有迅速解决的办法

对于处于危机中的大学生而言，基本上会感觉到自己无法控制自己的情感和周围的环境，也找不到迅速解决的方法。任何企图寻找迅速解决问题的想法，都会适得其反，最终反而导致危机的加深。

4. 具有不确定性，且伴随着日常生活的改变

危机使人们常常感觉到事件的结果不能确定，并感觉到危机给日常生活带来了明显的变化。

5. 具有普遍存在性

危机是一种正常的生活经历，而非疾病或病理过程，没有人能够幸免，成长中的大学生也不例外。想稳妥、冷静地处理所有危机不太容易，但是通过努力，把握机会、设定目标、形成计划，去处理问题还是能够做到的。

6. 处于危机中的个体，其防御机制削弱

危机时期，个体的认知、情感和意志资源都受到了限制，面临危机的个体的防御机制将会受到影响。

7. 危险与机遇并存

对于正处在危机中的大学生来说，危机意味着危险，又蕴藏着机遇。其危险在于它可能导致个体严重的病态，包括自杀和杀人；机会在于它带来的痛苦会迫使当事人寻求帮助，危机的解决会产生积极的和建设性的结果，如增强应对能力、改变消极的自我否定、减少功能失调的行为。大学生在寻求帮助的过程中，能够使个体获得成长和自我实现，最终走向成熟。

8. 具有时代性

当代大学生的心理危机，反映了时代、社会对大学生的要求和期望，个人对理想的追求，期望大学生表现为全能型的人才，那么身体健康、心理承受能力强、完成学业、胜任职业、继续深造、实现理想等压力下的冲突和矛盾，就显现出来了。

（二）识别危机的线索

心理危机发生时，往往伴有情绪、认知、行为的改变和躯体的不适。因此，可以从以下几个方面来观察危机当事人的症状表现。

1. 情绪方面

表现出高度的焦虑、紧张和丧失感，而且伴随恐惧、愤怒、烦恼、羞惭、怀疑、不信任、沮丧、忧郁、悲伤、绝望、无助、麻木、否认、孤独、不安、烦躁等情绪，常自责、过分敏感或警觉、无法放松、担心家人健康、害怕染病、害怕死去等。

2. 认知方面

身心沉浸于悲痛中，导致记忆和知觉改变：常出现注意力不集中、缺乏自信等状态，健忘、效能降低，不能把思想从危机事件上转移。做决定和解决问题的能力受到影响。

3. 行为方面

社会退缩、不敢出门、害怕见人，有的则过分地依赖于他人；放弃以前的兴趣；呈现反复洗手、反复消毒、暴饮暴食等行为，不能专心学习或工作；拒绝帮助，认为接受帮助是软弱无力的表现；行为和思维情感不一致；出现过去没有的非典型行为。

4. 躯体方面

有疲乏、失眠、做梦、易受惊、感觉呼吸困难或窒息、梗死感、肌肉紧张、头痛、头晕、厌食、胃部不适等症状。

（三）大学生常见危机

1. 成长危机

一方面，大学生已经进入青年期，正处于生理发育基本成熟和部分心理发展相对滞后的特殊时期，人生观和世界观逐渐形成，心理状态不稳定，容易受到外界的各种影响而产生心理危机；另一方面，大学生性生理已经基本成熟，性意识增强，渴望异性的友谊和爱情，但由于大学生性心理还没有完全成熟，生活经验缺乏，常会产生一些不正当的行为，给身心带来严重影响。

2. 人际关系危机

和谐的人际关系既是大学生心理健康的一个组成部分，也是大学生获得心理健康的重要途径。他们的人际交往危机主要是指在校大学生在与他人相处和交往的过程中表现出的不适、自闭、逃避、自恋、自负以及难以调和与他人关系的不良心理状态和行为表现。一方面，从中学到大学，大学生面临着一种全新的人际关系，在中学时代，他们或许能够凭借出色的成绩赢得同学和老师的青睐，但在大学，成绩好不一定就能获得好的人际关系。好人缘需要一定的技巧，同时还要懂得在出现矛盾时怎么解决。另一方面，大学的同学来自五湖四海，其家庭背景、生活方式、价值观、性格、兴趣爱好可能会千差万别，这些差异会不可避免地带来摩擦和冲突，如果得不到及时的解决，就会产生人际关系上的危机，给大学生的心理健康带来严重影响。

3. 就业危机

近几年来，由于社会竞争的加剧，高校扩招，就业市场的不景气，大学生找工作或找到比较理想的工作越来越困难，一些同学表现出严重的危机感，同时一些同学为了缓解就业带来的压力，不断给自己施压，长期处于紧张状态。一部分大学生看不到自己的前途在哪里，特别是那些学习成绩不好、能力又不出众的学生，就业就像一座大山压在他们的身上。他们努力增强自己日后的就业实力，给自己设置一些不合实际的目标，花费大量的财力和时间来学习热门实用的课程，使自己处于长期的紧张状态和高负荷压力下，一旦失败就会体验到严重的挫折感和失败感。

4. 学业与经济危机

对大学生来说，学习是首要任务，也是主要活动方式。大学生的学习压力相当一部分来自所学专业非所爱，这使他们长期处于冲突与痛苦之中；课程负担过重，学习方法有问题，精神长期过度紧张也会带来压力；另外还有参加各类证书考试及考研所带来的应试压力等。精神长期处于高度紧张的状态下，极可能导致大学生出现强迫、焦虑甚至是精神分裂等心理疾病。生活的压力主要在于学生不善于独立生活和为人处世，还有生活贫困所造成的心理压力。目前，我国高校在校生中约有 20％ 是贫困生，而这其中 5％～7％是特困生。他们中有些人虚荣心太强，经不起贫困带来的精神压力，总觉得穷是没面子的事，不敢面对贫困，与同学相处敏感而自卑，采取逃避、自闭的做法，有的同学甚至发展成自闭症、抑郁症而不得不退学。

5. 情感危机

当前，大学生对情感方面的问题能否正确认识与处理，已直接影响到大学生的心理健康。情感危机是指一个人在感情中遭到突然的打击，使他无法控制和驱使自己的感情，从而严重地干扰他的正常思维和对事物的判断处理能力，甚至使工作学习无法进行。在极度的悲痛、恐惧、紧张、抑郁、焦虑、烦躁下，极易导致精神崩溃，引起自杀和做出莽撞的事来。在大学生中最常见的情感危机莫过于失恋，失恋可引起严重的痛苦和愤懑情绪，有的可能有自杀的行为，有的把爱当成恨，出现攻击行为，攻击恋爱对象或者所谓的第三者，恋爱失败往往导致大学生心理受挫，有的人因此而走向极端，甚至造成悲剧。

6. 躯体疾病引发的危机

大学生在患急性疾病时容易出现以下的心理反应：一是焦虑，当事人感到紧张、忧虑不安，重者感到大祸临头。二是恐惧，轻者感到担心、疑虑，重者惊恐不安。三是抑郁，可致使情绪低落、悲观绝望，言语减少，不愿与人交往，严重者出现自杀念头或行为。

大学生在患慢性疾病时容易出现的心理反应：一是抑郁，尤其是性格内向的当事人容易产生这类心理反应。二是性格改变，如总是责怪、埋怨、挑剔，对躯体方面的微小变化非常敏感。

三、心理危机干预的技术

心理危机干预不同于一般的心理咨询和治疗，是一种特殊的心理咨询服务，一种在紧急情况下的短程心理治疗，它不求根治，只是在短时间内帮助对方渡过难关，以解决问题为目的，不涉及来访者的人格矫治。与普通心理咨询和治疗相比较，突出的特点是帮助的及时性、迅速性，其有效的行动是立见成败的关键。

（一）心理危机干预原则

心理危机干预是一种在心理学理论指导下对有心理危机的个体或群体提供短期帮助的行为，其目的是及时为经历个人危机、处于困境或遭受挫折和将发生危险的对象提供支持和帮助，使之恢复心理平衡。它不同于一般的心理咨询和治疗，最突出的特点是及时性、迅速性，其有效的行动是成功的关键，心理危机干预的一般原则主要有四条。

1. 预防性原则

导致危机最本质的因素是压力和问题的重要性，当个人经历或目睹重大突发事件时，一旦超过其平时身心所能承受的压力，又无法通过常规的解决方法去解决面临的困难，便会陷入惊慌失措的情绪状态，失去导向及自我控制力。这是一种无法承受的局面，它具有引起人的心理结构悲化的潜在可能，因此必须尽早干预，一般在数小时、数天或数周以内为佳。

2. 释放为主原则

心理危机是不良情绪积累到超过心理防御临界点而发生的。理性的压力和非理性内力（潜意识状态）经常出现相互倾轧。即使理性获胜，个体也将产生抑郁或焦虑，如果能及时恰当地释放这种不良情绪或冲动，将很好地减轻心理压力。

3. 发展性原则

危机既意味着"危险"，又存在着"机会"。一方面危机是危险的，因为它可能导致个体严重的病态；另一方面危机也是一种机会，因为它带来的痛会迫使当事人寻求帮助。如果当事人能利用这一机会，则危机干预能帮助个体成长和实现自我。

4. 价值中立原则

大学生因学业受挫、恋爱失败、人际冲突等原因发生心理危机，与个人的人生观价值观有非常密切的关系。在对大学生进行心理危机干预时，应遵循"价值中立"原则，在尊重、理解、共情的基础上，避免以任何个人或社会的价值规范来影响来访者，不对来访者的经验作价值判断。

5. 多方参与干预原则

大学生心理危机的成功干预要靠多方力量的参与和协调。比如心理咨询室、校医院、校学生工作处和校保卫处等部门之间保持密切的联系，经常沟通商讨危机干预的常规措施，组成立体的心理危机干预支持系统。这样在危机真正发生时，能做到协调有序、有规可循，取得较好的干预效果。

（二）心理危机干预的步骤

第一，迅速建立良好的关系：干预者首先应充分利用各种条件，尽快与当事人建立友好的关系，取得当事人的信任。这是危机干预的前提和基础。

第二，对当事人进行评估：对处于困境中的当事人出现的心理问题进行综合评估，包括对其认知状态、情感反应、行为改变、躯体症状，以及危机的严重程度、紧急程度进行评估，明确当事人产生心理危机的原因及当前主要存在的问题。特别要注重评估当事人是否存在生命危险，是否有冲动伤人的倾向，是否出现精神障碍。

第三，制订干预目标和计划：危机干预的最低目标是从心理上帮助当事人解除当前的危机，让当事人能够顺利度过当前危机，社会功能应至少恢复到危机前水平。危机干预的最高目标是帮助当事人提高自己的心理平衡能力，使危机成为个人成长的契机，让当事人在危机处理中实现自我成长，增强其社会适应能力及解决问题能力。危机干预的计划必须缜密，要根据当事人具体存在的问题、心理状态、心理需求、文化背景、家庭环境、社会支持系统等综合制订计划，应当尽可能详细、具体，避免意外的发生。

第四，危机干预实施：这是处理危机的最主要阶段。首先要保证当事人的安全，避免让有自杀危险的人实施自杀行动。其次，应让当事人释放、宣泄被压抑的情感，同时调动其家庭成员及其他力量共同帮助当事人。最后要调动当事人自身的积极性，正确认识危机，使其掌握处理危机的方法，实现自我成长。

第五，危机的解决和随访：一般情况下，经过4~6周的危机干预，绝大多数当事人都会度过危机。此时要及时中断干预性治疗，但在此后要进行随访追踪，定期咨询，在确定当事人能独立面对困难、处理危机、解决问题后，并且心理状态稳定，社会功能恢复至危机前水平，可逐渐终止心理危机干预。

（三）大学生心理危机的自助

1. 如果发现自己处在心理危机中应该做些什么

① 不要等待，主动寻求帮助，要相信会有人愿意帮助你。但是你要将自己的真实困难或痛苦告诉你信任的人，否则他们对此一无所知。

② 如果你的倾诉对象不知道如何帮助你，可以向学校的心理咨询机构寻求帮助。当然也可以向心理热线或校外的心理咨询人员寻求帮助。有时为找到一个真正能帮助你的人需要求助几个不同的人或机构。你坚持下去，提供帮助的人就一定会出现。

③ 解决心理危机通常需要一个过程，所以做好反复多次见咨询人员或心理医生的准备。如果医生用药，应按医嘱坚持服用。

④ 避免使用酒精或毒品麻痹你的痛苦。不要冲动行事。强烈的痛苦会使你更难做出合理的决定。

2. 如何帮助处于心理危机中的朋友

当大学生出现心理危机的时候，身边的人总能最早发现，所以，周围的人能够提供积极并有效的帮助，将对阻止危机事件的发生起着非常重要的作用。在帮助处于心理危机中的朋友时应注意以下几点：

① 向他们表达你的关心。询问他们目前面临的困难以及困难给他们带来的影响。

② 多倾听，少说话，给他们一定的时间说出内心的感受和担忧。

③ 要有耐心。不要因他们不能很容易与你交谈就轻言放弃。允许谈话中出现沉默，有时重要的信息在沉默之后出现。

④ 不要担心他们会出现强烈的情感反应。情感爆发或哭泣会利于他们的感情得到释放。

⑤ 保持冷静。要接纳，不做批评，也不要试图说服他们改变自己内心的感受。

⑥ 给予希望，让他们知道面临的困难能够有所改变。

⑦ 留心任何自杀念头，不论他们用什么方式流露。不要害怕询问他们是否考虑到自杀，这样不会使他们自杀，反而会挽救他们的生命，如："你的心情是如此糟糕，以至于想结束自己的生命？"

⑧ 在谈话结束时，要鼓励他们再次与你讨论相关的问题，并且要让他们知道你愿意继续帮助他们。

（四）心理危机干预的注意事项

如果你正在对某位处于危机状态的同学提供援助，又或者你是某个重大突发事件的心理救助志愿者。那么你在实施心理援助的时候要注意以下事项。

① 对处于危机状态中的当事人，特别是有自伤、自杀、精神障碍的个体，应尽可能 24 小时贴身陪护，在进行陪护前还须尽量征得对方同意。

② 陪护过程中要多听少说，不要过多地提问，不要随意发表自己的观点，但要鼓励当事人说出自己的内心感受，让他们表达出内心的痛苦。

③ 取得当事人的信任是心理危机干预成功的关键。心理援助者可进行适度的身体接触以示关怀，如拥抱、拍肩、拉手等。专心倾听对方的诉说，点头、眼神接触、微笑、适当的言语反馈是传达爱心的好办法。

④ 帮助当事人适度地表达悲伤的情绪，而不要让其克制情感。

⑤ 避免说一些不恰当的话，如"不要哭了""你的愤怒是不对的""你能活下来就是幸运的了""有人比你更难受""难过是没有用的，经历的痛苦已经过去了""你的亲人在死的时候并没有受太多痛苦"等。还要注意避免出现不合理的行为举止：阻止当事

人反复诉说灾难情况；向当事人推荐酒、咖啡等食物；与当事人争论，企图改变当事人的想法；将当事人的遭遇随意透露给不相关的人知道，不尊重当事人的隐私；回避当事人的痛苦与困难，没话找话，一味转移话题；不提供药物或医疗帮助。

⑥ 要给予真诚的关怀，不要流于表面，可询问当事人有什么要求，你自己能帮上什么忙，然后尽量努力去做。要有耐心，切忌注意力分散，要与当事人保持经常性的联系，即使偶尔打一个电话也可以，让他感到有许多人在关心他。

⑦ 可协助当事人放松，如做简单的家务、散步、听轻松的音乐等。在心理干预后期可借助一些物品，如照片、信件、礼品等帮助当事人回忆过去的快乐时光，或让他主动联系自己的亲人，以帮助其振奋精神，鼓起生活的勇气。

⑧ 避免外界环境不良因素的刺激。如果当事人所处的环境使其反复出现创伤性体验，则要考虑暂时或永久性地改变环境。有的时候，暂时回避不良环境，住院休息也能很好地帮助当事人度过危机。

假如你和其他人同时经历了不幸而可怕的事件，需要别人的帮助，要请别人帮助你，不要让其他的当事人帮助你。如果你想帮助别人，请谨记一条原则：先自助，而后助人。

作为新时代的青年人，我们每个人都希望自己能健康、快乐地成长，但这只是我们美好的愿望罢了，人生是不可能一帆风顺的。人生的每一次成长都需要有特定的契机，而每个人内心也都充满着自我成长的动力，心理危机与挫折、失败一样都是我们成长的重要机遇。心理危机是一把双刃剑，在对个体带来强烈的负面影响的同时，也常带来新的成长机遇，它使我们能更清楚地认识自己，更理性地看待人生。正如歌曲唱道，"不经历风雨，怎么见彩虹"。不经历危机，又怎能真正成长！面对危机、解决危机成为大学生成长中必定要经历的一个课题。"生活就好像是一面镜子，你哭它也哭，你笑它也笑。"人只有经过挫折和磨难，才能成就大事。

新时代的大学生更要顺应时代的潮流，把握时代的脉搏，更新自己的观念，充分认识到心理健康、心理和谐对自身成长、成才的重要性，要敢于面对，相信自己，相信想要帮助你的人，一切困难都是暂时的，向前看，美好的未来在向你招手！

 知识链接

生命列车咏叹调

生活犹如乘火车旅行，旅途中人们上上下下。在旅途中，不时有意外出现，有时会给人们带来意外的惊喜，有时则给人们带来深深的愁。

来到人间，我们登上生命列车，与一些人结伴而行。

原以为父母会永远陪伴着我们，遗憾的是，事实并非如此。他们在中途的某个车站下车，使我们成为失去其无法替代的爱抚与陪伴的孤儿。

然而，还会有一些在我们的一生中占据特殊位置的人上来，我们的兄弟姐妹、亲朋好友和亲密爱人会登上列车。乘坐列车的人中，有些人仅仅在车上作短暂的停留，有些人在旅途中遭遇的只是悲伤，而还有人则永远准备为需要的人提供帮助。

很多人在下车时会给我们留下永久的怀念，有的则悄然离去，以至于我们都没有察觉到他是何时离开座位的。

当发现非常紧密的人竟然坐在另外的车厢时，我们会感到极其惊讶。我们被迫与他们分开。当然，这并不能阻碍我们在旅途中艰难地穿过我们的车去与他们会合……但遗憾的是，我们不能坐在他们的旁边，因为其他人已占据了座位。

尽管旅途中充满挑战、梦想、等待和别离，但我们决不回头。

让我们尽可能使旅行决不回头。

让我们尽可能使旅途变得美好，设法同所有旅客建立良好关系，努力发现每个人的优点。

我们经常会回忆起旅途中的某个时刻，和我们结伴而行的人可能会徘徊不定，而我们很可能必须要理解他们，因为我们也经常会犹豫不决和需要别人的理解。

最后，巨大的秘密是我们永远不知道在哪一站下车，包括我们的伙伴，即使他们是此刻坐在我们的身边的人，我们也不知道他们会何时离去。

我陷入沉思，当我下车离开时是否会抱有怀恋之情……

我想会的。与旅途中结识的一些朋友，与他们的别离将很痛苦，但是回想一下旅途的经历，我们会感到欣慰；想到某个时刻列车到达主要车站，伙伴们陆续上车，当时我们是多么激动；想到我们曾经帮助他们并使其旅途变得更加愉快，我们会由衷地感到幸福。

我们应让这次很有意义的旅途变得平静安稳。这样是为了当我们下车的时候，我们的位置空了出来，但仍能给继续乘车旅行的人留下美好的回忆。

本章要点

1. 了解探索生命的意义和价值。
2. 掌握大学生心理危机特征和心理危机干预技术。

课程实践

【心理训练】
一、心理测验

心理成熟水平测试

测试说明：下面有15道题，请在与自己情况相符的题后面勾选"√"，在与自己情况不符的题的后面勾选"×"。

1. 你是否特意选定一个夜晚独自度过？

2. 你提议去某餐厅吃饭，而你的同学决定去另一家，结果那家餐厅的菜糟糕透顶了，你会向同学抱怨吗？

3. 对一项同学们都赞同的议案，你觉得不妥，在投票前你会据理力争吗？

4. 如果学习紧张，你会放弃一些课余活动吗？

5. 如果有一项重要的方案要你参加推行，你是否要比别人多出一点力量？

6. 几年前你对事物的看法是否比较有趣？

7. 对同学的一项新发明，你是否急着要看它的效能？

8. 听到老同学取得了重大成绩，你是否觉得有点嫉妒？

9. 你有耐心等待一件自己非常想得到的东西吗？

10. 在课堂上，你是否害怕因提问的措辞不当而不敢发问？

11. 你对社会工作热心吗？

12. 对自取其辱的人，你是否不予同情？

13. 在过去的一两年，你曾深入研究过一些事物吗？

14. 学生时代的生活是最快乐的吗？

15. 上列问题，你是否据实回答？

计分办法：单数题答案为正确的，每题得 2 分；双数题答案为错误的，每题得 2 分，15 道题相加在一起得出总分。

测试结果：总分在 24 分以上的，心理比较成熟，能够很好地处理日常生活中的事情；总分为 18～22 分的，心理不是很成熟，容易感情用事；总分在 16 分以下的，心理不成熟，遇到问题总是优柔寡断，思前想后，给自己心里造成负担。

二、体验拓展

（一）体验一：交流体验

通过同学之间的相互帮助，学习并掌握几种积极的应对技巧，学习一些简单有效的放松方法。

程序：

1. 学生分组讨论，每位同学轮流发言并由组长记录。

2. 列举自己在遇到困境时经常采取的 3 种应对措施。

3. 与小组其他同学共同讨论这 3 种应对措施属于积极应对还是消极应对，这些应对措施对于缓解自身压力有何效果。如果某种应对措施属于消极的应对方式，那么较为积极或正确的应对方式又是什么？

记住大家讨论的结果。活动时间：约 30 分钟。

（二）体验二：我的五样

取一张白纸、一支黑色的笔，写下你生命中最重要的五样东西。你尽可以天马行空地想象，只要把内心最珍贵的五样东西写出来就行，不必考虑顺序。

然而不幸的是，你的生活发生了意外，你要在这最宝贵的五样东西中舍去一样，请你把其中的某一样抹去。

生活又发生了重大变故，你必须再放弃一样。现在只剩下三样宝贵的东西了，但又一次不幸的遭遇迫使你还得放弃一样。

最后，你的生活滑到了前所未有的低谷，你必须做出一生中最艰难的选择，只能留下一样，其余全部放弃。至此，你的纸上只剩下你最宝贵的一样东西。你涂掉了四样，它们同样是你看重的东西，被涂掉的顺序就是你心目中划分的主次台阶。

人生的决定必有取舍，有取舍就会有痛苦，世上没有万全之策，你不可能占尽便宜。当你明确了什么是生命中最重要的东西，依次明断了重要事项的次序，剩下的就是按图索骥，以实际行动来实现自己的人生愿望。

【新媒体导学】

一、推荐视频

1. 生命的起源：BBC 纪录片《生命的起源》
2. 探索生命的意义：《蜡烛人》

二、推荐图书

1.《生命对你意味着什么》（阿尔弗雷德·阿德勒）

推荐理由：本书主要讲述了心灵与肉体、自卑感与优越感、梦、家庭影响、学校影响、青春期、犯罪及其预防、工作中的问题、个人与社会、爱情与婚姻等问题，本书从精神分析的角度阐述了生活的意义。

2.《活出生命的意义》（维克多·弗兰克尔）

推荐理由：曾经很着迷地思考过"人生的意义是什么"，问过无数人，也看了很多书，最后遇到了这本书。维克多·弗兰克尔说："人不应该问他生命的意义是什么，相反，他该认识到，他自己才是被生命诘问的人。"弗兰克尔将自己的经验与学术结合，开创了意义疗法，替人们找到绝处再生的意义，也留下了人性史上最富光彩的见证。

三、推荐电影

1.《美丽人生》

推荐理由：就算在最艰难、最黑暗的日子里，就算没有希望，死亡近在眼前，男主依然深爱并用生命与智慧保护着妻子与儿子。他用尽全力，在集中营的悲惨世界里，为儿子营造了一幕美好的幻想，同时也使观影者对美丽人生有了更深的感悟——没有战争与灾难，和家人幸福地生活在一起的人生才是最美丽的。

2.《入殓师》

推荐理由：买了昂贵的大提琴，想要成就一番事业的小林大悟，经历了 4 个月的管弦乐演奏，得到的却是"乐团解散"的噩耗与购买乐器的高昂债务。迫不得已，大悟来到 NK 代理公司面试，得到了一份入殓的工作！影片讲述了日本入殓师的生活，以一名入殓师新手的视角，去观察各种各样的死亡，凝视围绕在逝者周围的充满爱意的人们。

【思考与练习】

1. 我们应该如何体现自己的生命价值？
2. 生命危机的发展规律是什么？
3. 如何面对心理危机中的同学？

参 考 文 献

[1] 吉家文．新编大学心理健康教育．天津：南开大学出版社，2010．

[2] 夏翠翠．大学生心理健康教育．北京：人民邮电出版社，2000．

[3] 高兰．大学生心理健康教育—心灵成长自助手册．北京：教育科学出版社，2016．

[4] 鲁忠义，安莉娟．大学生心理健康教育．北京：教育科学出版社，2012．

[5] 曲长海．大学生心理健康教育教程．北京：化学工业出版社，2018．

[6] 格里格·津巴多．心理学与生活．王垒，王甦等译．北京：人民邮电出版社，2003．

[7] 库恩．心理学导论．郑钢等译．北京：中国轻工业出版社，2004．

[8] 樊富珉，王建中．当代大学生心理健康教程．武汉：武汉大学出版社，2006．

[9] 贾晓明，陶勑恒．大学生心理健康——走向和谐与适应．北京：北京理工大学出版社，2006．

[10] 黄希庭，郑涌．大学生心理健康教育．上海：华东师范大学出版社，2009．

[11] 刘晓明，杨平．大学生心理健康教育——体验·认知·训练．北京：科学出版社，2009．

[12] 郑日昌．大学生心理健康．上海：华东师范大学出版社，2013．

[13] 张元洪．大学生心理健康教程．哈尔滨：黑龙江人民出版社，2013．

[14] 姚斌．大学生心理健康与自我发展．北京：北京师范大学出版社，2014．

[15] 陈秋燕．大学生心理健康教育．北京：北京师范大学出版社，2015．

[16] 黄小梅．大学生心理健康教育．北京：高等教育出版社，2014．

[17] 张将星，曾庆．大学生心理健康教育．广州：暨南大学出版社，2013．

[18] 张灵聪，曾天德．大学生心理健康教育．北京：世界图书出版公司，2011．

[19] 宋德如，张晓旭．大学生心理健康教育．南京：江苏人民出版社，2012．

[20] 焦雨梅，王健，林萌．大学生心理健康教育．北京：中航书苑文化传媒（北京）有限公司，2009．

[21] 孔晓东．大学生心理健康导引．上海：华中科技大学出版社，2011．

[22] 史琼．新编大学生心理健康实用教程．北京：人民邮电出版社，2016

[23] 黄希庭，郑涌．大学生心理健康教育．2版．上海：华东师范大学出版社，2009．

[24] 周莉．大学生心理健康教育．2版．北京：中国人民大学出版社，2015．

[25] 俞国良．大学生心理健康．北京：北京师范大学出版社，2018．

[26] 朱育红，潘力军，王爱丽．大学生心理健康教育课堂互动手册．上海：华东理工大学出版社，2015．

[27] 姚斌．大学生心理健康与自我发展．北京：北京师范大学出版社，2014．

[28] 吴少怡．新编大学生心理健康教程．西安：西安交通大学出版社，2016．

[29] 黄晞建，丁玲．大学生心理健康修养．上海：上海交通大学出版社，2008．

[30] 曲长海．大学生心理健康教育理论与实践．北京：化学工业出版社，2016．